homes for senior citizens

homes for senior citizens

AUTHOR
Arian Mostaedi

PUBLISHERS
Carles Broto & Josep Mª Minguet

EDITORIAL TEAM
Editorial Coordinator: Jacobo Krauel
Architectural Adviser: Pilar Chueca
Graphic Design & Production: Pilar Chueca & Hector Navarro
Text: Contributed by the architects, edited by Jacobo Krauel, Amber Ockrassa & Jennifer Brown
Spanish translation: Francesc Rovira

Cover photograph: © Werner Huthmacher / Artur

© All languages (except Spanish)
Carles Broto i Comerma
Ausias Marc 20, 4-2. 08010 Barcelona, Spain
Tel.: +34-93-301 21 99 · Fax: +34-93-302 67 97
www.linksbooks.net · info@linksbooks.net

© Spanish language
Instituto Monsa de Ediciones, SA
Gravina, 43. 08930 Sant Adrià de Besòs. Barcelona, Spain
Tel.: +34-93-381 00 50 · Fax: +34-93-381 00 93
www.monsa.com · monsa@monsa.com

ISBN English edition: 84-89861-93-5
ISBN Spanish edition: 84-95275-89-9
D.L.: B-2479-2003

Printed by FILABO, S.A. Barcelona, Spain

homes for senior citizens

INTRODUCTION

At the beginning of the 21st century the longevity of modern man and the younger population's lack of the time to take care of the elderly are leading to a profound analysis of new environments and the search for an appropriate habitat for the older population. Architecture and new construction technologies offer a large range of specific solutions that help to improve the conditions of life in old age. However, this is an unsolved social problem in Western communities. Answers must be found to questions of an economic type: how much state investment is necessary, how much real attention is devoted to this cause, what government support do private institutions for the elderly receive, etc. And from a medical point of view one must also consider the requirements of the elderly and create environments that make them feel better in the last period of their lives.

A meticulous study of these questions confirms that in most countries they are far from having been answered. From the shortage of infrastructures in existing centres to the inability to satisfy demand due to the lack of new residences, the problem of the elderly is a major problem for society as well as presenting a stimulating challenge for architects.

With the aim of serving as a source of inspiration for new initiatives in the field, this volume presents diverse architectural models for the elderly, with detailed studies of schemes of geriatric homes, reception centres and specially designed residential projects for the elderly.

We can see how each designer shows a different approach to establishing a balance between respect for the privacy of residents and the fostering of social activities and encounter.

Each project is accompanied by floor plans and construction details that provide a better understanding of their composition and the work done by their creators.

A principios del siglo XXI, la longevidad del hombre moderno y la falta de tiempo de la población más joven para ocuparse de los mayores, obligan a un análisis profundo de los nuevos entornos y de un hábitat adecuado para la población anciana. La arquitectura y las nuevas tecnologías constructivas ofrecen todo un repertorio de soluciones específicas que contribuyen a mejorar las condiciones de vida en la vejez. Sin embargo, se trata de un problema social sin resolver en las comunidades occidentales, donde se plantean cuestiones de tipo económico -qué inversión hace falta, cuánta atención real se destina a esta causa, qué apoyo gubernamental reciben las instituciones privadas dedicadas a la vejez, etcétera- y en las que se hace necesario reflexionar y analizar, desde un punto de vista médico, los deseos de las personas mayores y los entornos que hacen sentir mejor en el último tramo de sus biografías.

Un estudio minucioso de la respuesta a estas cuestiones confirma cómo, en la mayor parte de los países, se trata de interrogantes que se encuentran lejos de haber encontrado una solución. Desde la escasez de infraestructuras en los centros en funcionamiento a la incapacidad de satisfacer toda la demanda existente por falta de nuevos asilos, el problema de la tercera edad constituye un tema de orden prioritario, y no sólo desde el punto de vista arquitectónico que nos ocupa, sino, sobretodo, como asunto de orden social.

Con objeto de servir como fuente de inspiración a nuevas iniciativas en este terreno, el presente volumen recopila varios modelos de arquitectura para la tercera edad, exponiendo en detalle proyectos de residencias geriátricas, centros de acogida y volúmenes de vivienda especialmente proyectados para los mayores.

Se observa cómo cada proyectista demuestra una actitud diversa para establecer un equilibrado reparto entre el respeto por la intimidad de los residentes, el fomento de las actividades sociales y el encuentro entre los inquilinos de los centros.

Cada uno de los proyectos viene acompañado de planos y detalles constructivos que permiten conocer mejor su composición y el trabajo realizado por sus creadores.

Kleffel, Köhnholdt & Partner Architekten

Seniorenresidenz Elbschlosspark

Hamburg, Germany   Photographs: Oliver Heissner / Artur

The design scheme was created out of a development brief for the area which was the result of a design competition. The original aim was to bring high-standard, rented accommodation and businesses to the site, while at the same time to maintaining the integrity of the historically significant malt house, the Elbschloss brewery and restaurant and the 18th century villa. The senior citizens' residential scheme covers the western area of the site, defined to the south by the Elbchaussee, to the west by the Elbschlobstrasse and to the north by the International Maritime Law Institute.

This residential scheme is based primarily on the concept of offering elderly accommodation in clearly defined independent household units where people can live as tenants enjoying the additional services offered within the whole development.

The four buildings to the west, what was previously the Elbschlob restaurant and both southern square plan blocks on the Elbschlobstrasse accommodate the residential units.

The base level of the three parallel buildings which are on the site takes on the function of entrance, with a driveway from the Elbschlobstrasse for the residences. The necessary service areas and ancillary accommodation for the elderly care center are located here, as is the entrance to the underground car park.

The ground floor of the care facility, the middle residential unit base and the two connecting wings accommodate the foyer and entrance areas, administration, lounge areas, a small shop and a hairdressing salon, staff accommodation, a kitchen, dining room, therapy room and all other necessary service facilities.

The old Elbschloss restaurant has been reinterpreted as accommodation for the elderly, with a restaurant and dayroom housed on the ground floor of the eastern portion of the building.

A curving, underground tunnel links the residential villas, leading from the main foyer area, past the accommodation units to the restaurant on the Elbchaussee. This link, which is shielded from outside weather conditions, is intended for resident use.

Located in the four underground floors of the villas are communal rooms, connected directly to the tunnel, encouraging contact between the residents.

Este proyecto se desarrolló a partir de un anteproyecto de desarrollo para la zona elegido por concurso. El objetivo original consistía en atraer alojamiento de alquiler y negocios al lugar preservando la integridad de los edificios de valor histórico: el almacén de tratamiento de la malta, la fábrica de cerveza y restaurante Elbschloss y la villa del s. XVIII. La residencia para ancianos ocupa la parte oeste del emplazamiento, limitada al sur por la Elbchaussée, al oeste por la Elbschlosstrasse y al norte por el Instituto Internacional de Derecho Marítimo.

El proyecto se funda básicamente sobre la idea de ofrecer alojamiento a los ancianos en viviendas independientes y claramente diferenciadas en las que puedan vivir como inquilinos, disfrutando a la vez de los servicios adicionales que se ofrecen dentro del recinto.

La residencia se aloja en los cuatro edificios situados al oeste, el antiguo restaurante Elbschloss y los dos bloques de planta cuadrada al sur, en la Elbschlosstrasse.

La planta baja de los tres edificios paralelos que se adentran en el recinto asumen la función de entrada al mismo, con un camino que los comunica con la Elbschlosstrasse. Aquí se disponen también las zonas de servicios necesarias y el alojamiento del personal auxiliar de la residencia. La entrada al parking subterráneo se abre paso desde aquí hacia el nivel inferior.

La planta baja del edificio de cuidados médicos, de la residencia central y las dos alas que los conectan alojan el vestíbulo y zonas de acceso, instalaciones administrativas, áreas de esparcimiento, una pequeña tienda y una peluquería, el alojamiento para el personal, una cocina, un comedor, una sala de tratamiento médico y todos los servicios adicionales necesarios.

El antiguo restaurante Elbschloss ha sido reinterpretado como alojamiento para ancianos, albergando un restaurante y una sala de día en la planta baja de la mitad este del edificio.

Un sinuoso túnel subterráneo conecta los distintos edificios residenciales empezando en el vestíbulo principal, pasando por el área de alojamiento y llegando hasta el restaurante de la Elbchaussée. Esta vía de comunicación, protegida de las inclemencias del tiempo, está pensada para su uso por parte de los residentes.

En los cuatro sótanos de los distintos edificios se alojan salas comunitarias directamente conectadas con el túnel para facilitar el contacto entre los residentes.

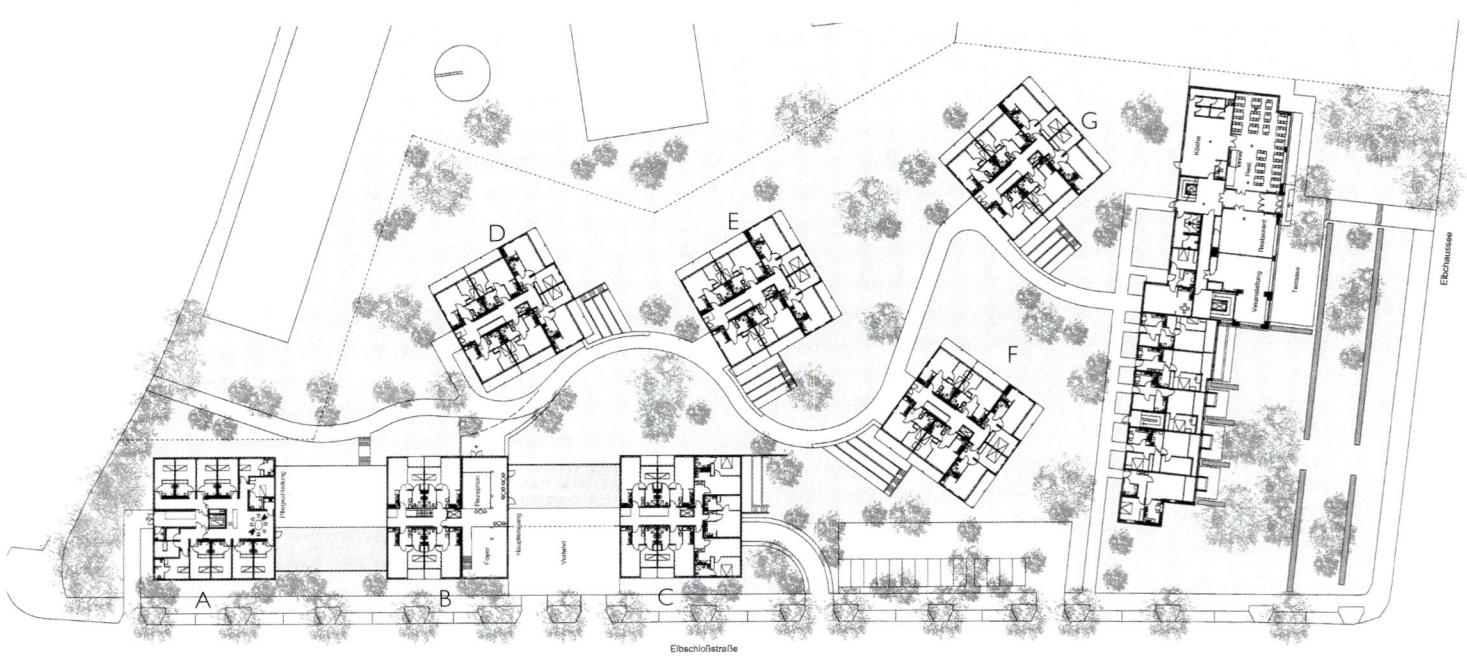

Site plan / Plano de situación

The four buildings to the west, what was previously the Elbschlob restaurant and both southern square plan blocks on the Elbschlobstrasse accommodate the residential units.

La residencia se aloja en los cuatro edificios situados al oeste, el antiguo restaurante Elbschloss y los dos bloques de planta cuadrada al sur, en la Elbschlosstrasse.

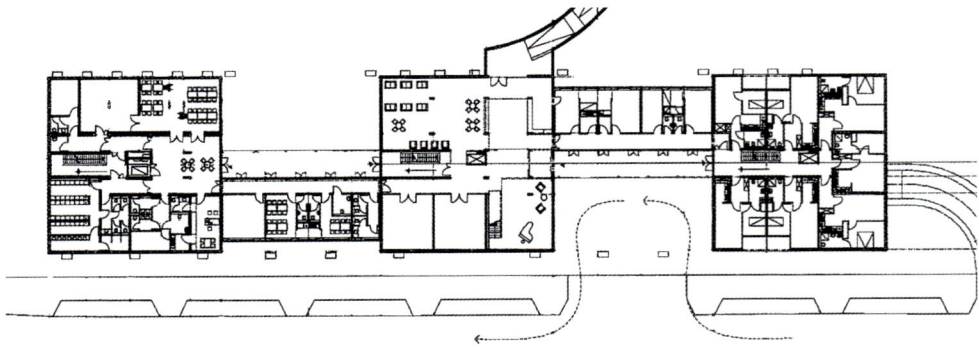

Main circulation floor plan / Plano principal de circulación

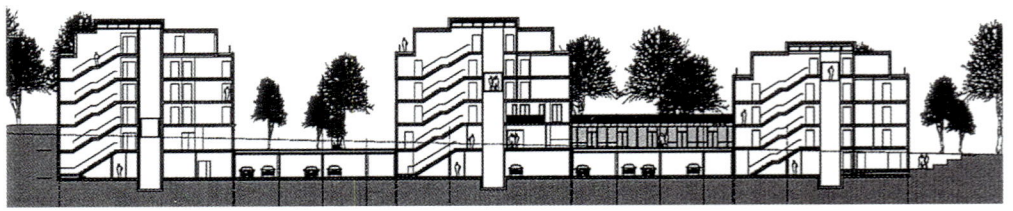

Section / Sección

Elbscholss street elevation / Alzado calle Elbscholss

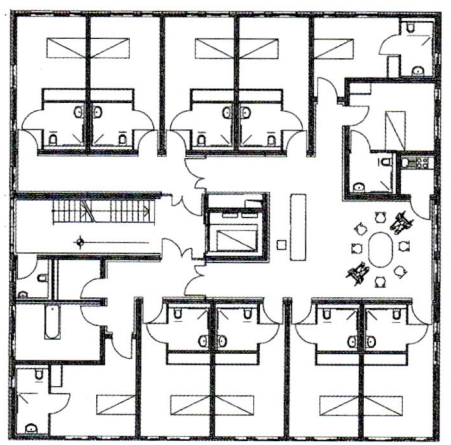

First, second and third floor plan (Type A)
Primera, segunda y tercera planta (Tipo A)

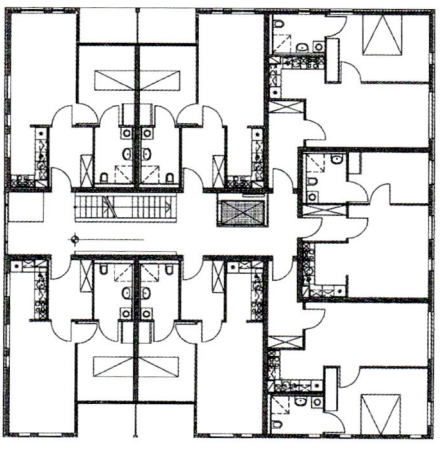

First, second and third floor plan (Type B & C)
Primera, segunda y tercera planta (Tipo B y C)

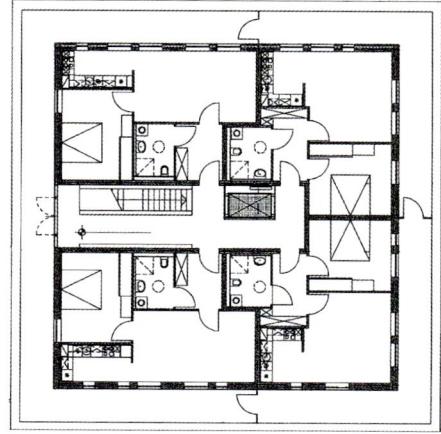

Penthouse floor plan (Type B & C)
Planta ático (Tipo B y C)

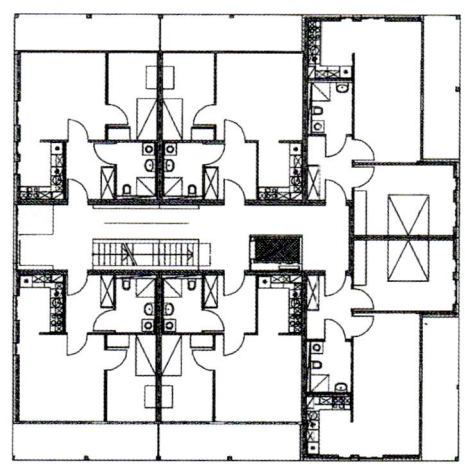

Ground, first and second floor plan (Type C, E, F & G)
Primera, segunda y planta baja (Tipo C, E, F & G)

0   5   10m

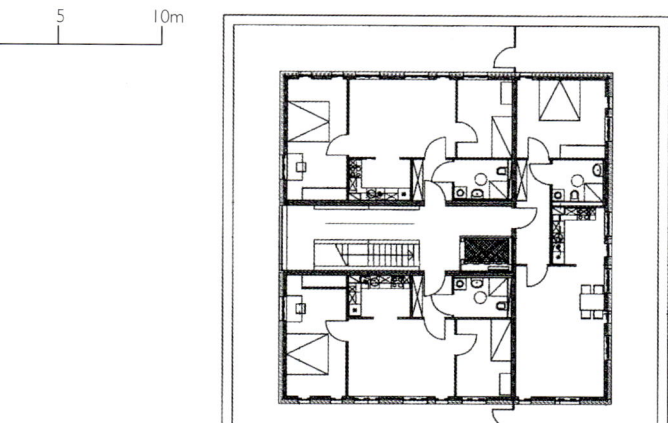

Penthouse floor plan (Type D, E, F & G)
Planta ático (Tipo D, E, F & G)

Wheelchair accesible units. Elevations (House type D, E, F & G)
Alzados. Acceso con sillas de ruedas (Casa tipo D, E, F y G)

13

A curving, underground tunnel links the residential villas, leading from the main foyer area, past the accommodation units to the restaurant on the Elbchaussee.

Un sinuoso túnel subterráneo conecta los distintos edificios residenciales empezando en el vestíbulo principal, pasando por el área de alojamiento y llegando hasta el restaurante de la Elbchaussée.

North elevation / Alzado norte

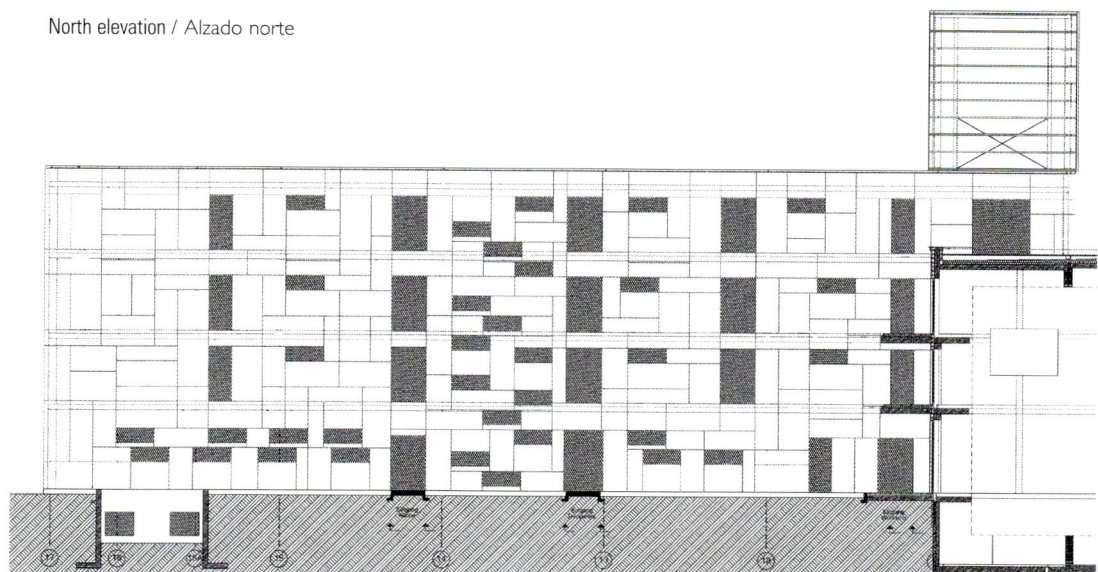

East elevation / Alzado este

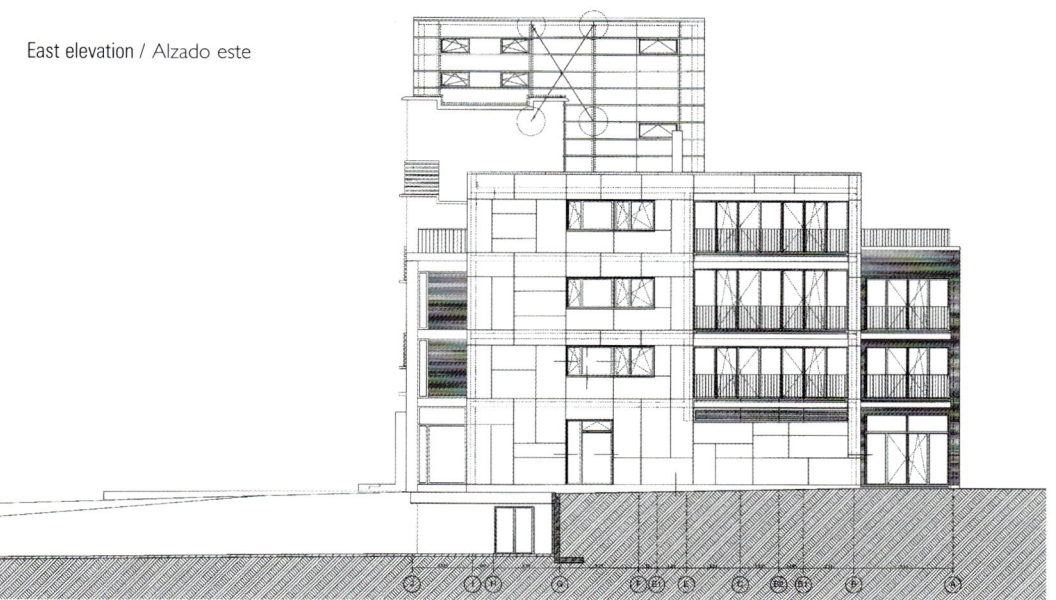

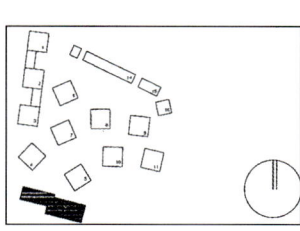

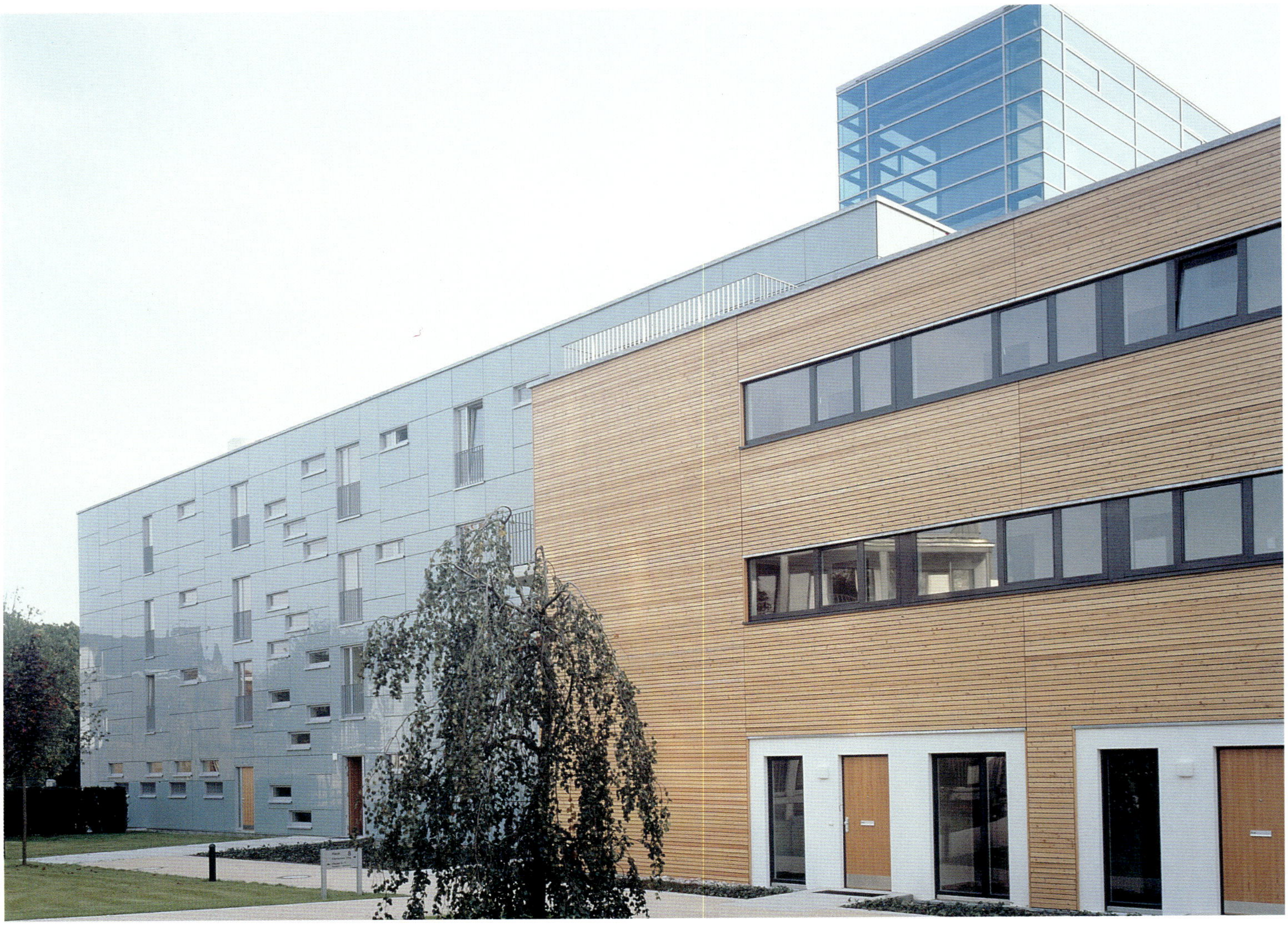

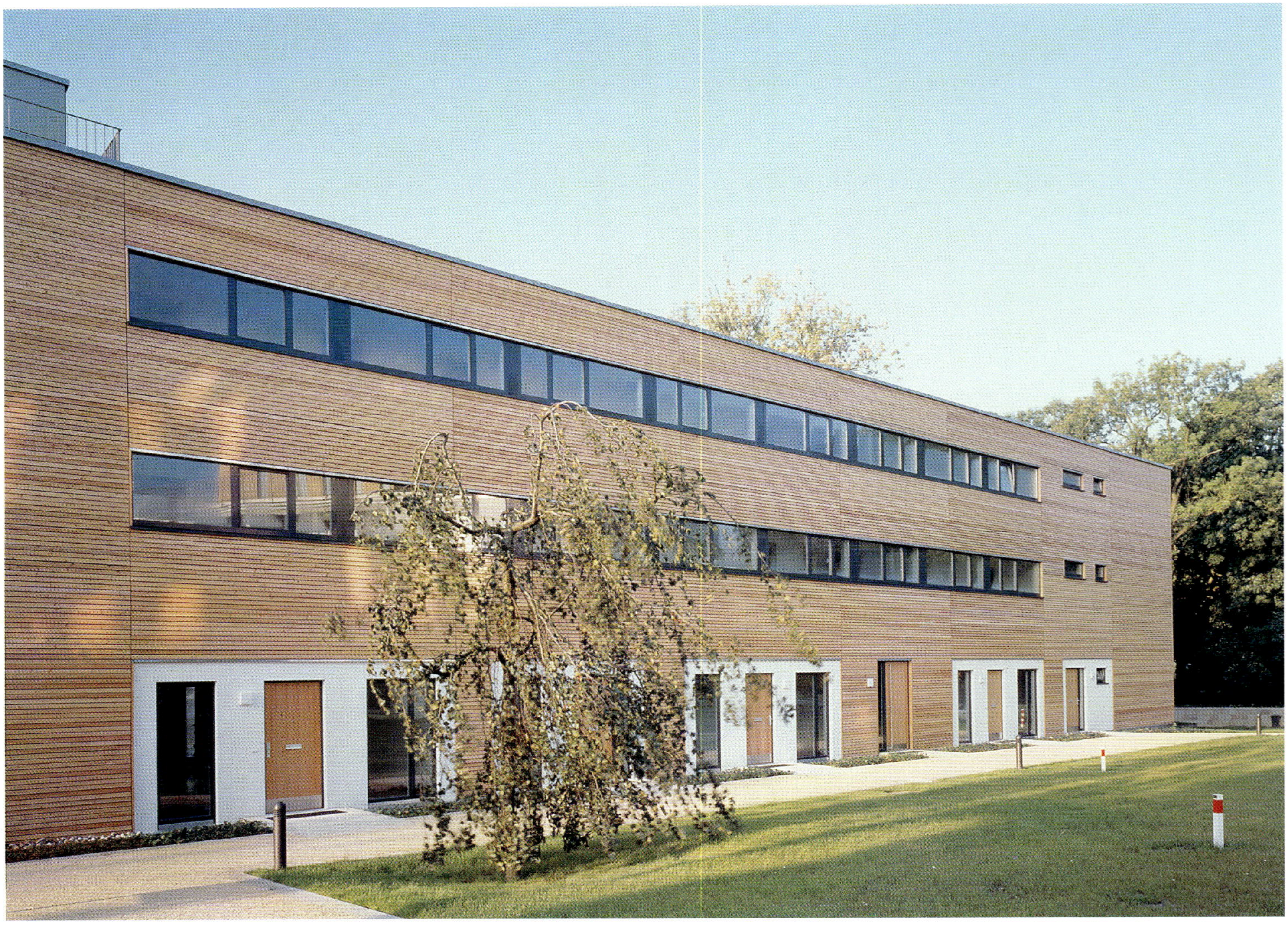

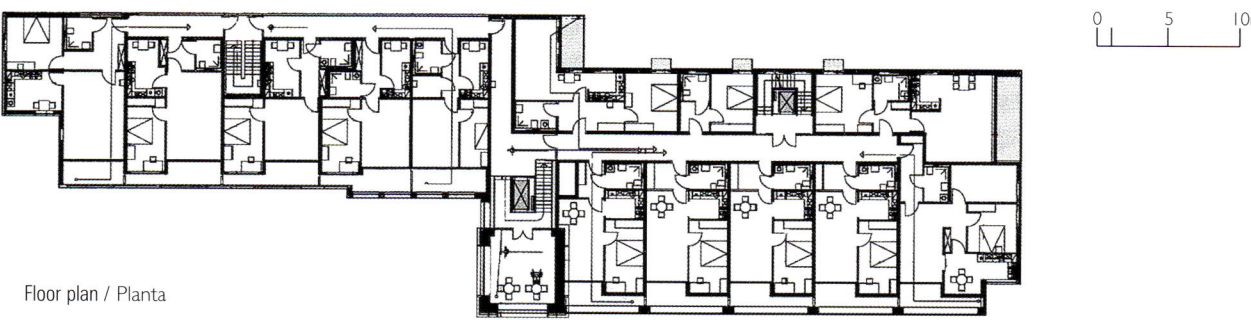

Floor plan / Planta

South Elevation / Alzado sur

North Elevation / Alzado norte

East Elevation / Alzado este

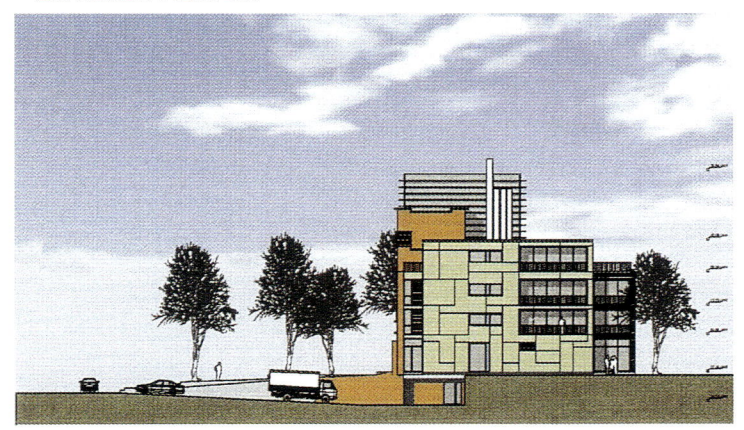

West Elevation / Alzado oeste

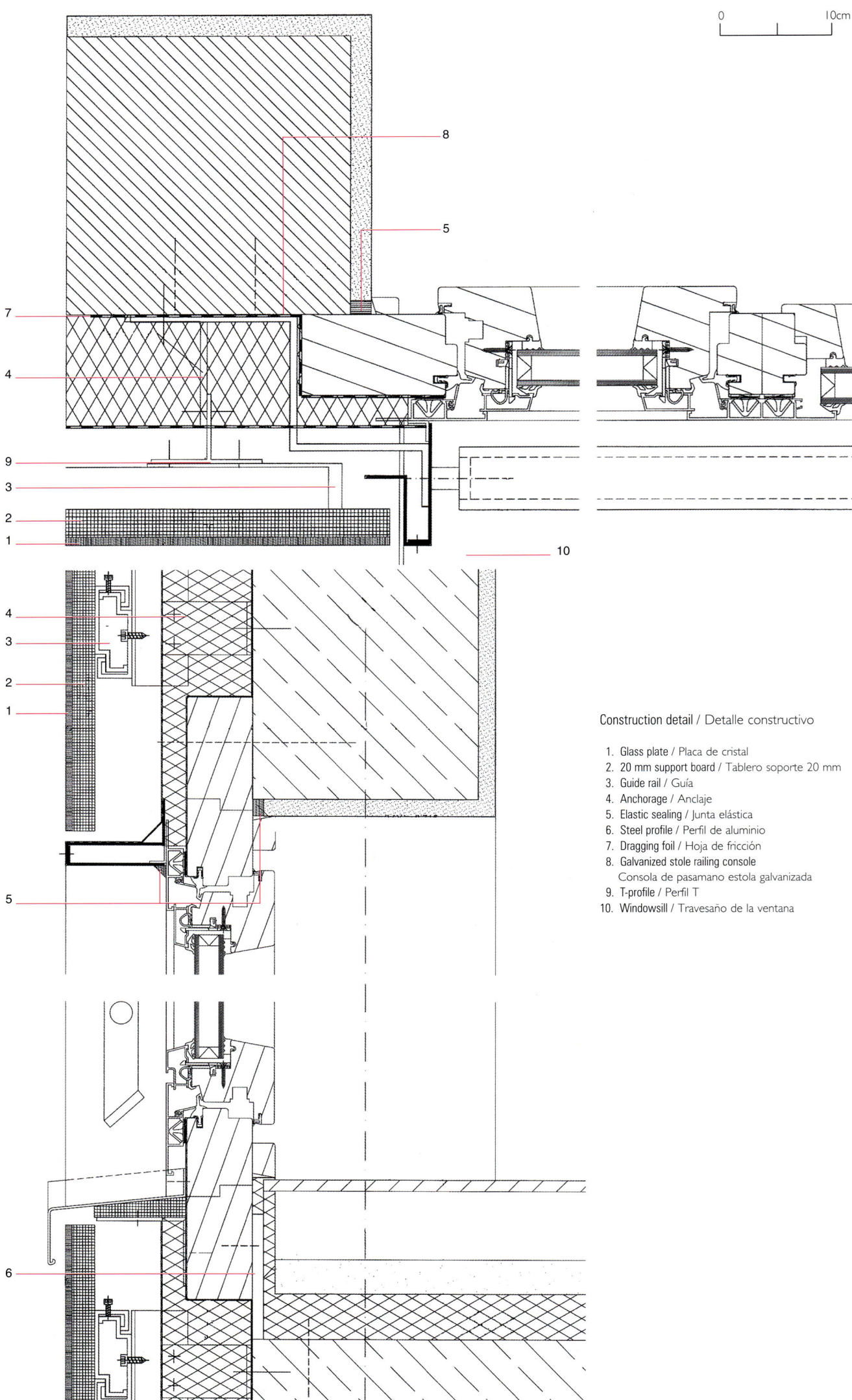

0   10cm

Construction detail / Detalle constructivo

1. Glass plate / Placa de cristal
2. 20 mm support board / Tablero soporte 20 mm
3. Guide rail / Guía
4. Anchorage / Anclaje
5. Elastic sealing / Junta elástica
6. Steel profile / Perfil de aluminio
7. Dragging foil / Hoja de fricción
8. Galvanized stole railing console
   Consola de pasamano estola galvanizada
9. T-profile / Perfil T
10. Windowsill / Travesaño de la ventana

Construction detail / Detalle constructivo

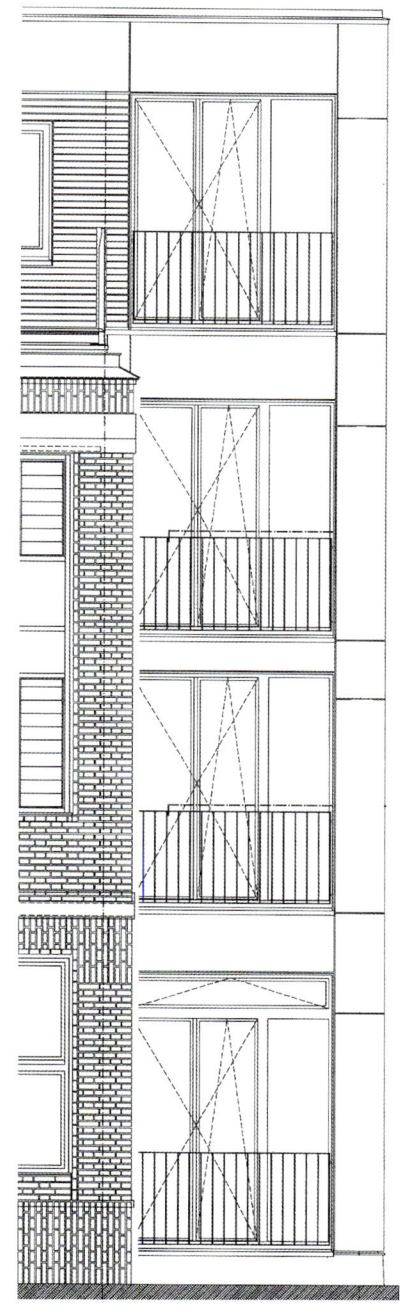

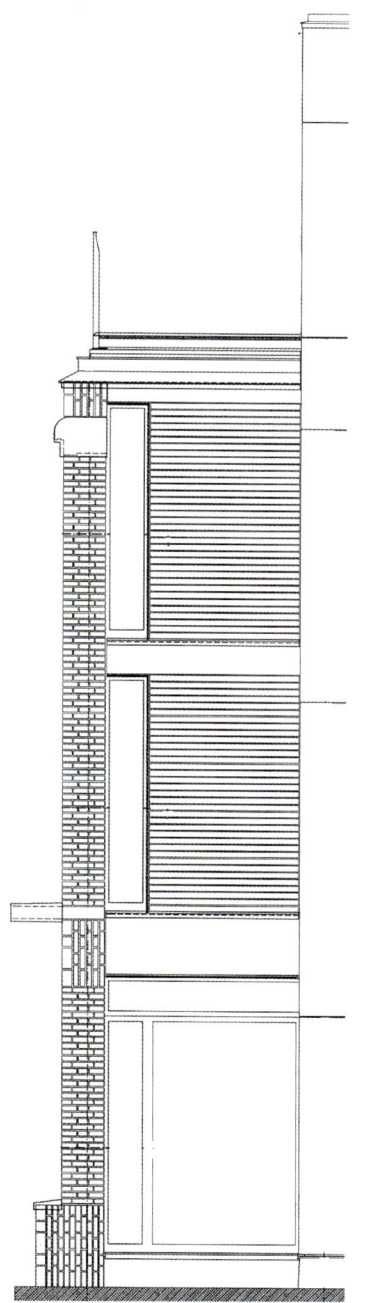

0   1   2m

Perkins Eastman Architects

Sun City Takatsuki

Takatsuki, Japan   Photographs: Chuck Choi

Sun City Takatsuki is one of the first multi-family retirement communities of its kind in Japan. Located in an upscale suburb of Osaka, the facility is designed to provide a blend of the western and Japanese approaches to senior care in a contemporary residence with the sort of hospitality found in upscale resorts. The complex as a whole consists of 24 assisted living units, 91 independent living units and 68 specialized nursing/dementia units.

The planning of the building utilizes the concept of small-scale "neighborhoods" (in this case, wings) branching off of a dynamic "street" (represented here as an elongated, four-story volume). These neighborhoods build upon the American concept of "cluster design", but are translated into a family-based model. Whether residents live in independent units or in nursing care, they should be able to share their daily life with no more than 10-15 neighbors before venturing into the community at large.

The complex includes a traditional Japanese tatami mat room, two large menu-style dining rooms (instead of a cafeteria), a private dining room, barber/beauty salon, library and a double-height entertainment salon/lounge. Amenities within the living areas, which allow residents to relax and socialize in more private and intimate spaces, include large family kitchens, garden terraces and traditional Japanese Ofuros (baths). An added feature in each of the two-bedroom independent living units is a private traditional Japanese Tatami mat room.

Incorporated into the landscape are beautiful wandering gardens, roofed terraces with dynamic views of the surrounding area, enclosed private courtyards, and gardening areas for residents to grow and tend their own flowers and vegetables.

El Sun City Takatsuki es una de las primeras comunidades de jubilados plurifamiliares del Japón. El objetivo del proyecto era construir una residencia moderna con una combinación de los enfoques occidental y japonés en el cuidado de los ancianos y dotado de los servicios habituales en un complejo de lujo acorde con el carácter del barrio en el que se emplaza.

El complejo consiste en 24 unidades de vivienda asistidas, 91 unidades de vivienda independientes y 68 unidades especializadas en cuidados y demencia senil.

La planificación del edificio aplica el concepto de 'vecindarios' a pequeña escala, en este caso las alas del edificio que se prolongan desde una transitada 'calle' representada por un alargado volumen de cuatro plantas. Estos vecindarios se han construido según el concepto norteamericano de 'cluster design' o 'diseño de agrupamiento', aunque trasladado a un modelo familiar. Tanto si los residentes viven en unidades independientes como en las de cuidados especiales, deberían lograr compartir su vida diaria con no más de 10-15 vecinos antes de aventurarse a relacionarse con el resto de la comunidad.

El complejo incluye una sala con suelo tradicional de tatami, dos grandes comedores tipo restaurante, en lugar de una simple cafetería, un comedor privado, un salón de peluquería y belleza, una biblioteca y un salón de entretenimiento a doble altura. Los espacios comunes integrados dentro de los espacios de vivienda, que permiten que los residentes se relajen y relacionen en una esfera más íntima, incluyen cocinas espaciosas, terrazas ajardinadas y los tradicionales ofuros (baños) japoneses. Otra característica de las unidades de vivienda independiente con dormitorios para dos es una sala de suelo tradicional de tatami.

Se han dispuesto, integrados en el entorno, bonitos jardines para pasear, terrazas cubiertas con vistas a los alrededores, patios privados y zonas ajardinadas para que los residentes planten sus propias flores y plantas.

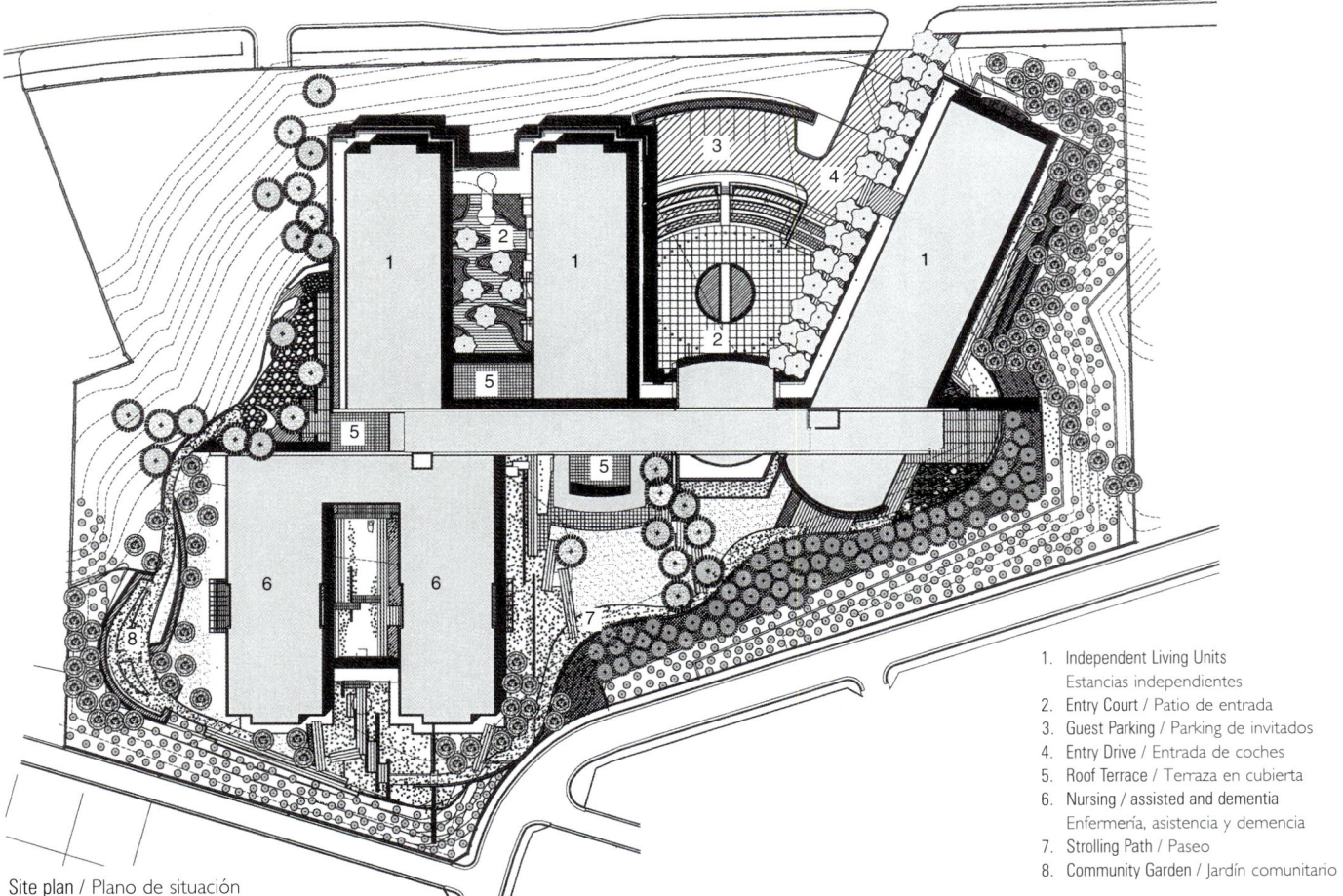

Site plan / Plano de situación

1. Independent Living Units
   Estancias independientes
2. Entry Court / Patio de entrada
3. Guest Parking / Parking de invitados
4. Entry Drive / Entrada de coches
5. Roof Terrace / Terraza en cubierta
6. Nursing / assisted and dementia
   Enfermería, asistencia y demencia
7. Strolling Path / Paseo
8. Community Garden / Jardín comunitario

Interior courtyards provide residents with the freedom to wander in a calming and secure environment. Casual seating, vegetation, and sculptural imagery enhance these spaces.

Los patios interiores ofrecen la posibilidad de pasearse por un lugar tranquilo y seguro. Estos espacios están salpicados de lugares para sentarse, vegetación y esculturas.

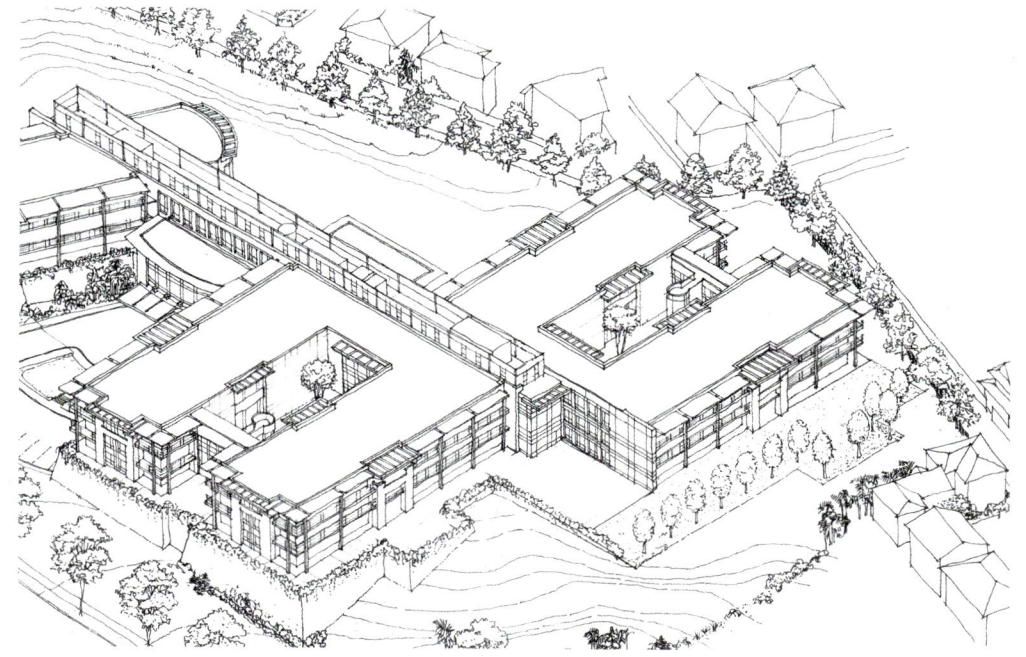

Ground floor plan / Planta baja

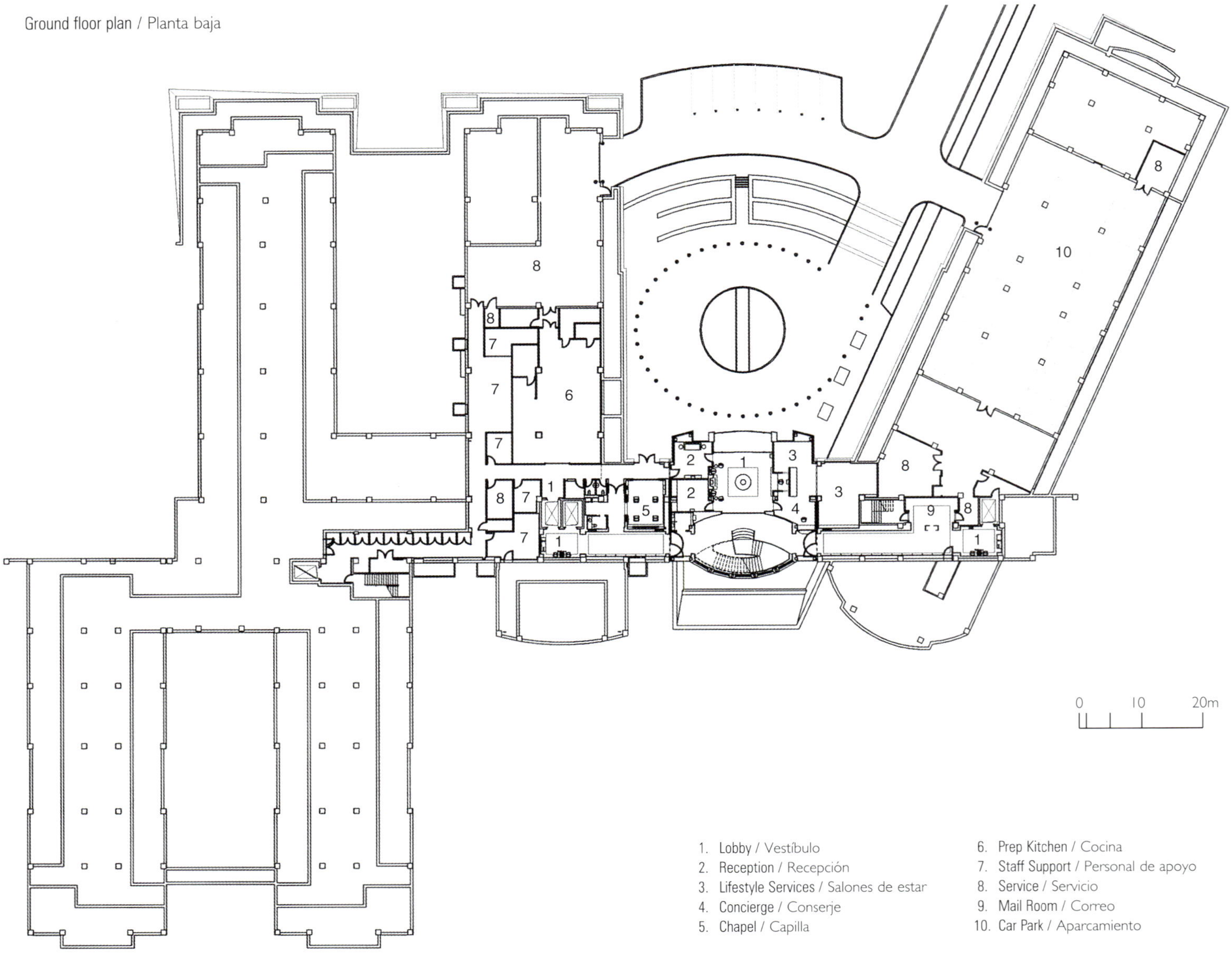

1. Lobby / Vestíbulo
2. Reception / Recepción
3. Lifestyle Services / Salones de estar
4. Concierge / Conserje
5. Chapel / Capilla
6. Prep Kitchen / Cocina
7. Staff Support / Personal de apoyo
8. Service / Servicio
9. Mail Room / Correo
10. Car Park / Aparcamiento

First floor plan / Planta primera

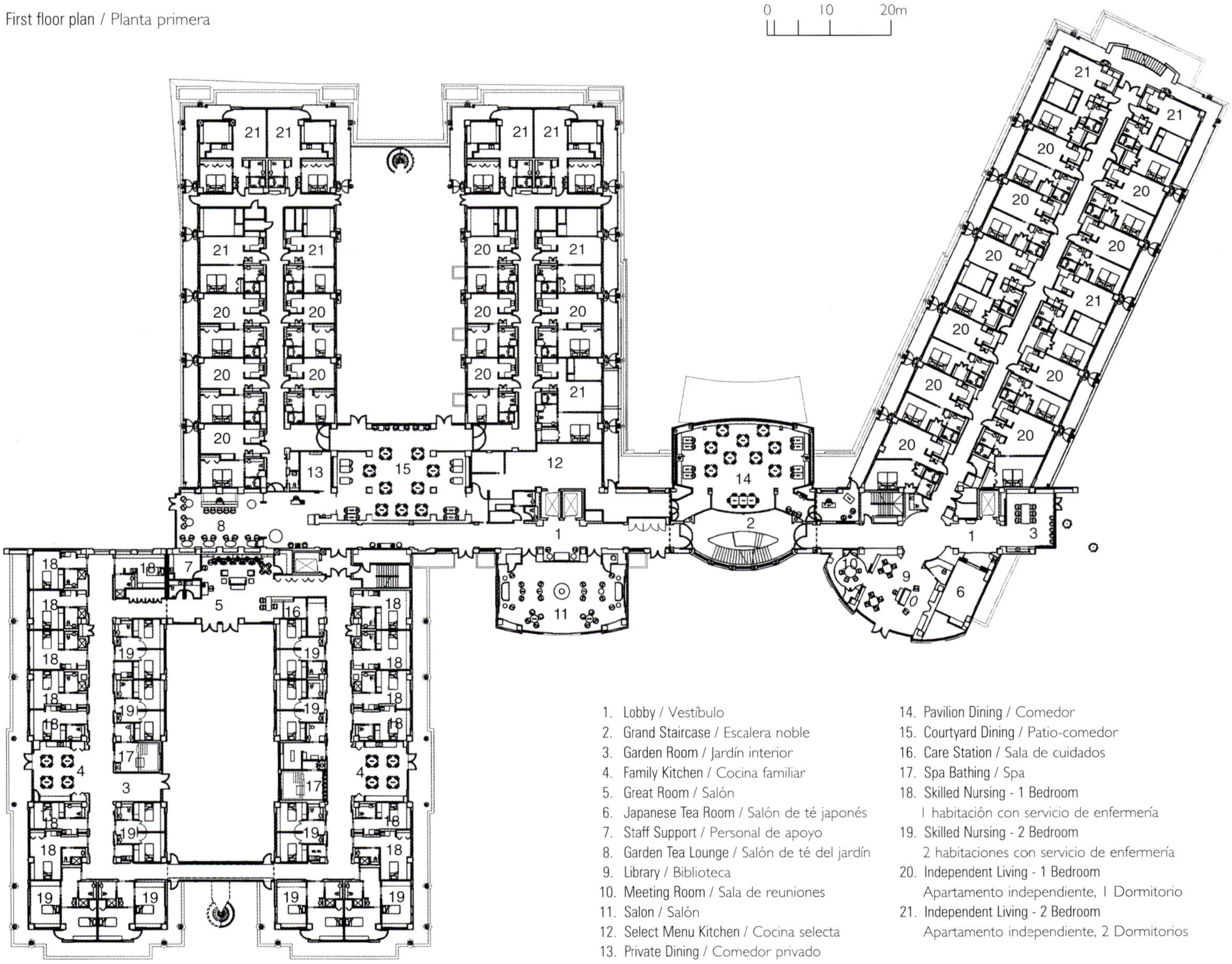

0   10   20m

1. Lobby / Vestíbulo
2. Grand Staircase / Escalera noble
3. Garden Room / Jardín interior
4. Family Kitchen / Cocina familiar
5. Great Room / Salón
6. Japanese Tea Room / Salón de té japonés
7. Staff Support / Personal de apoyo
8. Garden Tea Lounge / Salón de té del jardín
9. Library / Biblioteca
10. Meeting Room / Sala de reuniones
11. Salon / Salón
12. Select Menu Kitchen / Cocina selecta
13. Private Dining / Comedor privado

14. Pavilion Dining / Comedor
15. Courtyard Dining / Patio-comedor
16. Care Station / Sala de cuidados
17. Spa Bathing / Spa
18. Skilled Nursing - 1 Bedroom
    1 habitación con servicio de enfermería
19. Skilled Nursing - 2 Bedroom
    2 habitaciones con servicio de enfermería
20. Independent Living - 1 Bedroom
    Apartamento independiente, 1 Dormitorio
21. Independent Living - 2 Bedroom
    Apartamento independiente, 2 Dormitorios

Second floor plan / Planta segunda

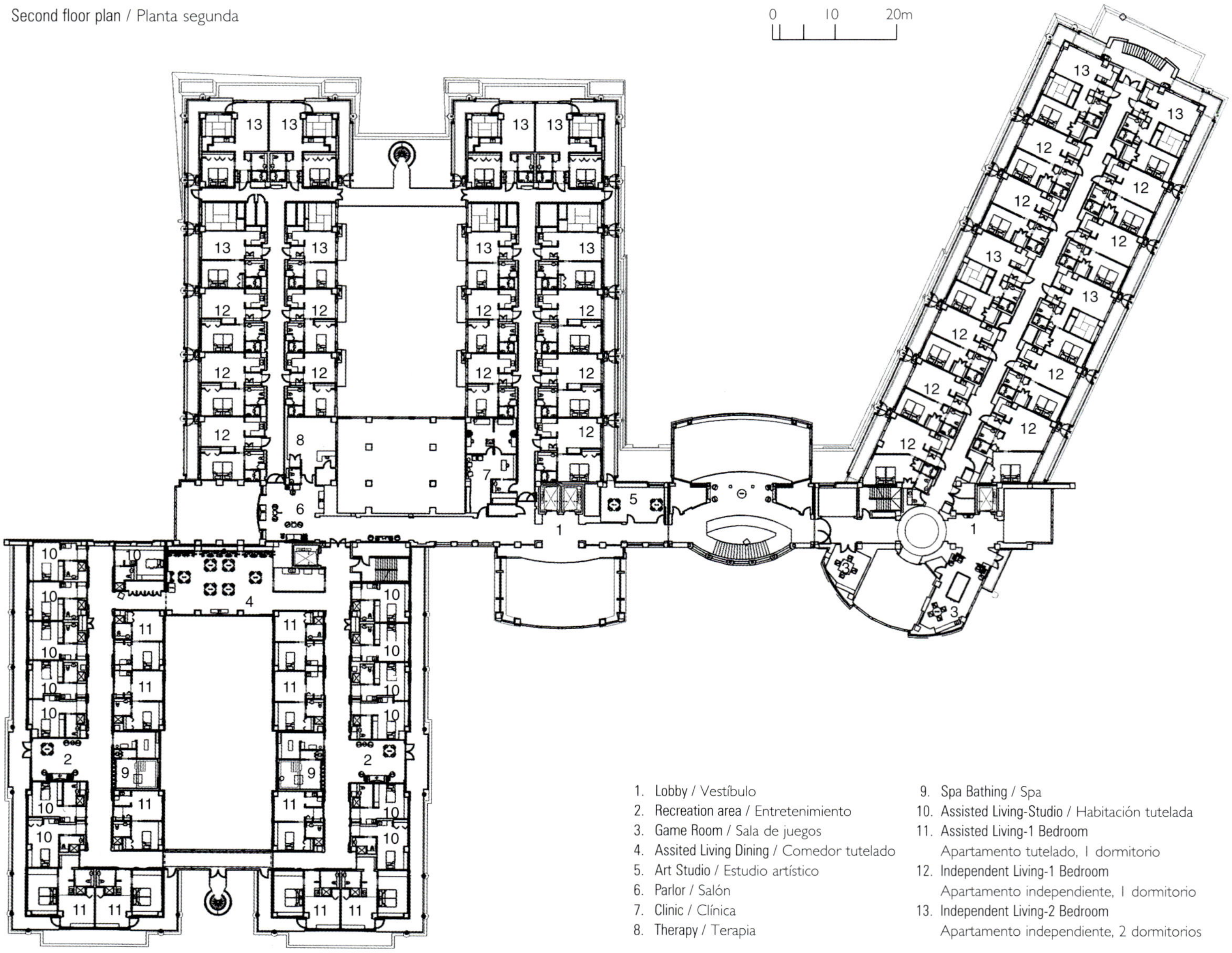

0   10   20m

1. Lobby / Vestíbulo
2. Recreation area / Entretenimiento
3. Game Room / Sala de juegos
4. Assited Living Dining / Comedor tutelado
5. Art Studio / Estudio artístico
6. Parlor / Salón
7. Clinic / Clínica
8. Therapy / Terapia
9. Spa Bathing / Spa
10. Assisted Living-Studio / Habitación tutelada
11. Assisted Living-1 Bedroom
    Apartamento tutelado, I dormitorio
12. Independent Living-1 Bedroom
    Apartamento independiente, I dormitorio
13. Independent Living-2 Bedroom
    Apartamento independiente, 2 dormitorios

Third floor plan / Planta tercera

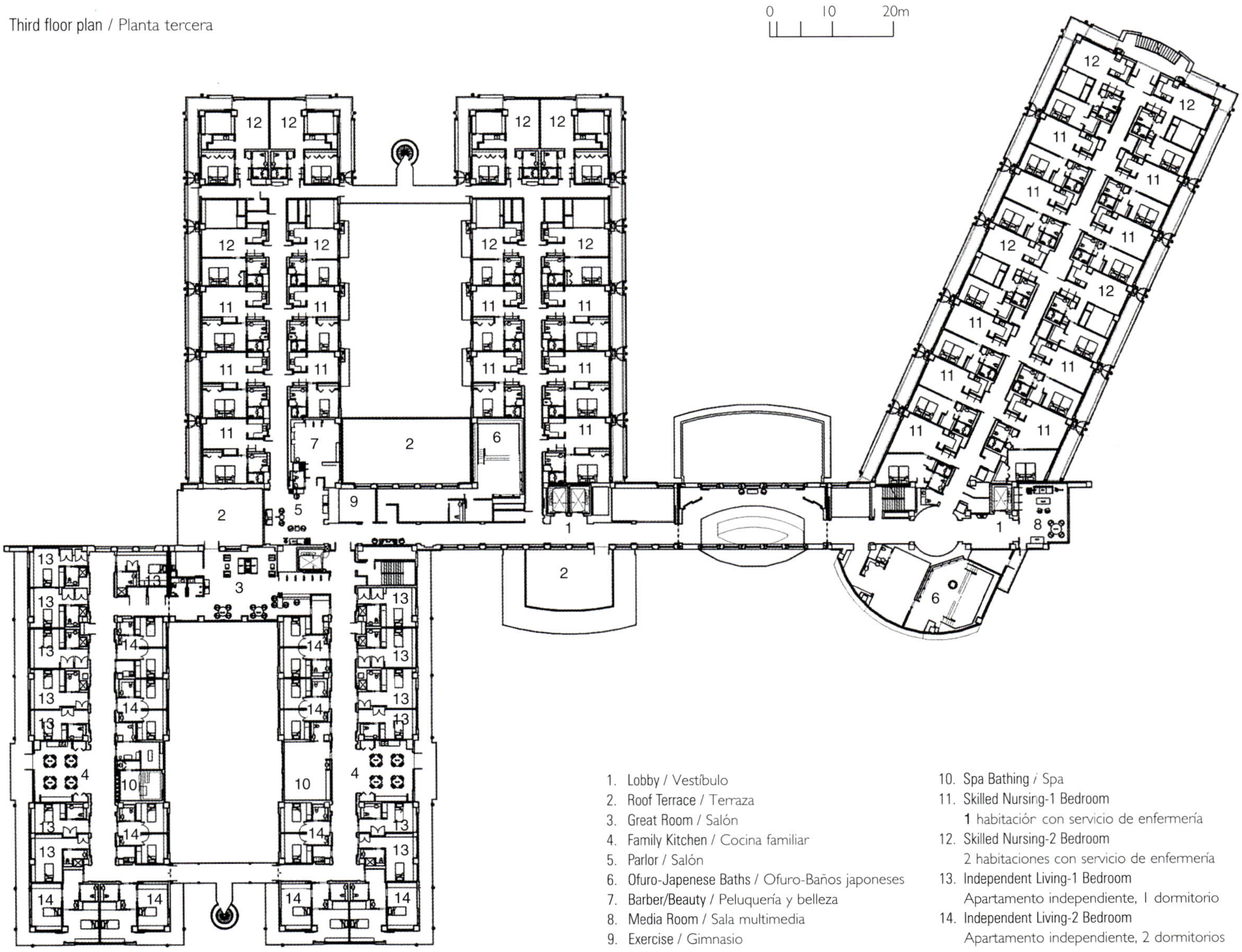

0 10 20m

1. Lobby / Vestíbulo
2. Roof Terrace / Terraza
3. Great Room / Salón
4. Family Kitchen / Cocina familiar
5. Parlor / Salón
6. Ofuro-Japenese Baths / Ofuro-Baños japoneses
7. Barber/Beauty / Peluquería y belleza
8. Media Room / Sala multimedia
9. Exercise / Gimnasio
10. Spa Bathing / Spa
11. Skilled Nursing-1 Bedroom
    1 habitaciór con servicio de enfermería
12. Skilled Nursing-2 Bedroom
    2 habitaciones con servicio de enfermería
13. Independent Living-1 Bedroom
    Apartamento independiente, 1 dormitorio
14. Independent Living-2 Bedroom
    Apartamento independiente, 2 dormitorios

27

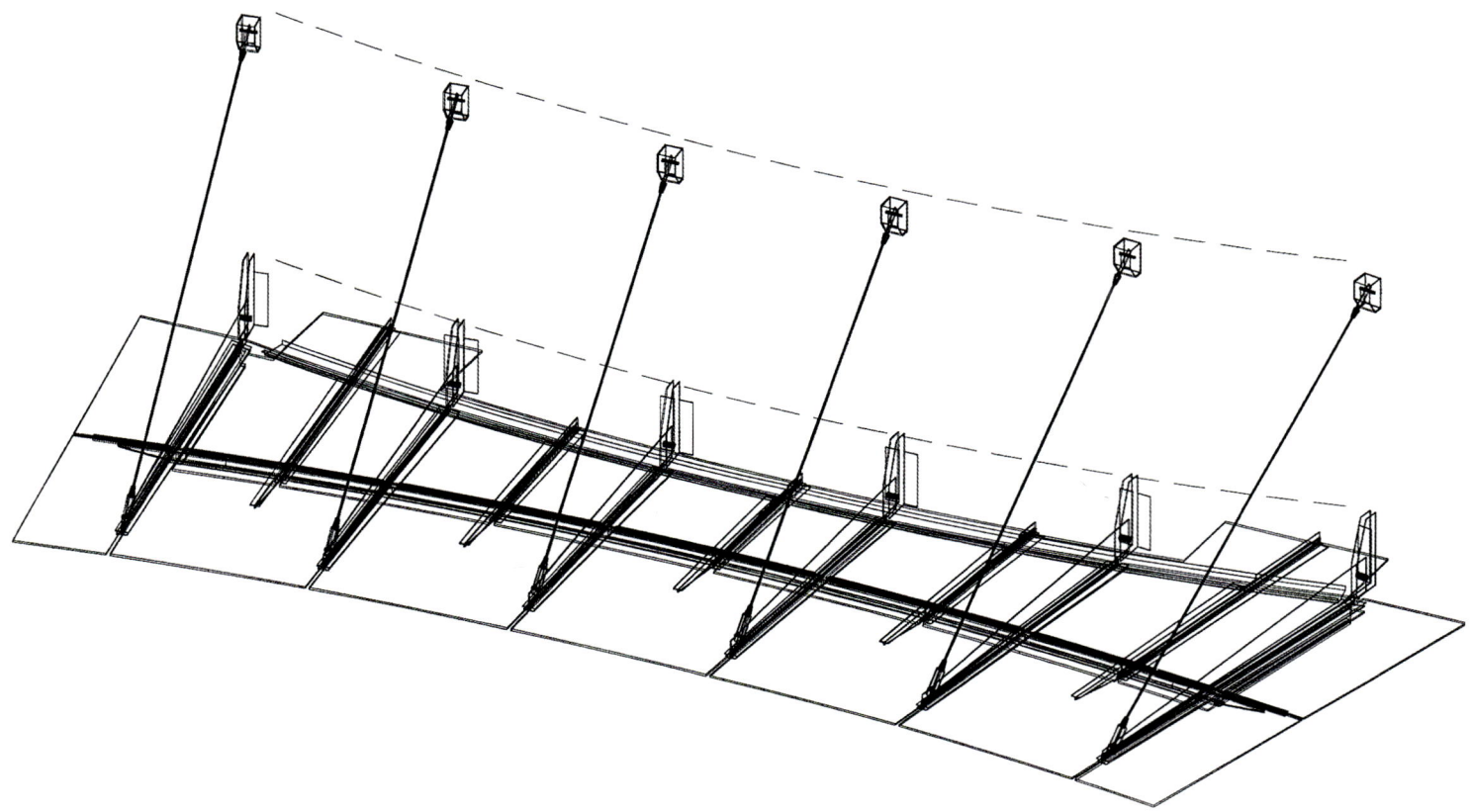

Axonometric projection of canopy / Axonometría de la marquesina

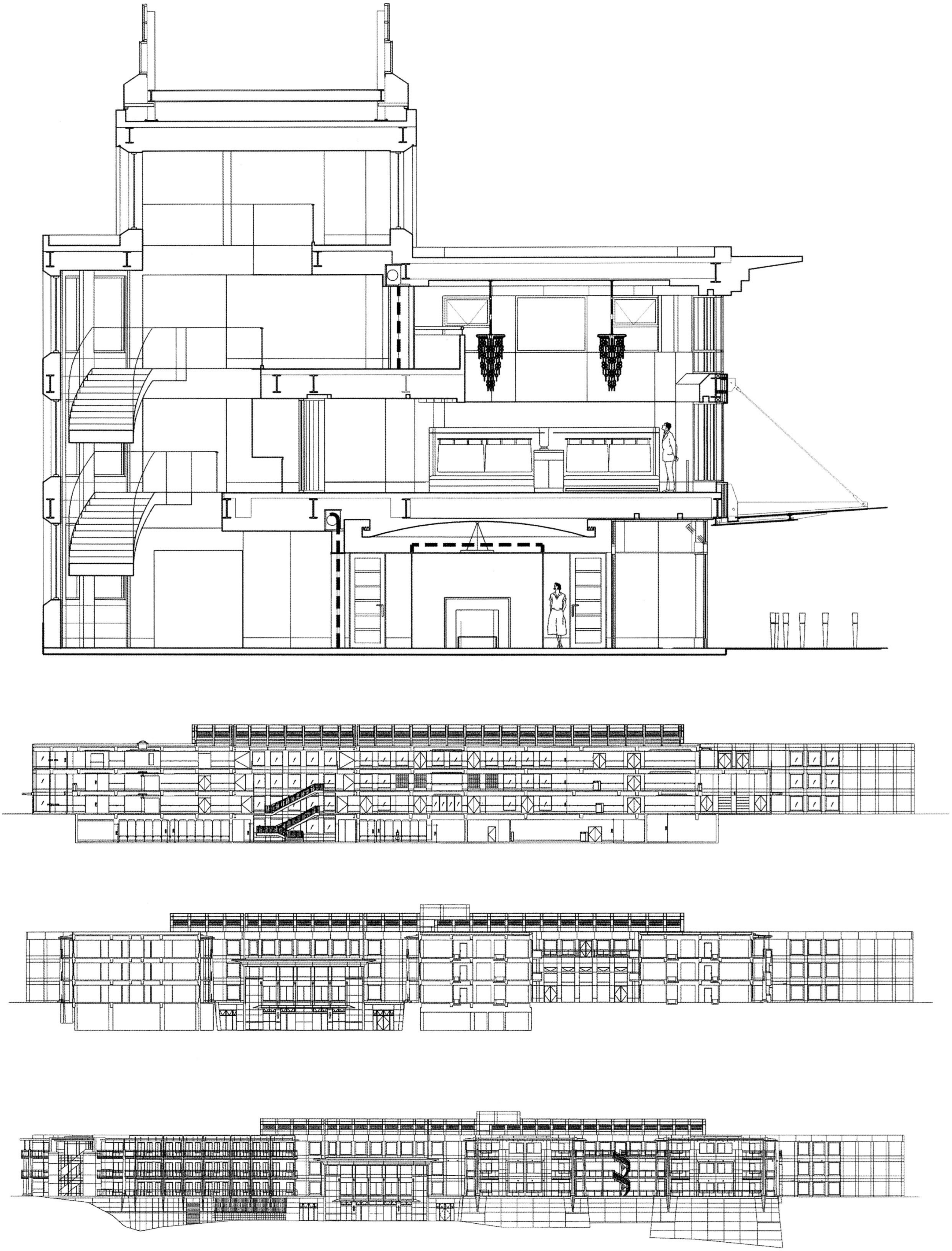

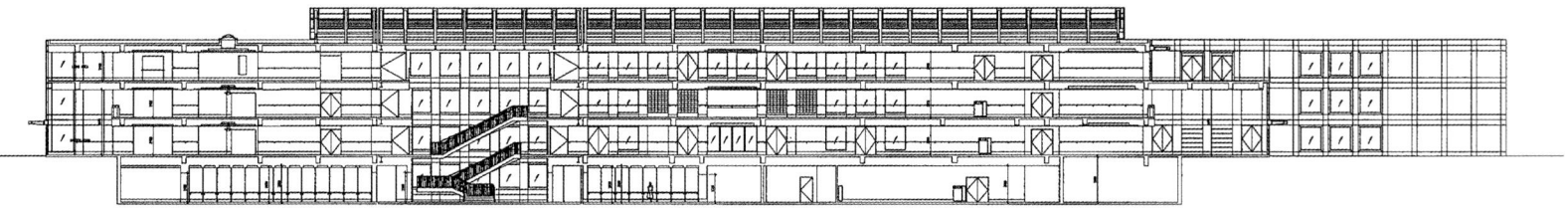

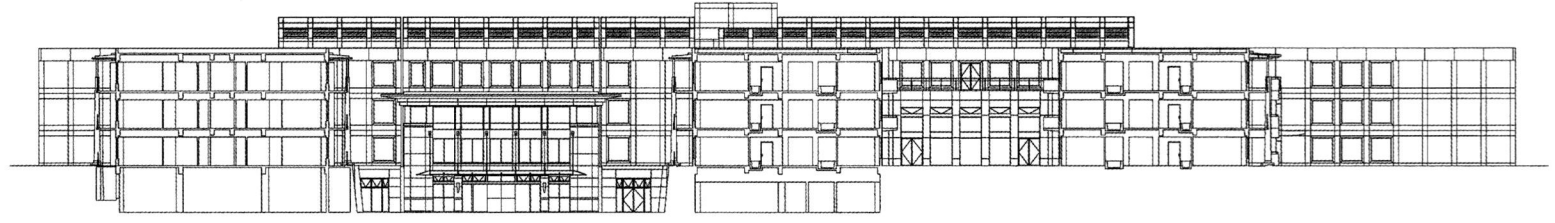

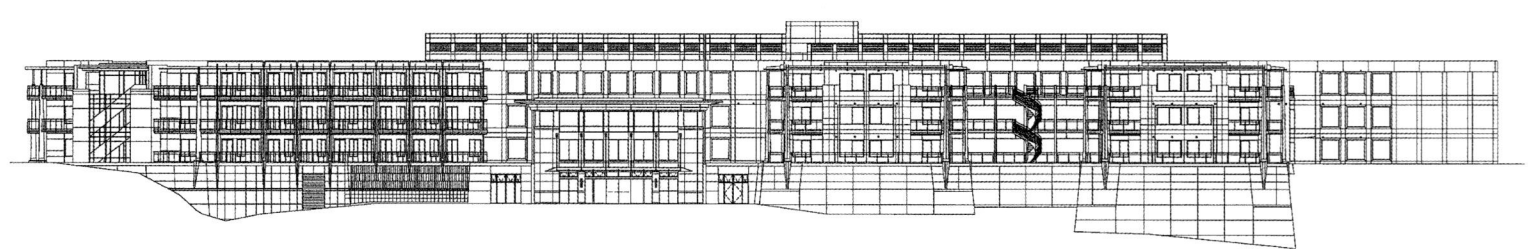

Elevations and sections / Alzados y secciones

The main lobby area features a dramatic custom-designed wood and wrought iron stairway that forms a four-story elliptical opening.

En el vestíbulo principal se encuentra una escalera fabricada a medida en madera y hierro forjado que da lugar a una abertura elíptica de cuatro pisos de altura.

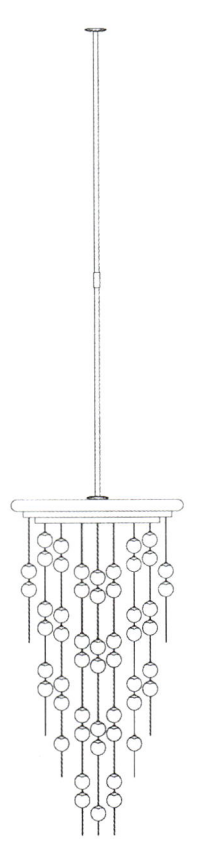

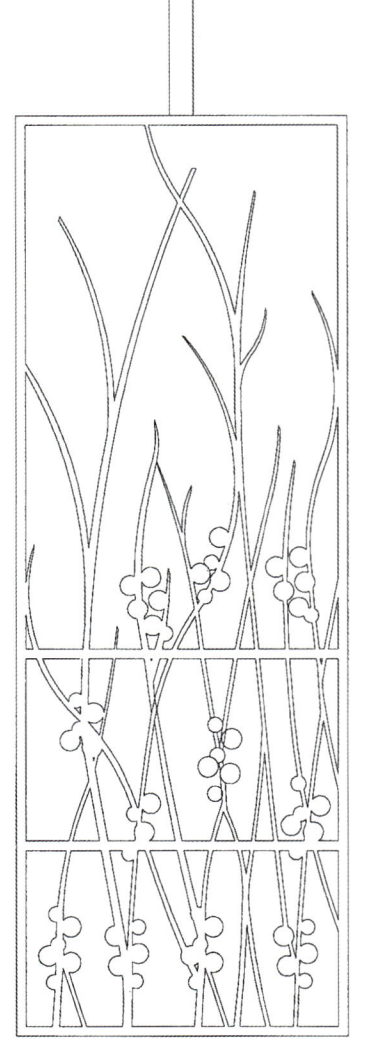

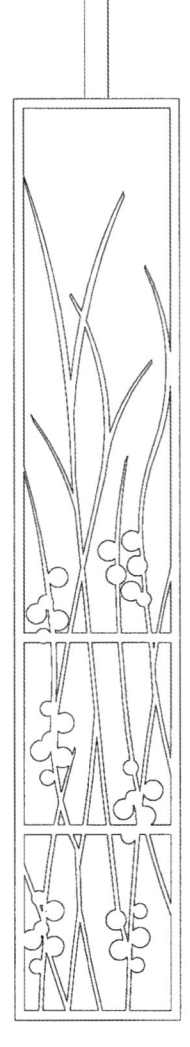

The railing design and complementary, custom-designed wrought iron chandelier incorporate a Japanese bush clover motif. The custom designs of the heat-set nylon carpeting used throughout the public areas are based on traditional kimono patterns.

El diseño del pasamanos y la lámpara de araña de hierro forjado hecha a medida incorporan motivos vegetales de la planta japonesa Hagi. Los estampados de la moqueta de nylon empleada en todas las zonas públicas están inspiradas en diseños clásicos de kimono.

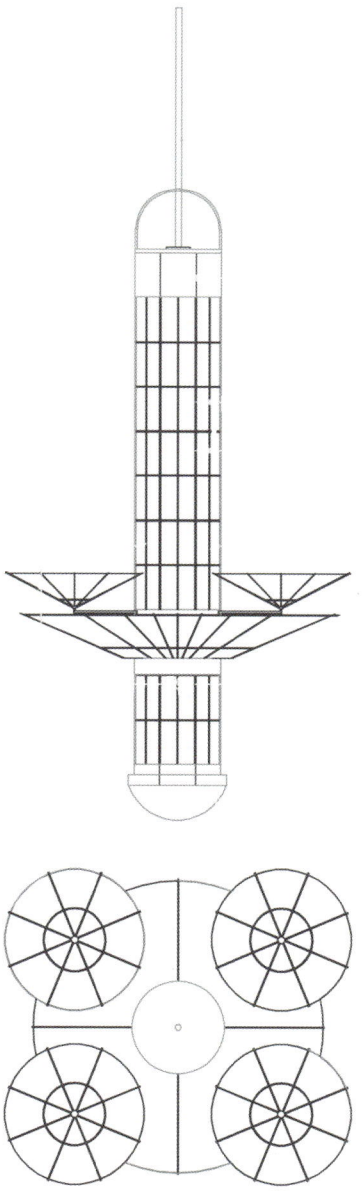

KCAP, Architects and Planners
Homes for the Elderly in Emerald

Pijnacker, Delftgauw, The Netherlands   Photographs: Rob't Hart & De Jong Luchtfotografie

Although the form and function of the new shopping center and apartments for senior citizens are distinct from the rest of the urban structure, their spatial relationship to each other is clear. Lying side by side, they are significantly higher and more voluminous than the surrounding urban fabric. They are typologically comparable, as seen in their atriums, service facilities and communal spaces; and the treatment of their façades is also similar.

None of the corners of the building, which follows the contours of one end of the plot, has a 90 degree angle. 111 apartments are arranged over six floors around a spacious, communal atrium. The building reads as a single object on the exterior; from the inside, however, the form appears to be four vertical blocks with open views to the exterior where the ends of the blocks meet. The stairwell and one of the elevators is located at this junction; another elevator has been set in the atrium.

The standard floor plan (that is, for all apartments, except those at the corners) has no hallway. Rather, rooms are distributed around a separate entryway, which is linked to the atrium via double doors. A balcony lies to the side of this room and constitutes an intermediate space between the dwelling and the gallery overlooking the atrium.

Two sides are accessed by gallery. These apartments have their own winter gardens orientated to the south and west. Corner apartments are connected obliquely to the atrium and have a greater floor area than the rest.

The standard apartments have two façade variations, with the larger window stepping outward and combining either with the apartment's winter garden or to that of the neighboring dwelling. The winter garden is enclosed by two sliding windows in a robust timber frame which, when slid to one side, leaves a windowless opening. In one variation, one pane of glass is slid in front of the other; in another, the glass slides over a brick facing. This patchwork of variations results in a lively and dynamic façade.

The façades facing inward, toward the atrium, are timber-clad. The balustrades of the galleries are woven into a continuous, transparent screen with wide openings like windows overlooking the atrium.

Aunque la forma y función del nuevo centro comercial y de los nuevos apartamentos para ancianos se diferencian de la trama urbana que los rodea, la relación espacial entre ellos es obvia. Situados uno al lado del otro, ambos son notoriamente más altos que el tejido urbano del entorno. Sus tipologías son parecidas, como puede verse en sus atrios, en sus instalaciones de servicios y espacios comunes, así como en el aspecto de sus fachadas.

Ninguna de las esquinas del edificio, que recorre el perfil de uno de los extremos del emplazamiento, presenta un ángulo recto. A lo largo de seis plantas, alrededor de un atrio común de grandes dimensiones, se reparten 111 apartamentos. El edificio aparece como un único objeto homogéneo desde el exterior; desde el interior, en cambio, aparece compuesto por cuatro bloques verticales con vistas al exterior en donde confluyen los extremos de dichos bloques. En esta intersección se alojan las escaleras y uno de los ascensores, mientras que otro ascensor se encuentra en el atrio.

La planta estándar (es decir, la de todos los apartamentos excepto los situados en las esquinas) no presenta distribuidor; las viviendas se reparten más bien alrededor de un pasaje de entrada que conecta con el atrio mediante puertas de dos hojas. Al lado de esta sala se encuentra un balcón que actúa como espacio intermedio entre los apartamentos y la galería que da sobre el atrio.

El acceso a dos de los apartamentos se realiza a través de la galería. Estos apartamentos están provistos de una galería cubierta propia, orientada al sur y al oeste. Los apartamentos de las esquinas están conectados de forma oblicua al atrio, y presentan una superficie mayor que los demás.

Los apartamentos estándar presentan dos variaciones de la fachada, con la mayor de las ventanas sobresaliendo hacia la galería cubierta del propio apartamento o hacia la del apartamento contiguo. Esta galería se cierra mediante dos ventanas correderas provistas de una sólida estructura de madera que, deslizándose a un lado, puede dejar la galería totalmente abierta. En una de las variaciones, una de las hojas de vidrio de la ventana se desliza sobre la otra; en la otra variación, el vidrio se desliza sobre un revestimiento de ladrillo. Este mosaico de variaciones da lugar a una fachada alegre y dinámica.

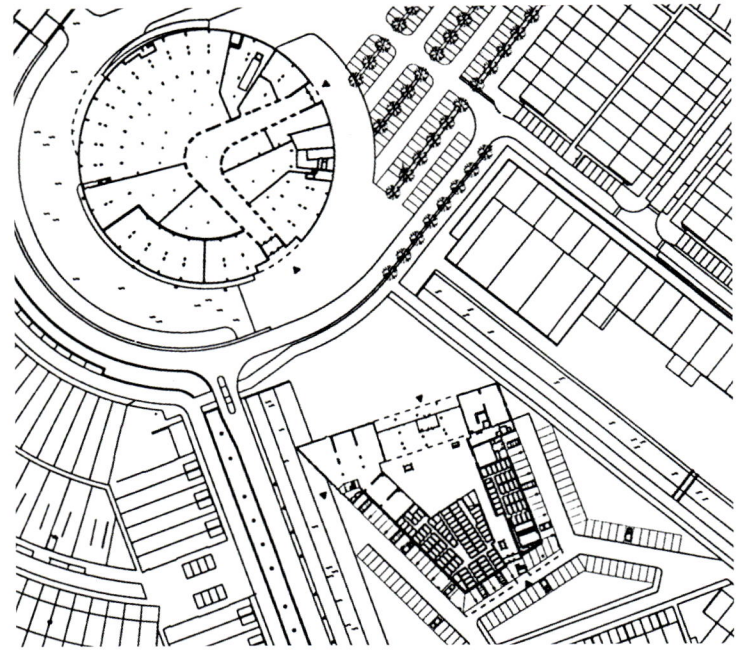

The new shopping center and apartments for senior citizens are distinct from the rest of the urban structure. Lying side by side, they are significantly higher and more voluminous than the surrounding urban fabric.

El nuevo centro comercial y los nuevos apartamentos para ancianos se diferencian de la trama urbana en la que se emplazan. Situados uno al lado del otro, ambos son notoriamente más altos y voluminosos que el tejido urbano del entorno.

Site plan / Plano de situación

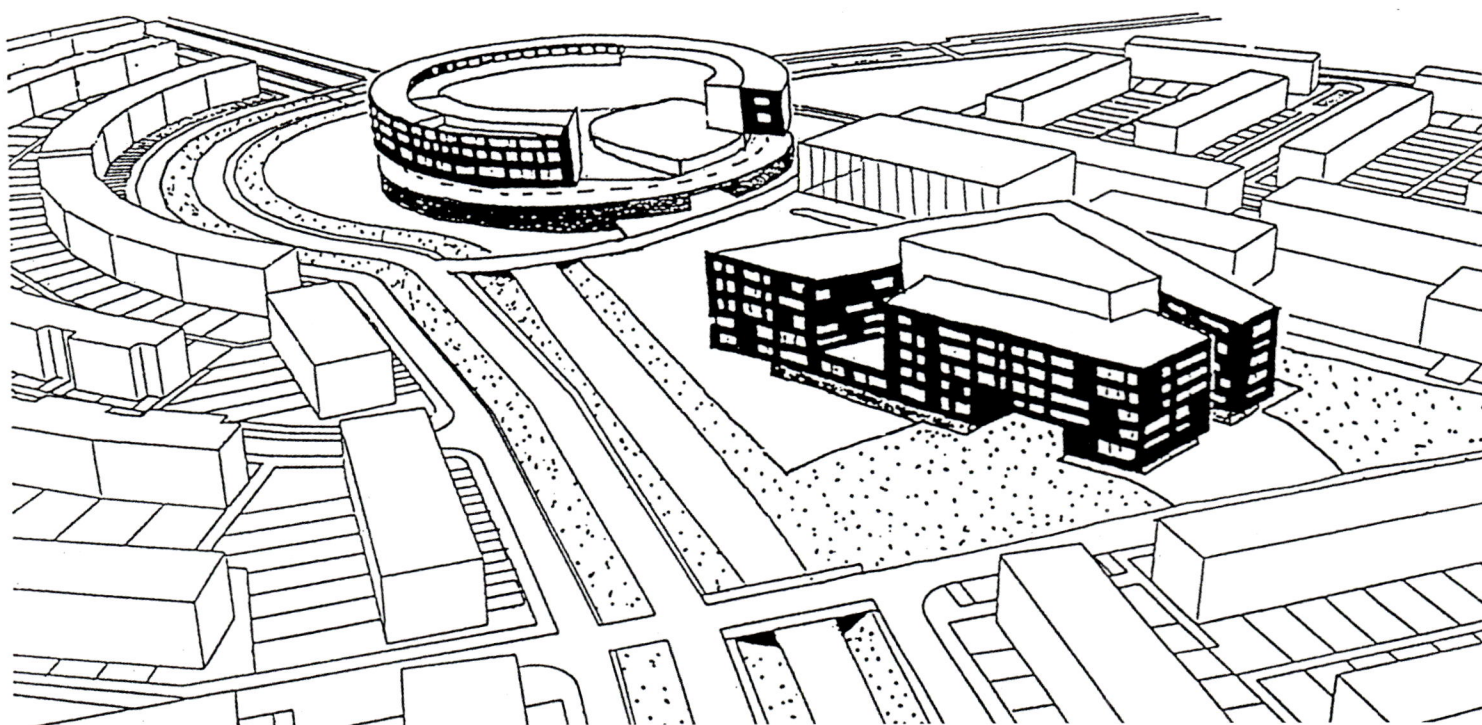

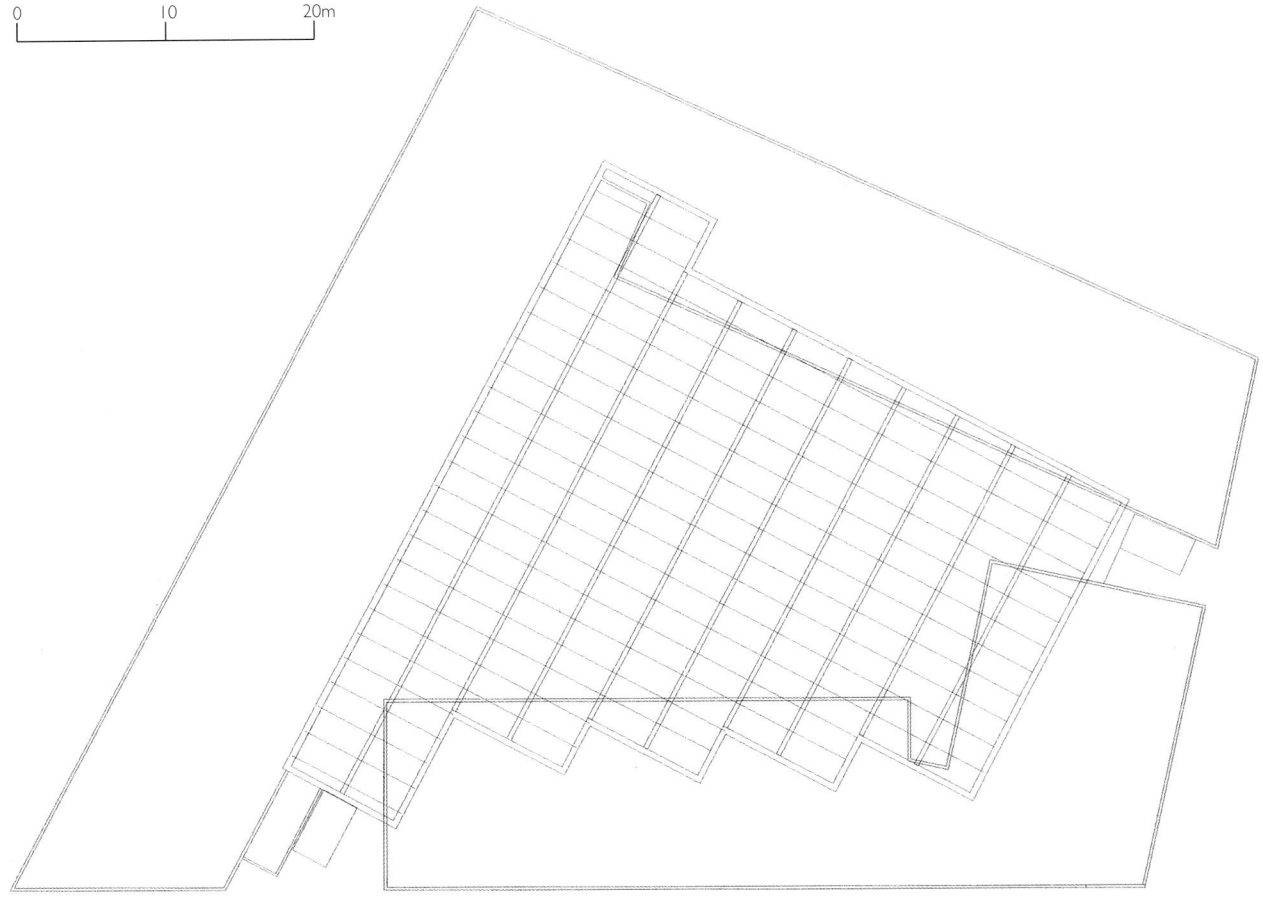

Roof floor plan / Planta cubierta

Fifth floor plan / Planta quinta

First floor plan / Planta primera

Ground floor plan / Planta baja

The floor of the atrium is comprised of two levels joined by a shallow stairway. This wide entry lobby can be interpreted as a continuation of the square outside.

El suelo del atrio posee dos niveles conectados mediante una escalera de poca altura. Este espacioso vestíbulo de entrada puede interpretarse como la prolongación de la plaza situada frente al edificio.

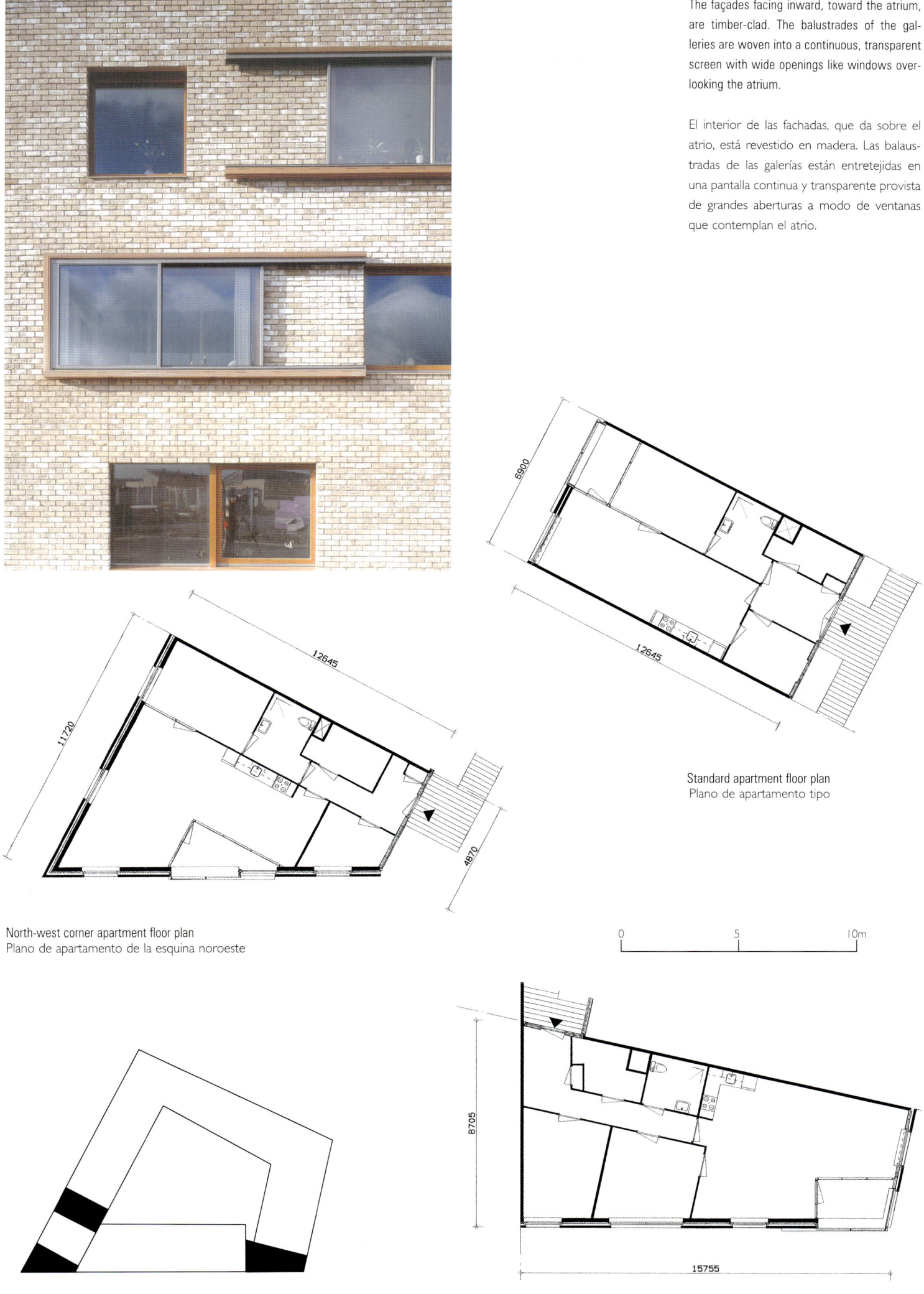

The façades facing inward, toward the atrium, are timber-clad. The balustrades of the galleries are woven into a continuous, transparent screen with wide openings like windows overlooking the atrium.

El interior de las fachadas, que da sobre el atrio, está revestido en madera. Las balaustradas de las galerías están entretejidas en una pantalla continua y transparente provista de grandes aberturas a modo de ventanas que contemplan el atrio.

Standard apartment floor plan
Plano de apartamento tipo

North-west corner apartment floor plan
Plano de apartamento de la esquina noroeste

0   5   10m

Floor plan for 3 apartments / Plano de 3 apartamentos

South-west apartment floor plan / Plano de apartamento suroeste

45

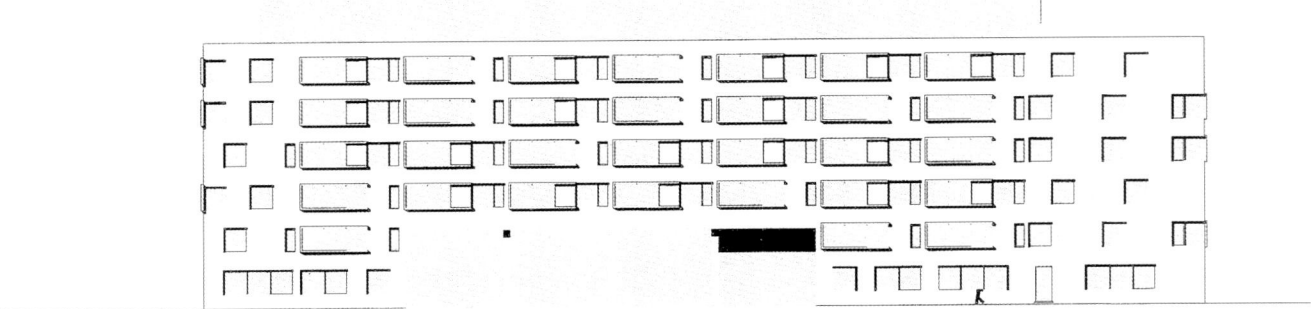

North elevation / Alzado norte

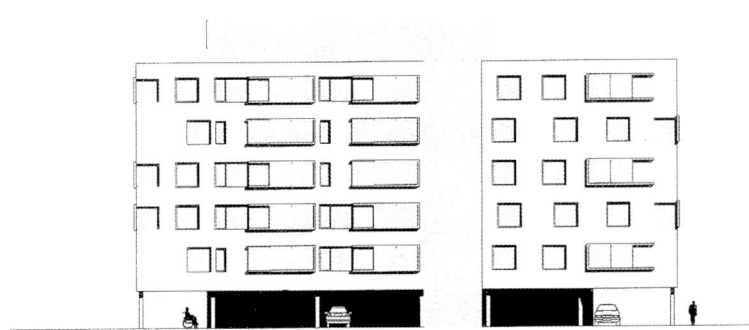

South elevation / Alzado sur

East elevation / Alzado este

West elevation / Alzado oeste

46

West elevation inside / Alzado interior oeste

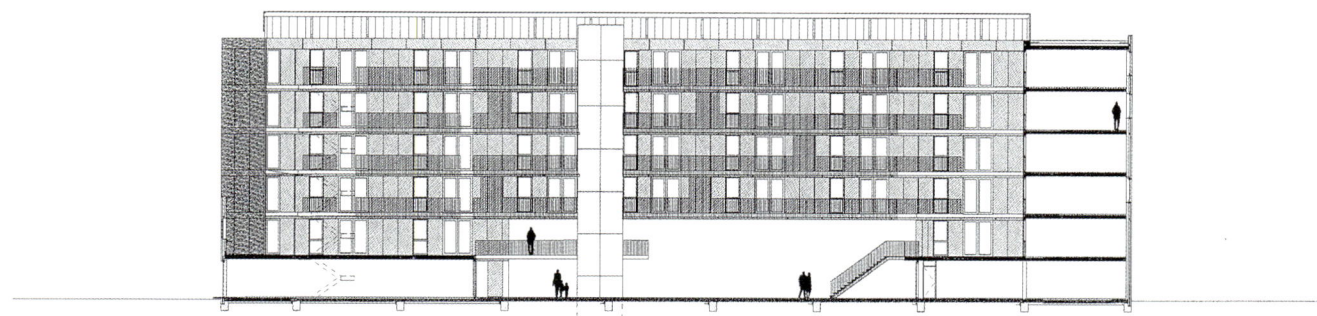

North interior elevation / Alzado interior norte

Maurer & Orsi architectes

Nursing Home for the Elderly "Raymond Thomas"

Rennes, France

Photographs: Michel Denance / Archipress

Here, the underlying premise behind the design is that any good project must be based on a study of the neighborhood and the way people live in the area. This process is in turn based on two ideas: the duty to preserve connections between streets, existing buildings and public space, which represents the heart of housing blocks; and the incorporation of human dimensions - that is, small scale for the occupants.

This two-story building is composed of a compact base, which contains services and four wings of private rooms, with east- and west-facing windows (as is the case with the surrounding buildings), arranged around a nucleus of communal spaces. An entirely glazed volume containing the reception hall, dining room and restrooms, which all face the public garden, makes up a portion of the base. The resulting transparency is particularly important as it visually connects the public spaces with the garden.

The administration spaces, laundry and storerooms are organized around a central patio, a spatial distribution which restricts the comings and goings of employees and rationally organizes vertical circulation.

Half perched on concrete legs and half laying on the base, the building shelters the parking lot from rain and creates a public space beyond the main entrance. Different facilities, such as a library, tea-room and hairdressing salon, are dispersed throughout the various levels of the four wings. A sitting room is located at the intersection of the wings and provides an area where residents can meet. All corridors are naturally lit and accented by the rhythm of the outer curves of the individual bathrooms.

Each individual resident's room constitutes the most intimate and personalized space of the nursing home, with each occupant furnishing it as desired. A balcony can be used nearly year-round, having a rolling shutter that lies flush with the exterior walls, enabling residents to adjust the level of light entering their rooms. The slope of the metal guard rail has been designed to allow wheelchair users to lean on it. All these advantages (furniture, natural light, outside views) let them choose their lifestyle and create their own world. The primary construction materials used -zinc, steel and concrete- reveal an economy of means in promoting large rooms (an average of 25 m² instead of the 20 initially stipulated in the program).

Este diseño parte de la premisa de que un buen proyecto se basa en el estudio de su entorno y del tipo de vida que lleva la gente de la zona que ocupará. Este proceso, a su vez, se basa en dos ideas: la obligación de preservar conexiones entre las calles, los edificios existentes y el espacio público, que representa el núcleo de los bloques de viviendas; y la adopción de unas dimensiones humanas en beneficio de los residentes.

El edificio de dos plantas posee una base compacta, con servicios y cuatro alas de habitaciones individuales provistas de ventanas orientadas a este y oeste (igual que en los edificios vecinos), dispuesta alrededor de un núcleo de espacio común. La base se completa con un volumen vidriado que aloja el vestíbulo de recepción, el comedor y las salas de descanso, todos ellos encarados hacia el jardín público. La transparencia resulta clave en este entorno, puesto que conecta los espacios públicos con el jardín.

Los espacios administrativos, de lavandería y almacenes se disponen alrededor de un patio central; esta distribución limita las entradas y salidas de los empleados y organiza de forma racional la circulación vertical.

Medio suspendido sobre soportes de hormigón y medio apoyado sobre la base, el edificio protege el parking de la lluvia y crea un espacio público más allá de la entrada principal.

Varios equipamientos, como una biblioteca, un salón de té y una peluquería se reparten por los distintos niveles de las cuatro alas del edificio. En la intersección de éstas hay una sala de descanso donde se pueden encontrar los residentes.

Todos los pasillos, caracterizados por el ritmo de las sinuosas paredes exteriores de los servicios, están iluminados con luz natural.

Cada habitación individual representa el espacio más íntimo y personal de la residencia, y cada residente la decora con los muebles que desee. El balcón puede usarse prácticamente todo el año, y está provisto de una persiana de lamas deslizante dispuesta a ras con la pared exterior que permite que los residentes ajusten la cantidad de luz que penetra en sus habitaciones. La inclinación de la barandilla de metal está pensada para que puedan apoyarse en ella los usuarios de sillas de ruedas. Todas estas ventajas (mobiliario, luz natural, vistas exteriores) les permiten escoger su estilo de vida y crear su propio mundo. Los principales materiales empleados, el zinc, el acero y el hormigón ponen de manifiesto la economía de medios aplicada en la disposición de habitaciones espaciosas (25 m² de media en lugar de los 20 m² estipulados inicialmente en el programa).

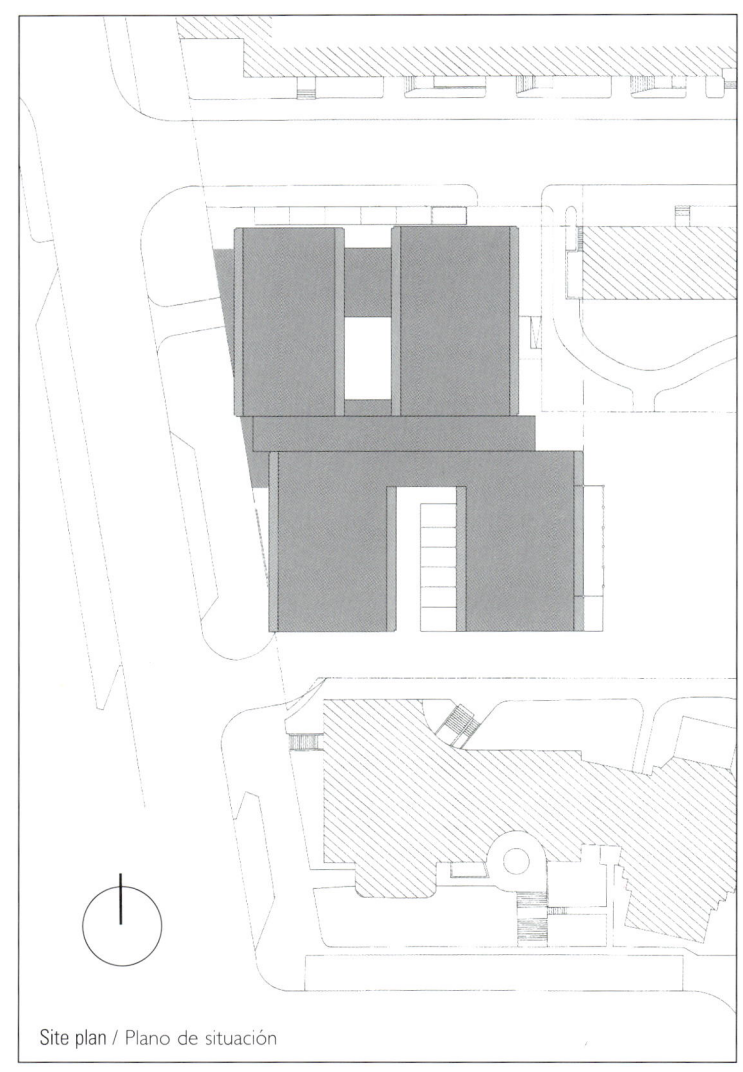

Site plan / Plano de situación

This process is based on two ideas: the duty to preserve connections between streets, existing buildings and public space, which represents the heart of housing blocks; and the incorporation of human dimensions - that is, small scale for the occupants.

Este proceso se basa en dos ideas: la obligación de preservar conexiones entre las calles, los edificios existentes y el espacio público, que representa el núcleo de los bloques de viviendas; y la adopción de unas dimensiones humanas en beneficio de los residentes.

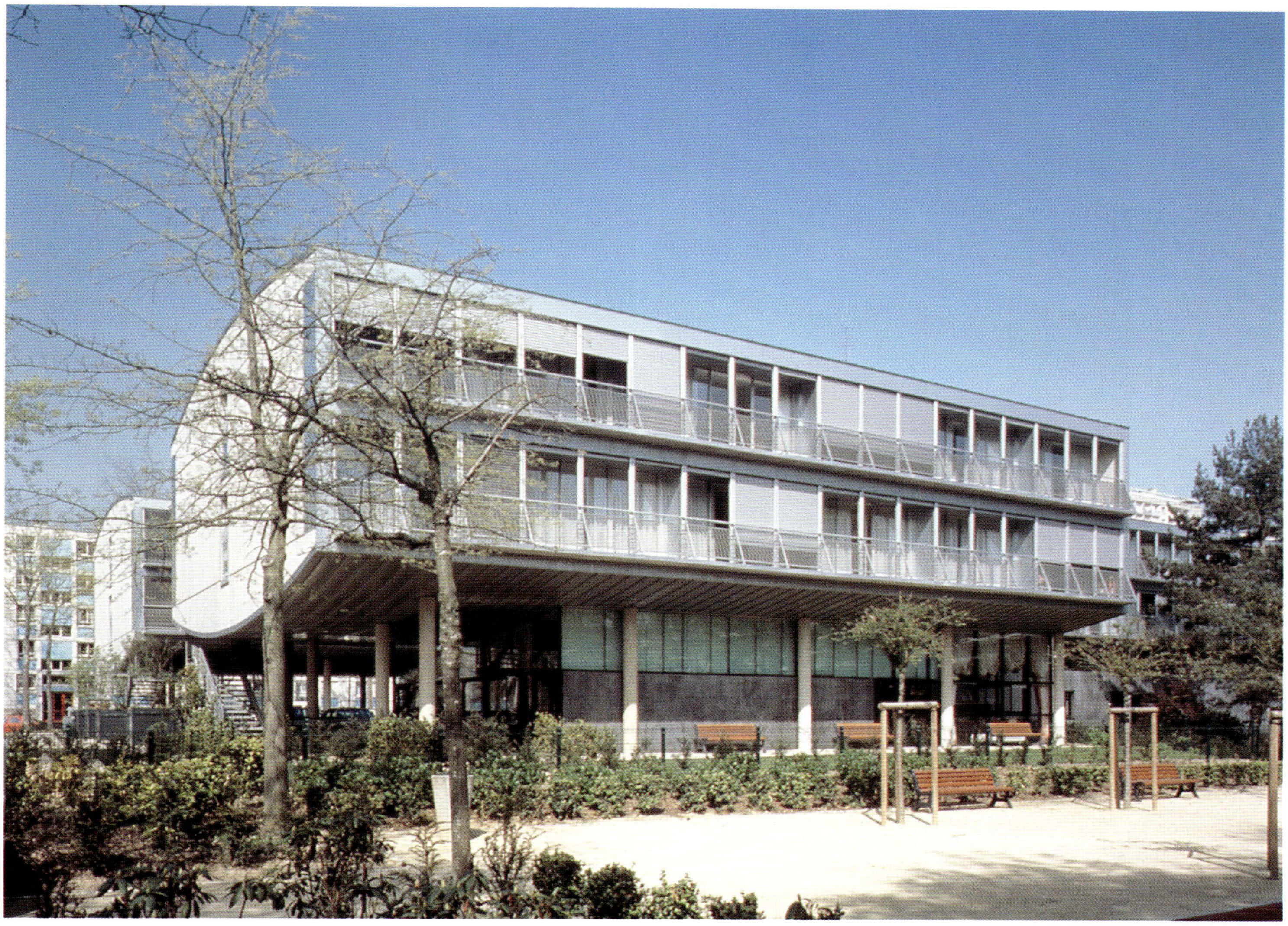

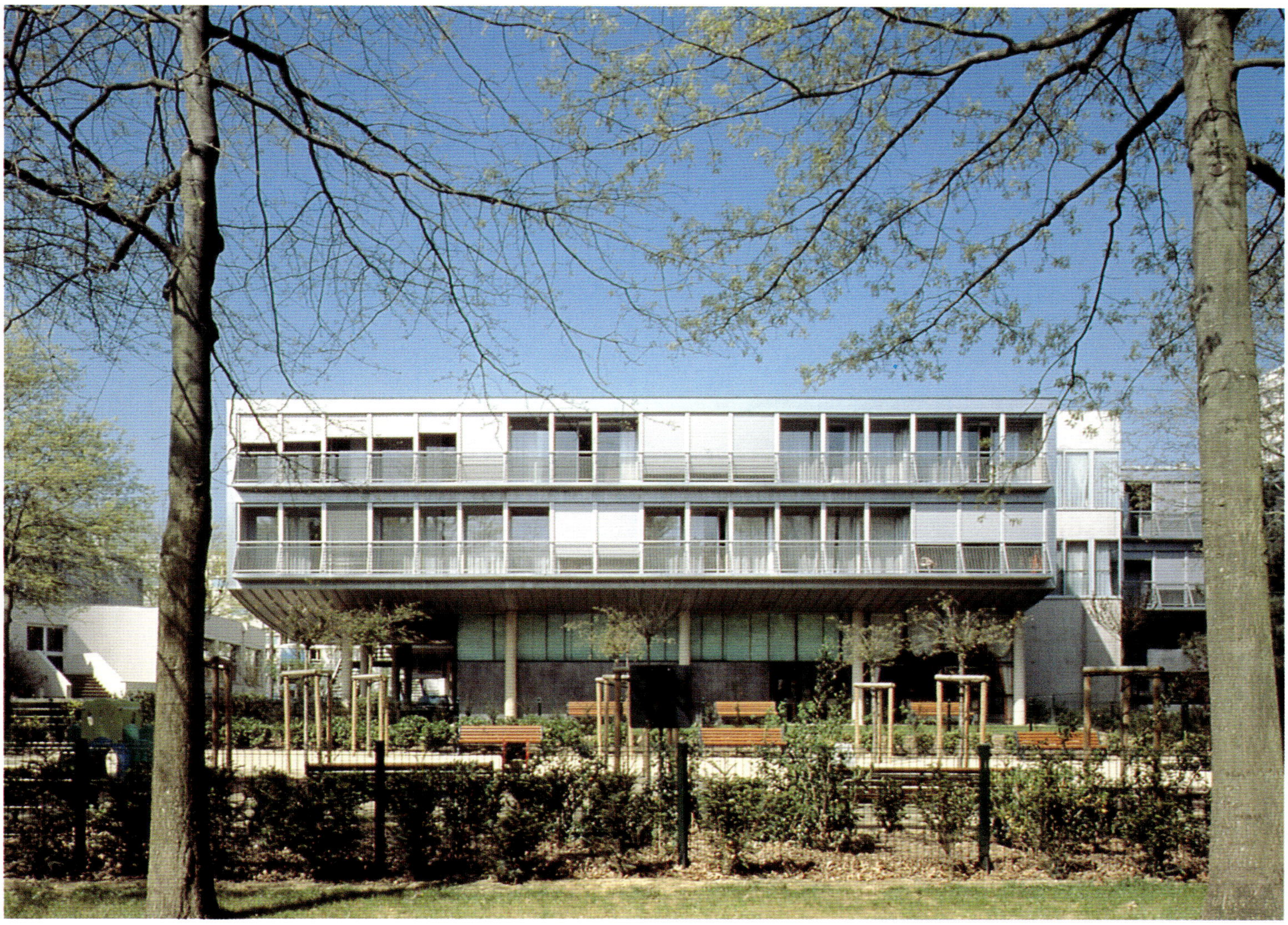

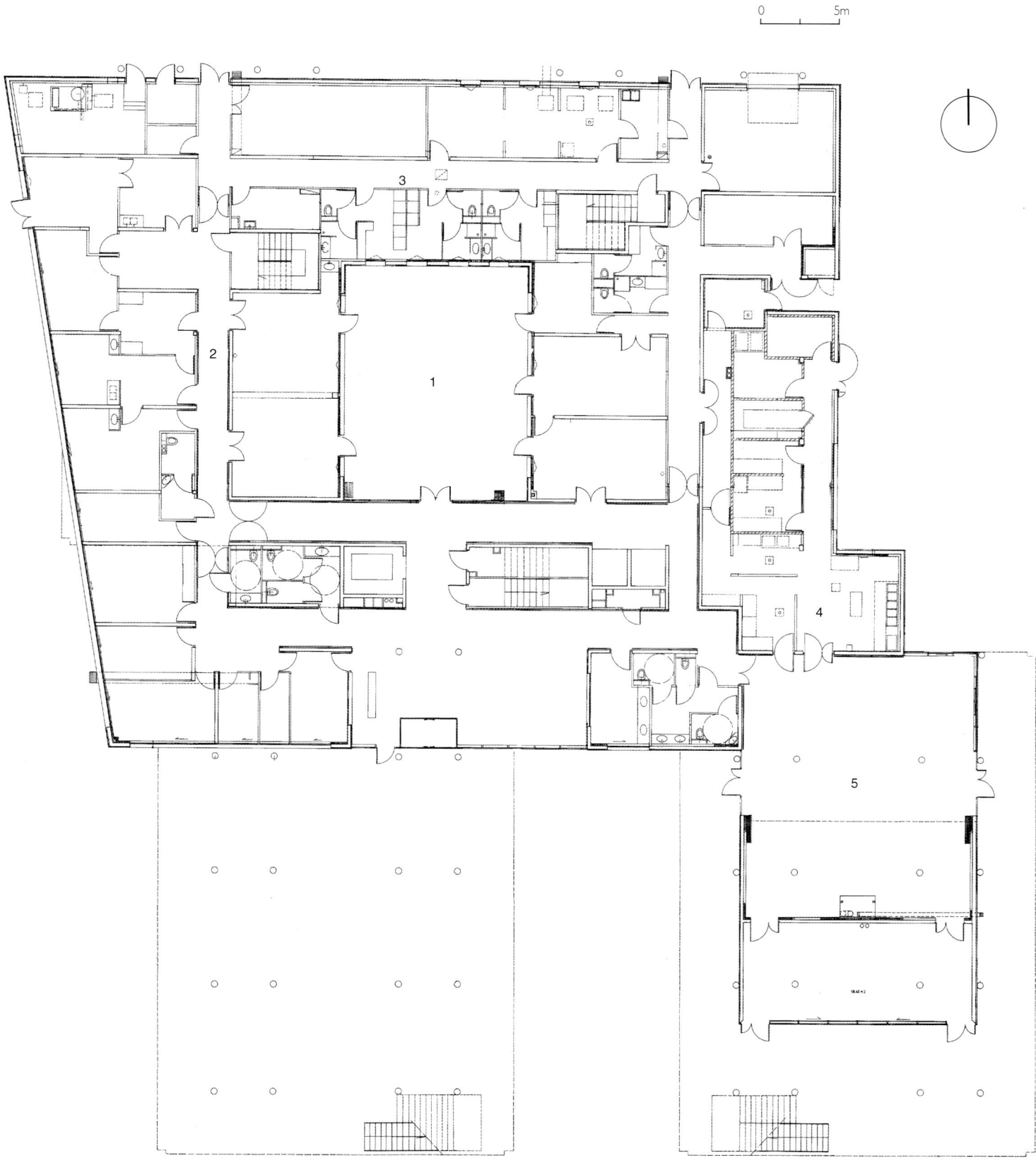

Ground floor plan / Planta baja

1. Patio / Patio
2. Administrative spaces / Espacio administrativo
3. Storerooms / Almacenes
4. Kitchen / Cocina
5. Dining room / Comedor

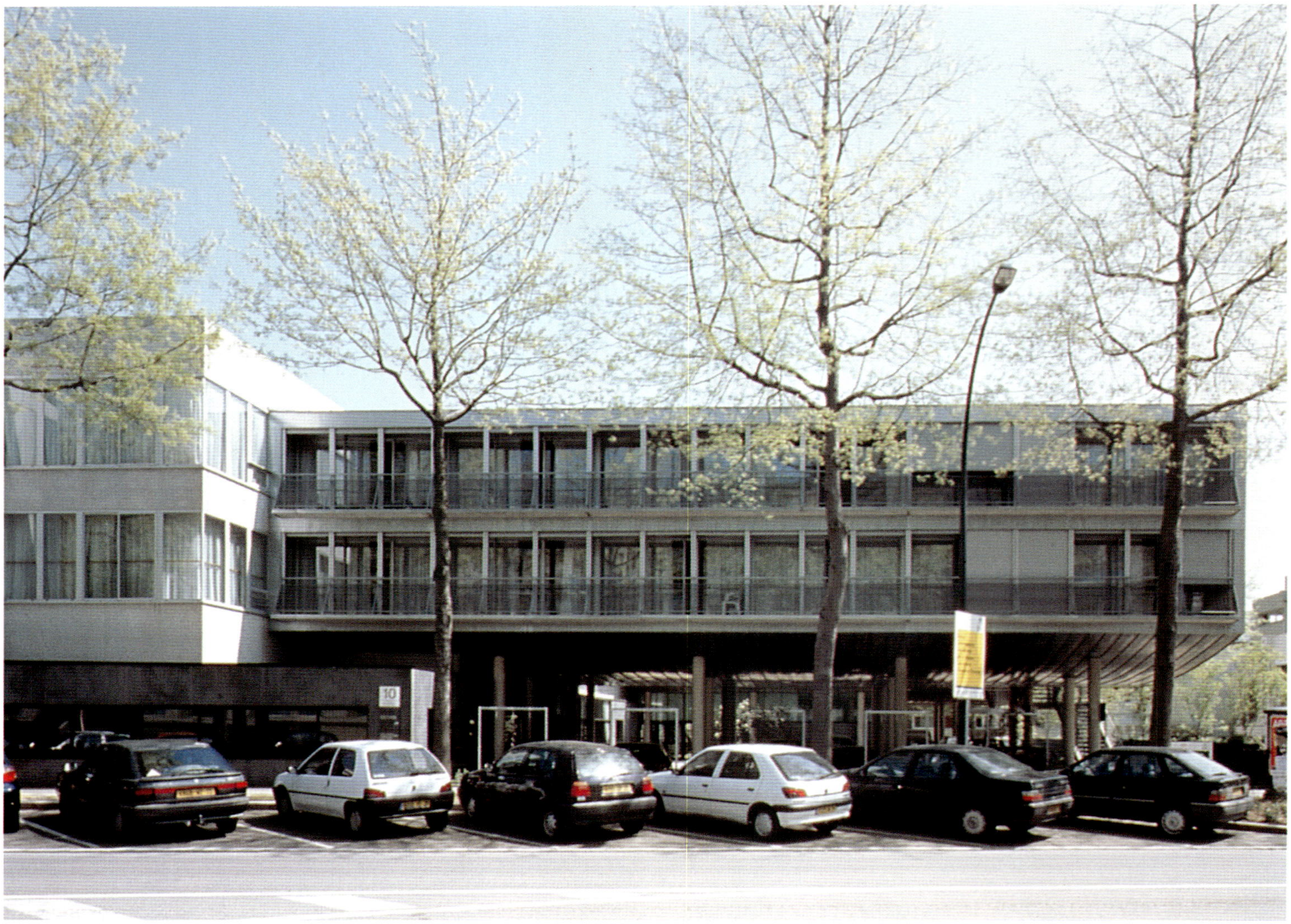

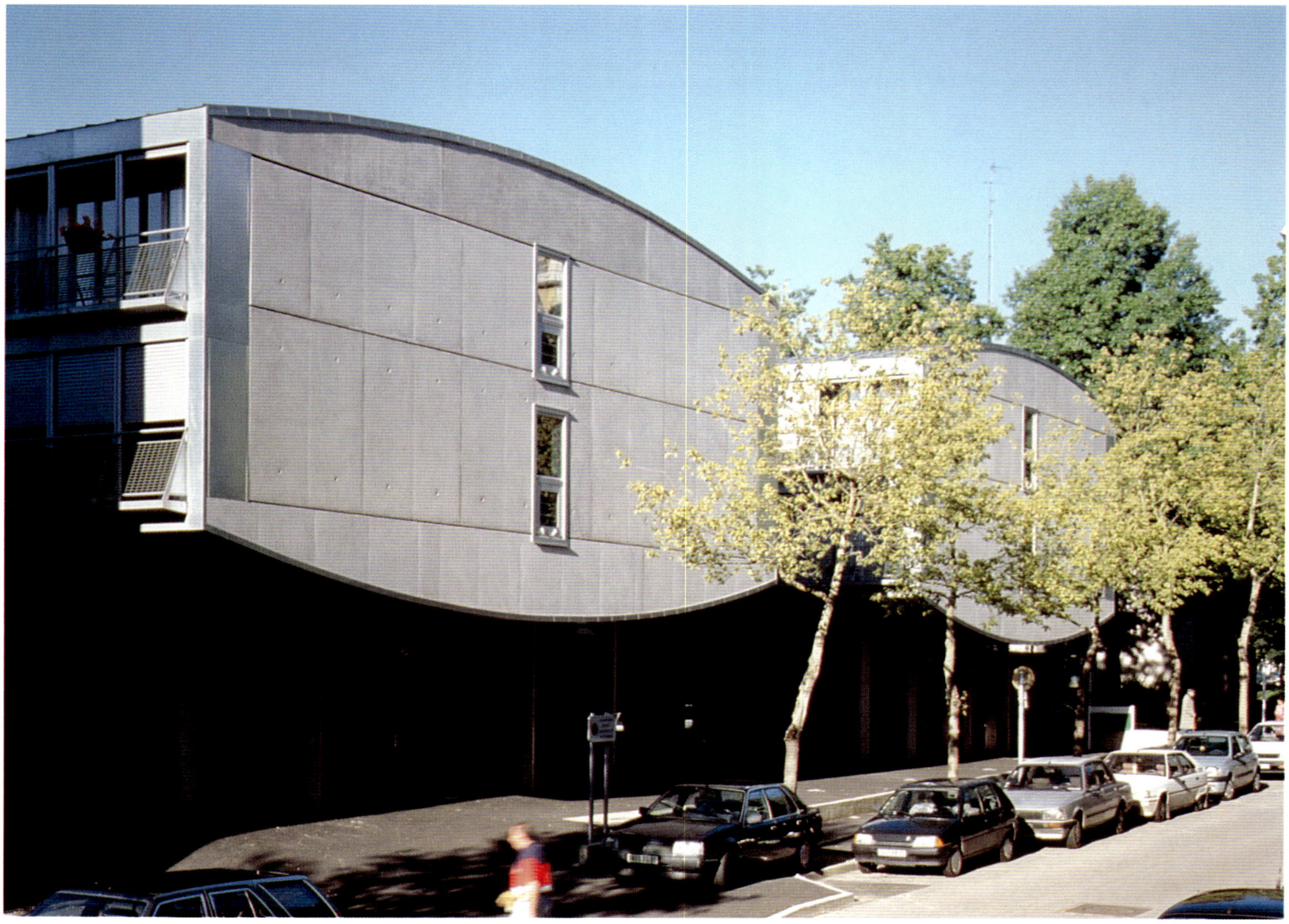

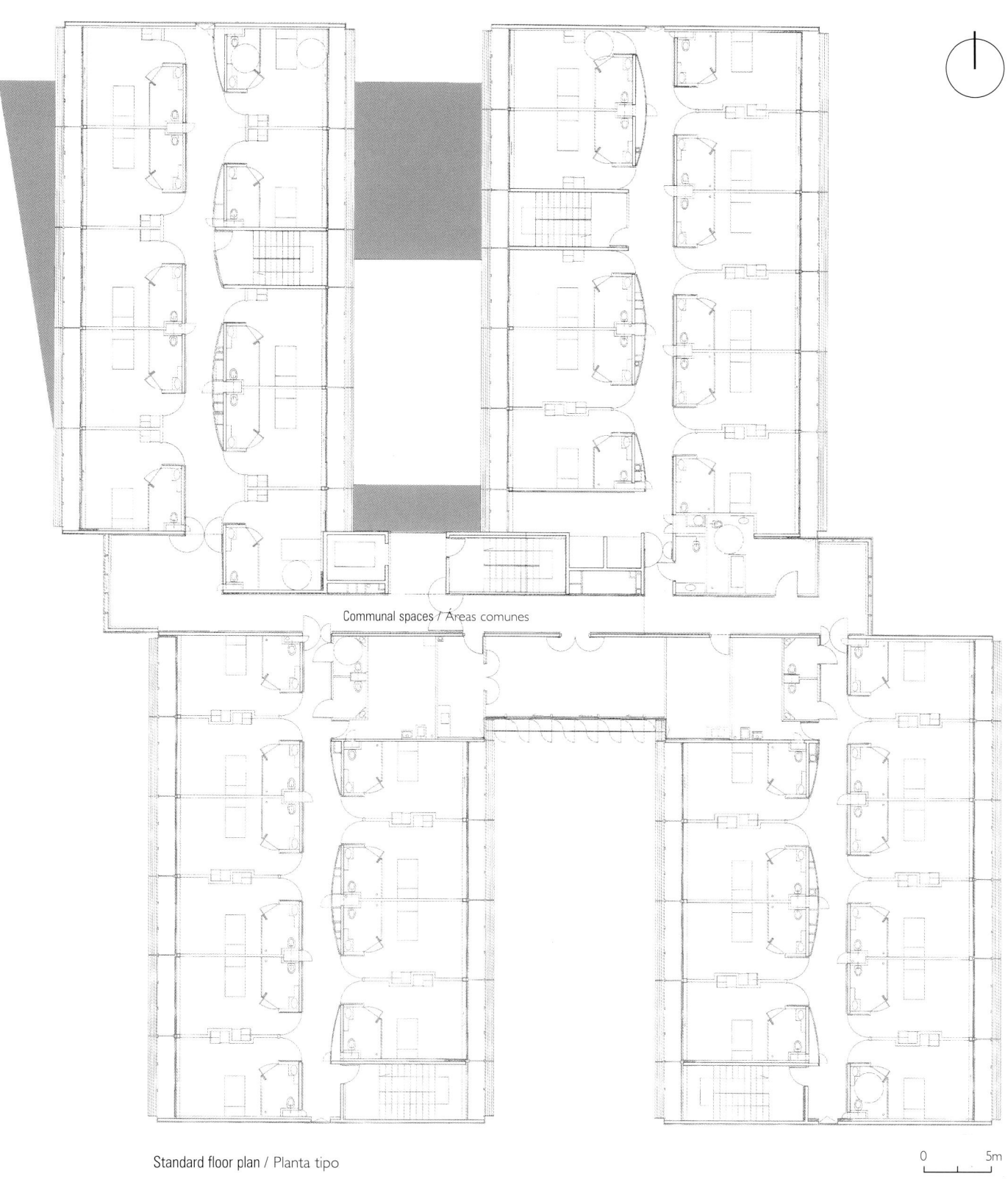

Communal spaces / Áreas comunes

Standard floor plan / Planta tipo

0   5m

This building is composed of a compact base, which contains services and four wings of private rooms, with east- and west-facing windows, arranged around a nucleus of communal spaces.

El edificio posee una base compacta, con servicios y cuatro alas de habitaciones individuales provistas de ventanas orientadas a este y oeste, dispuesta alrededor de un núcleo de espacio común.

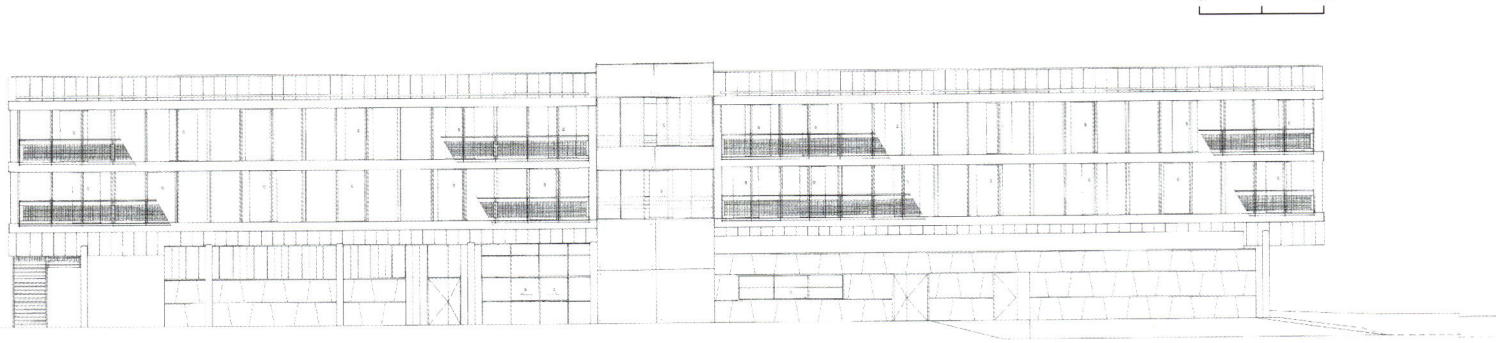

East elevation / Alzado este

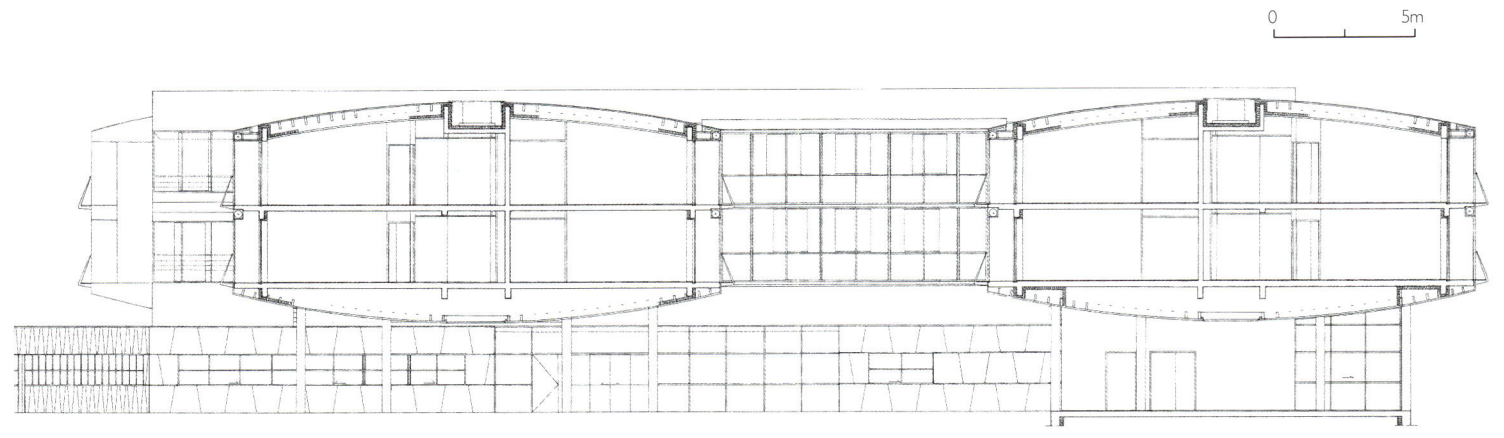

Cross section of south wings / Sección transversal a través del ala sur

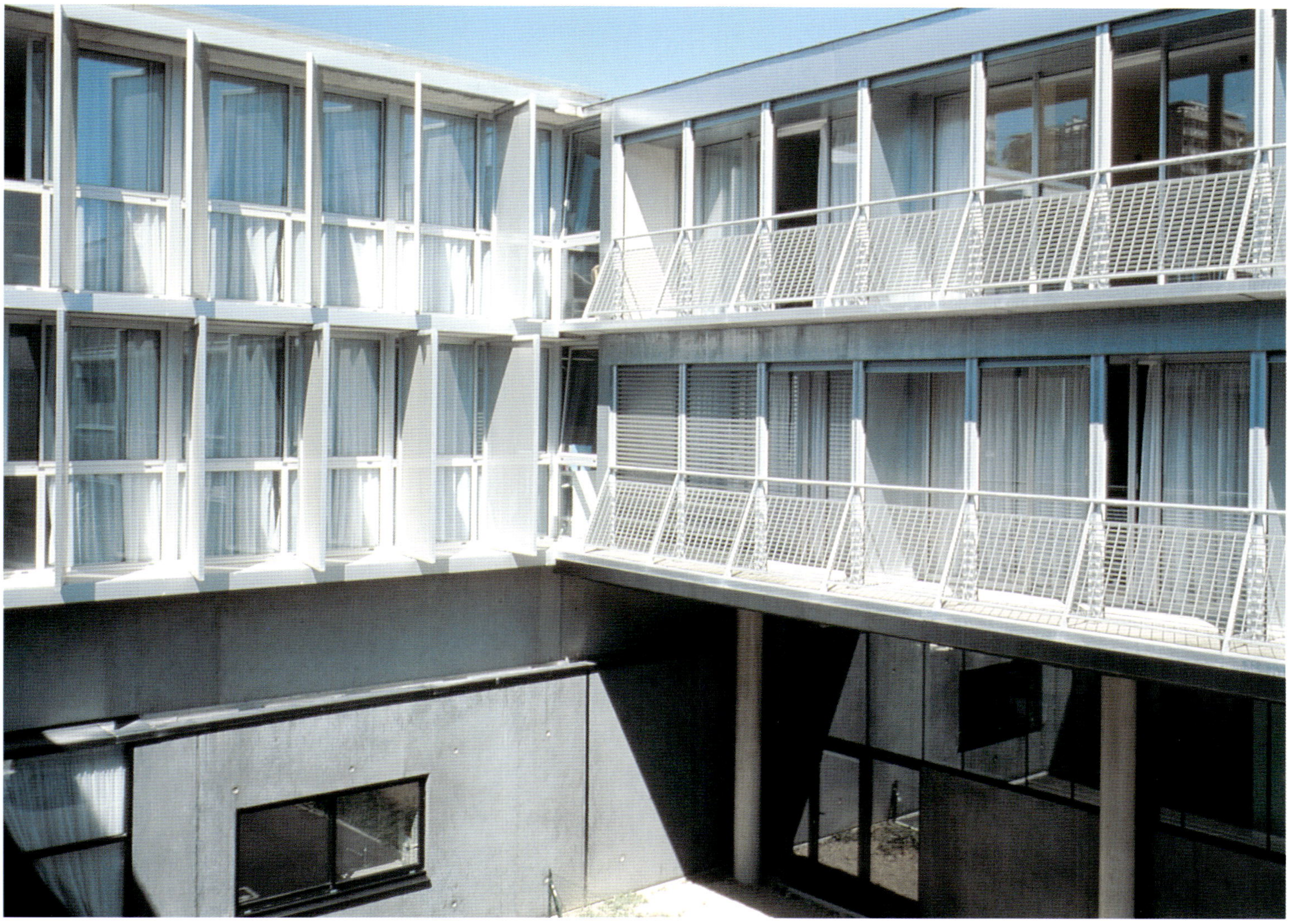

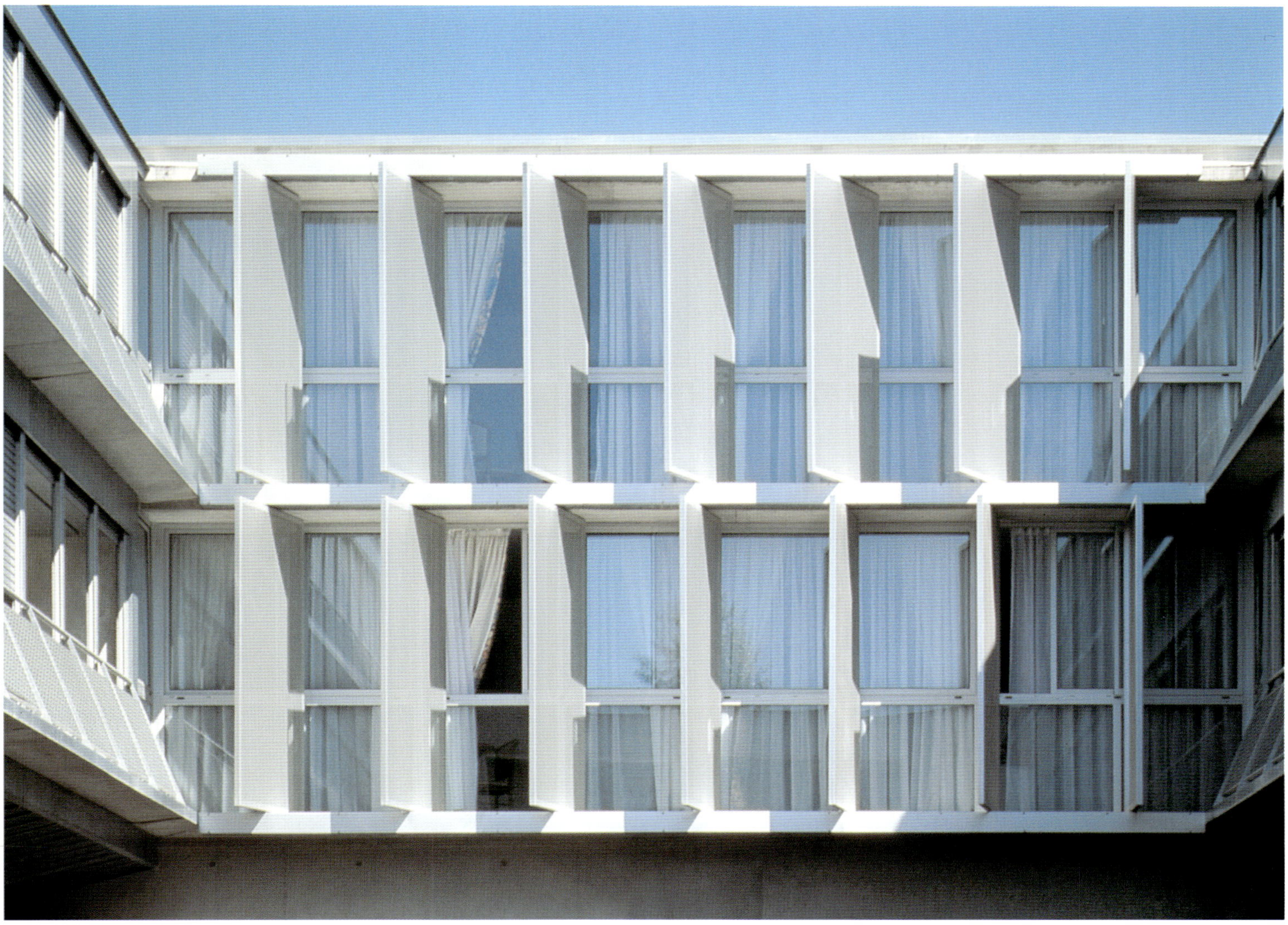

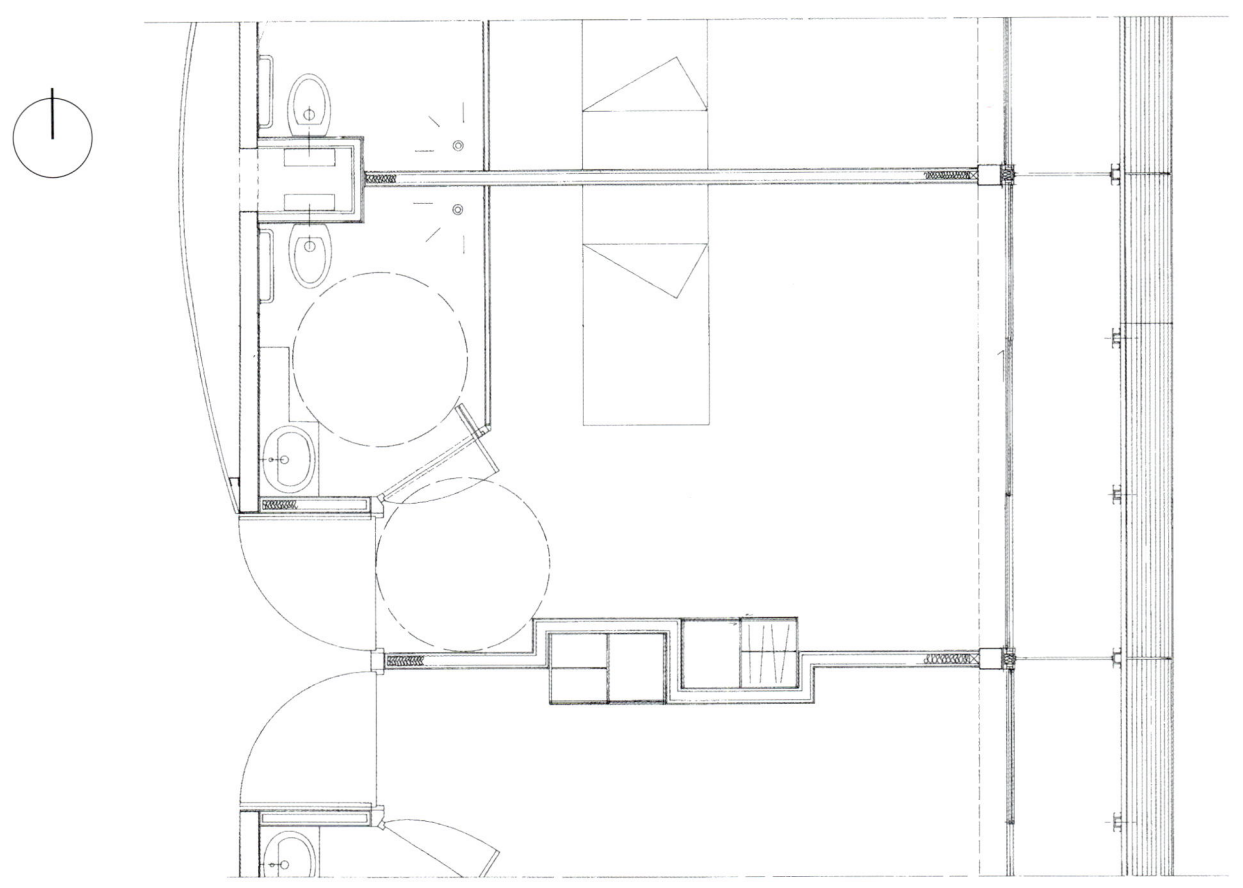

Floor plan of apartment type 1 / Planta de apartamento tipo I

0   1m

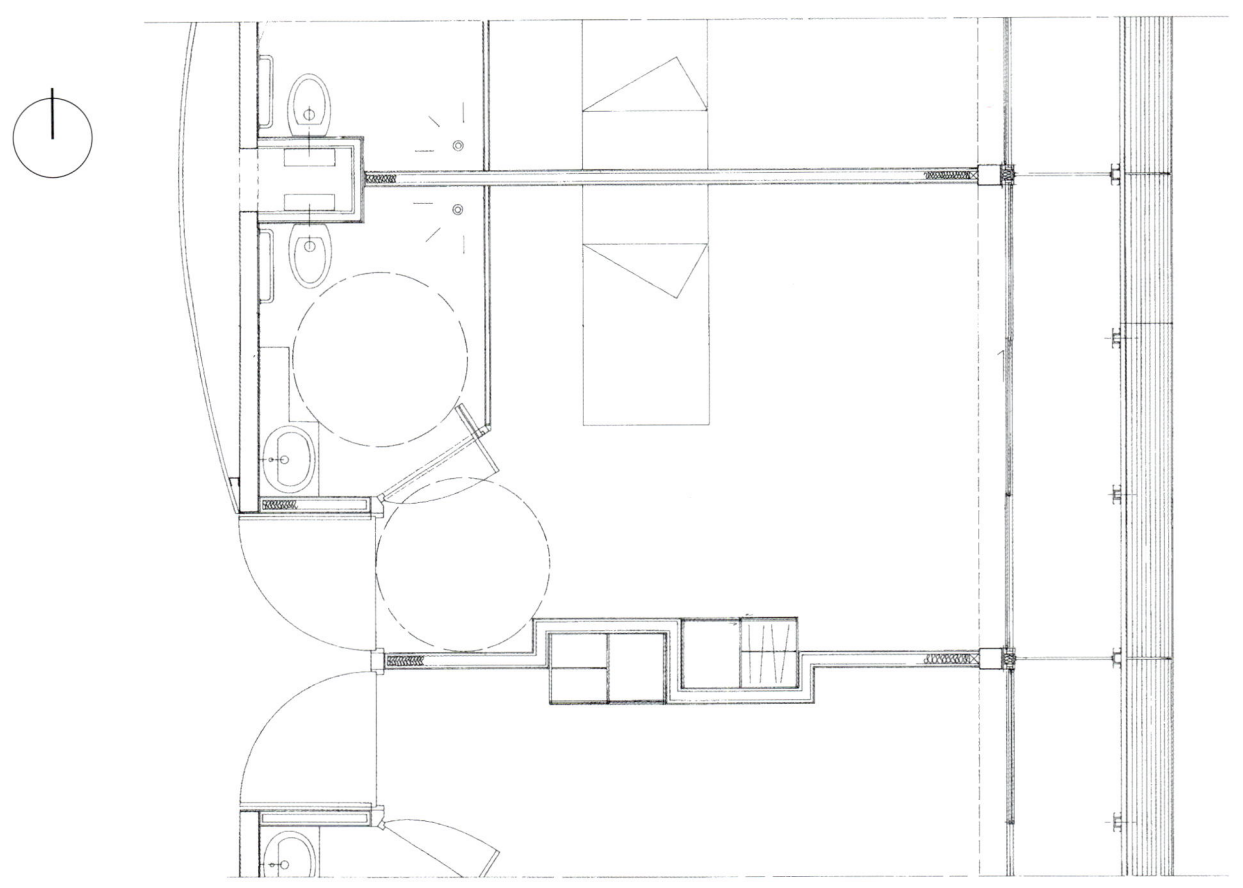

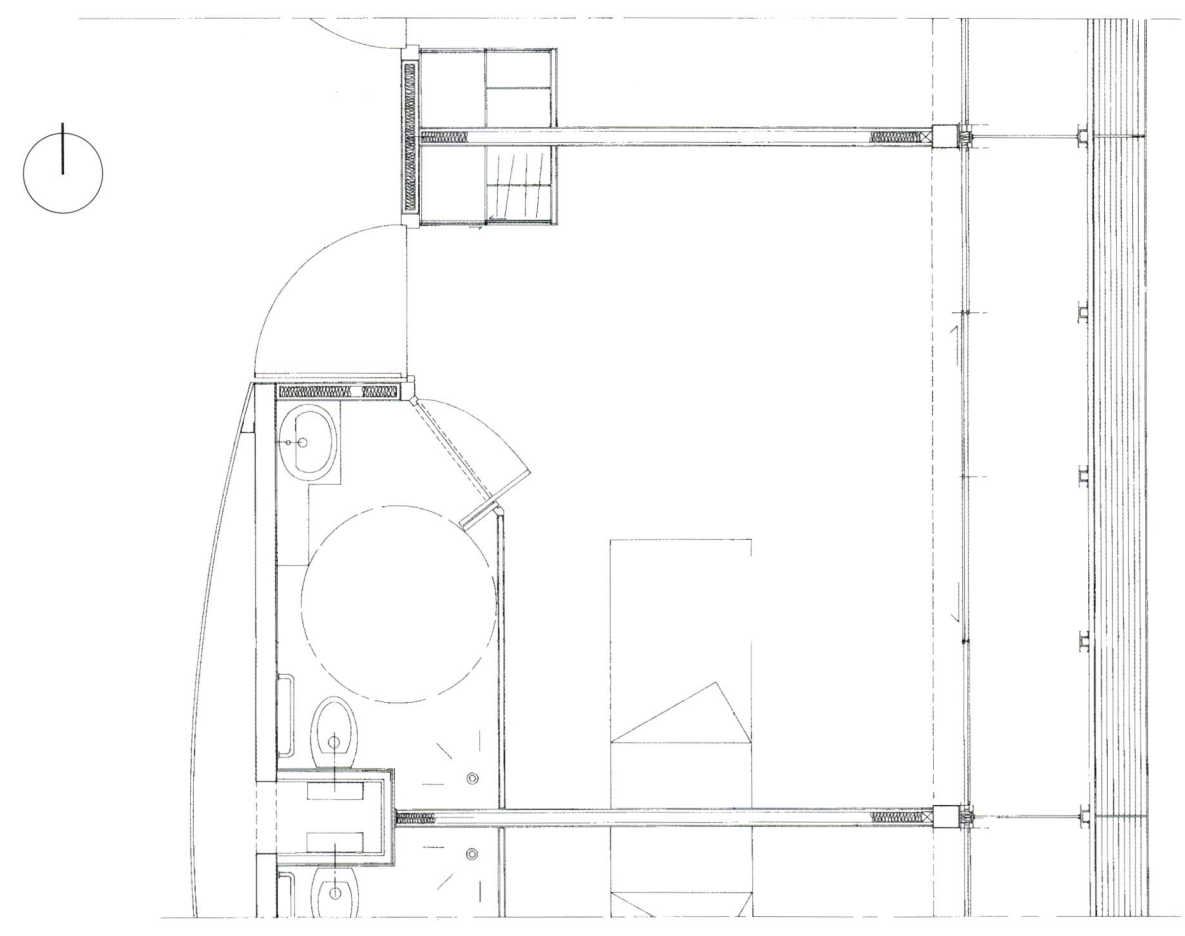

Floor plan of apartment type 2 / Planta de apartamento tipo 2

0   1m

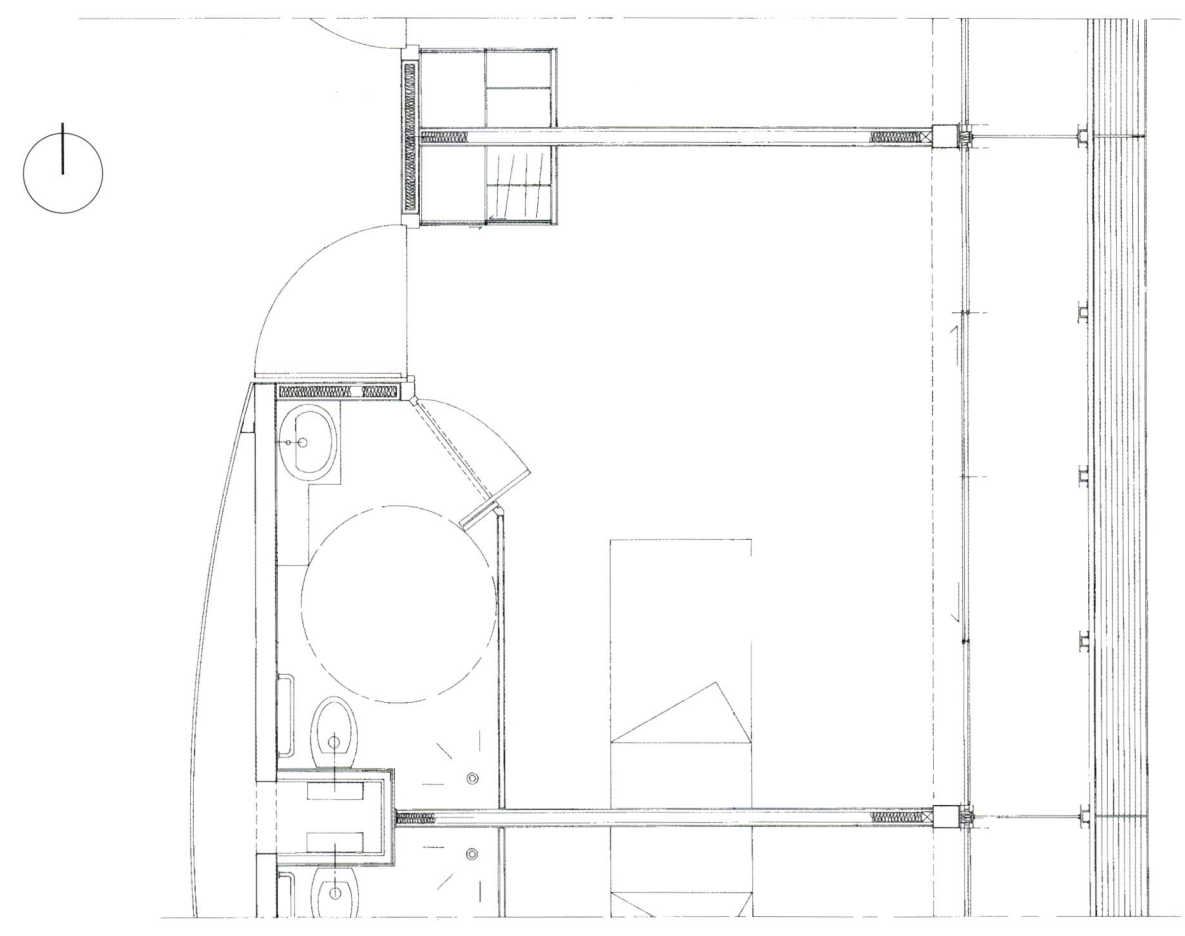

Markus Pernthaler, Wolfgang Schwarzenbacher & Reinhold Tinchon

Altenwohnheim Straßwalchen

Salzburg, Austria   Photographs: Paul Ott

The long, wide arc of this innovative residence for the elderly has an occupancy of around 70 persons, housed primarily in single rooms on three levels. The rooms are arranged in linear sequence along the outside curve of the arc, creating a corridor, which is closed to outward views at the two ends, along the inner curve. The south-facing, convex side, on the other hand, benefits from abundant natural sunlight and open views.

Every two rooms fit together like pieces of a puzzle, with the private bathroom in each placed alternately on the inside or outside of the curve - a placement which also creates pairs of balconies. These balconies feature full-height glass screens which can be closed in the winter to keep the cold out, or folded back in the summer to let the air and breezes in.

A straight (at least on the side abutting the road) volume fills in the concave side of the arc at ground at ground level, being restricted to the center on the upper floors. This volume contains the stairwell, offices, service facilities, dining room and a chapel.

Also lying within the protective curve of the arc is a circular outbuilding housing services on the ground floor and, on top, a terrace connected to the main building by an open walkway.

Although the natural solution for the entrance probably would have been to locate it at the middle of the volume on the flat "front" façade, the desire to maintain contact with the adjoining public square led to its placement at the westernmost end of the curve. Here, a projecting canopy stretches toward the public areas, thereby establishing friendly communication with the outside world.

At ground floor level, a light-filled lobby and soothing indoor garden greet visitors and provide a pleasant atmosphere for the daytime living room, where friends and family are welcome to linger.

The complex as a whole is dominated by the arc's movement, which is at once outward looking toward open views and sunlight and introverted, curving in upon itself to enfold the social functions of the community.

El ancho y largo arco que constituye esta innovadora residencia de ancianos puede albergar unas 70 personas alojadas básicamente en habitaciones individuales repartidas en tres niveles. Estas habitaciones se suceden una tras otra por la curva externa del arco, dejando un pasillo, cerrado al exterior por sus dos extremos, a lo largo de la curva interior. La cara sur convexa, en cambio, disfruta de abundante luz natural y vistas al exterior.

Las habitaciones encajan entre sí de dos en dos como piezas de un puzzle, con los baños individuales alojados, alternativamente, en la parte externa e interna de la curva; esta distribución permite, asimismo, la disposición de balcones de dos en dos provistos de pantallas de vidrio a toda altura que pueden cerrarse en invierno para evitar la entrada de frío o abrirse en verano para permitir la entrada de aire.

Un volumen de líneas rectas (al menos en la cara que da a la calle) ocupa la parte cóncava del arco a nivel de la planta baja, restringiéndose a la parte central en las plantas superiores. Este volumen aloja la escalera, oficinas, instalaciones de servicios, un comedor y una capilla.

Dentro de la curva protectora del arco también se encuentran un edificio circular que aloja servicios en la planta baja y, en su parte superior, una terraza que conecta con el edificio principal por medio de una pasarela abierta.

Aunque podría parecer que la solución natural para la entrada sería su disposición en el centro de la fachada 'frontal' lisa del volumen, el deseo de mantener el contacto con la plaza pública contigua al edificio hizo que se dispusiera en el extremo oeste de la curva. Aquí, una marquesina se proyecta hacia la zona pública, estableciendo una relación interactiva con el mundo exterior.

Al nivel de la planta baja, un luminoso vestíbulo y un tranquilo jardín interior dan la bienvenida a los visitantes y crean un ambiente agradable en la sala de estar de día, invitando a amigos y familiares a entrar y relajarse.

El complejo está dominado en su conjunto por la sinuosidad del arco, que por una parte se abre a las vistas y la luz exteriores y, por otra, se muestra introvertido, cerrándose sobre sí mismo para cobijar las funciones más sociales y comunitarias.

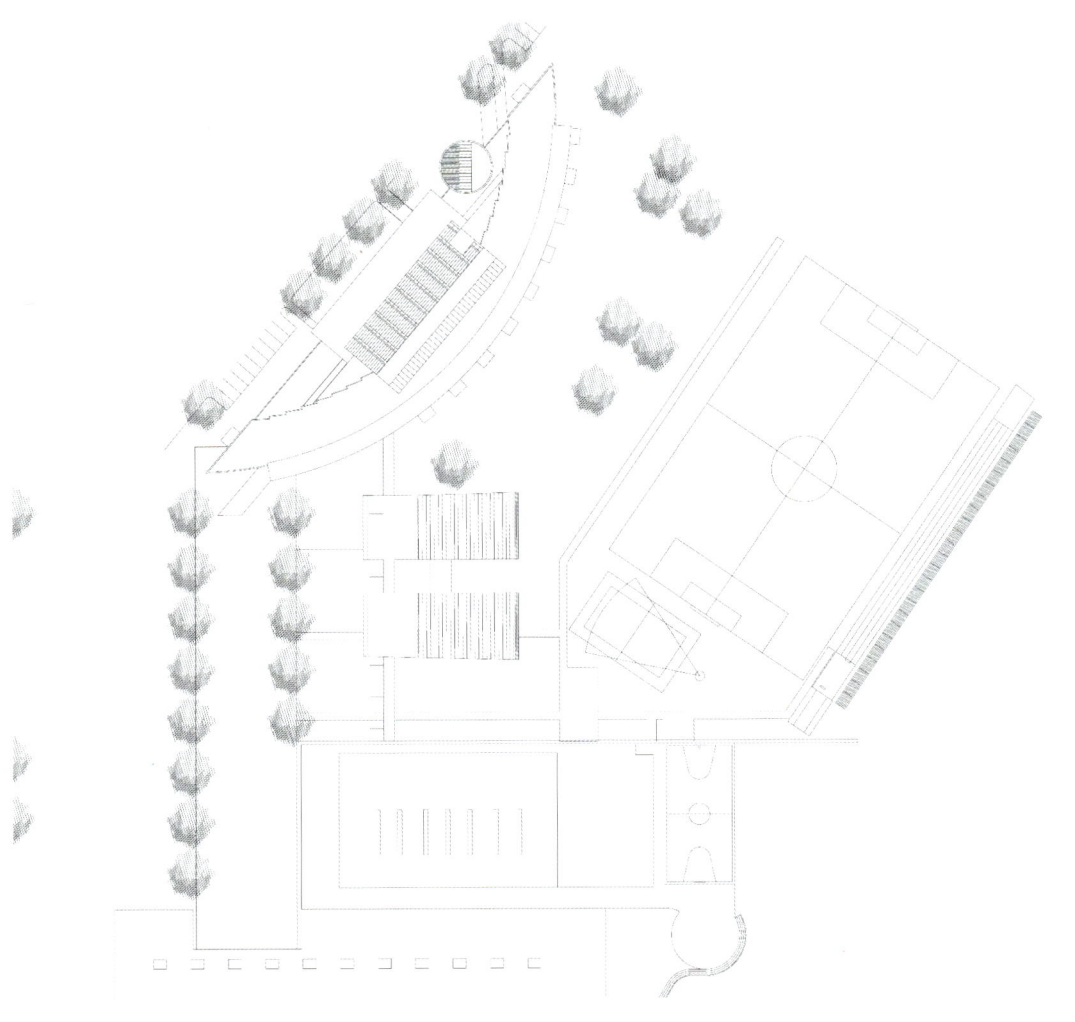

The complex's oblong shape allows it fit nicely into the plot's awkward change of angle. The flat side lies parallel to the road, while the back facade curves into the junction formed by a long, adjoining public square and the road. The therapy building, whose rectangular form in plan replicates the dimensions of this square, lies on the outside of the arc and is connected to it via a covered walkway.

La forma oblonga del complejo hace que se adapte bien al ángulo peculiar del emplazamiento. La fachada lisa discurre paralela a la calle, mientras que la posterior se curva sobre la unión de una larga plaza contigua al edificio y la calle. El edificio de tratamiento médico, cuya planta rectangular reproduce las dimensiones de esta plaza, se encuentra fuera del arco y se comunica con él mediante una pasarela cubierta.

Site plan / Plano de situación

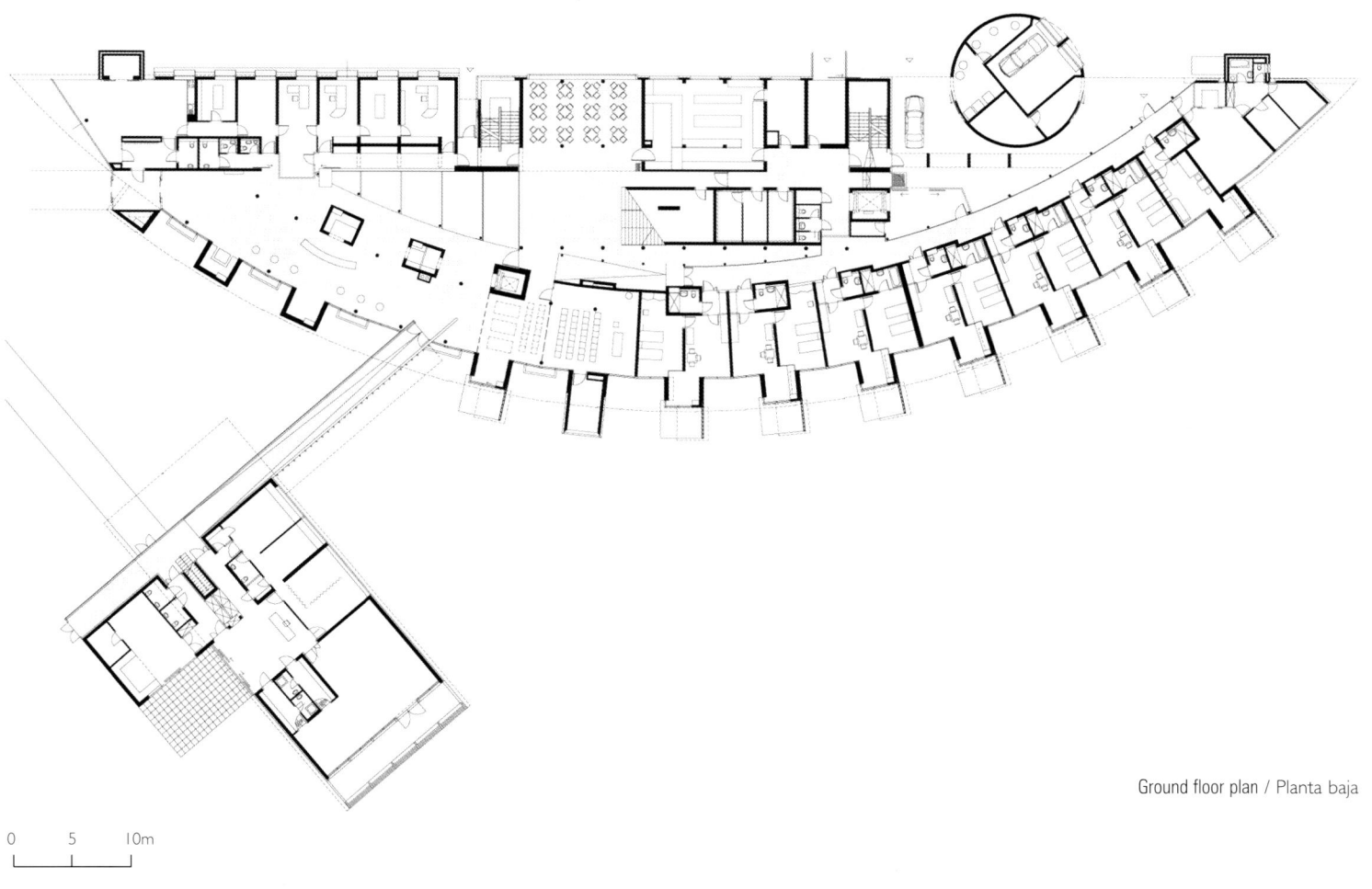

Ground floor plan / Planta baja

0   5   10m

0   5   10m

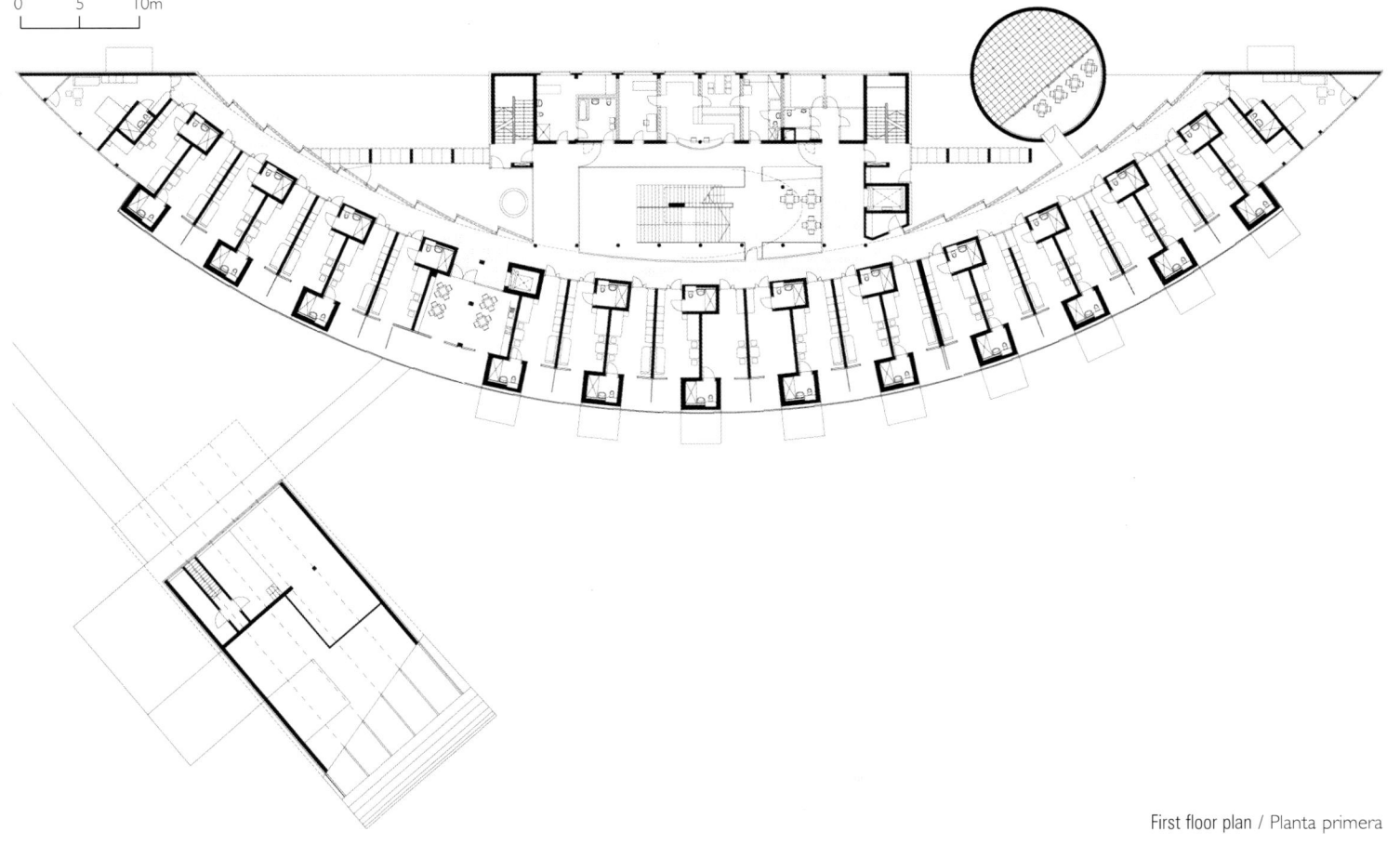

First floor plan / Planta primera

Standard apartments, ground floor / Apartamentos tipo, planta baja

0 I 5m

Standard apartments, first floor / Apartamentos tipo, planta primera

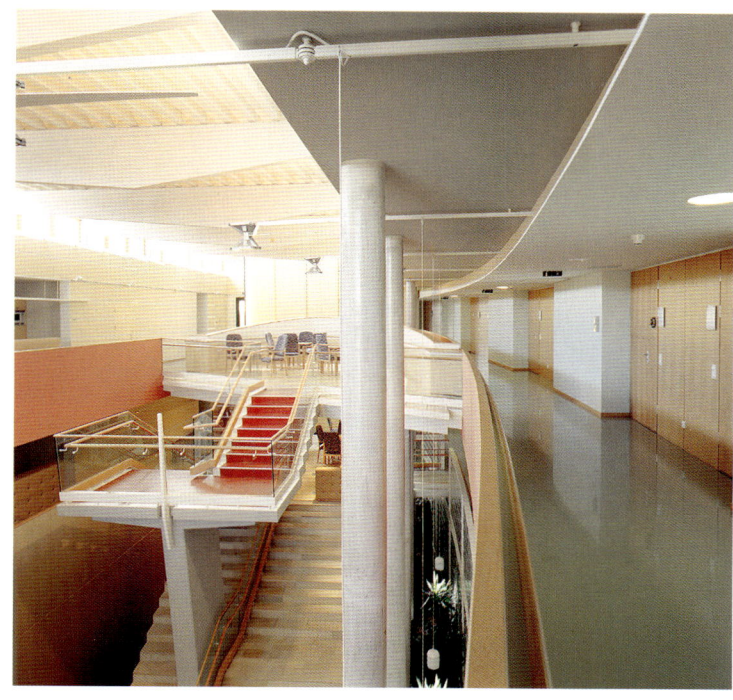

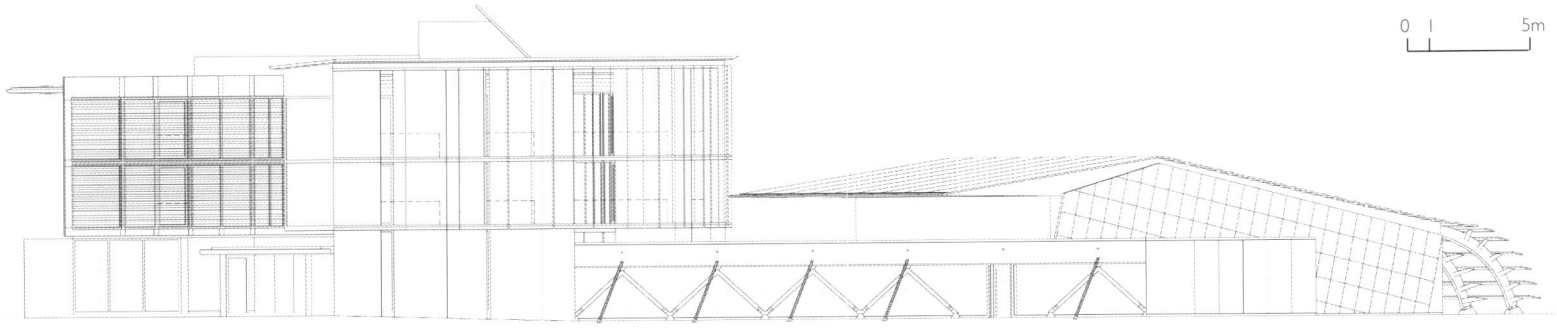

West elevation / Alzado oeste

0 1 5m

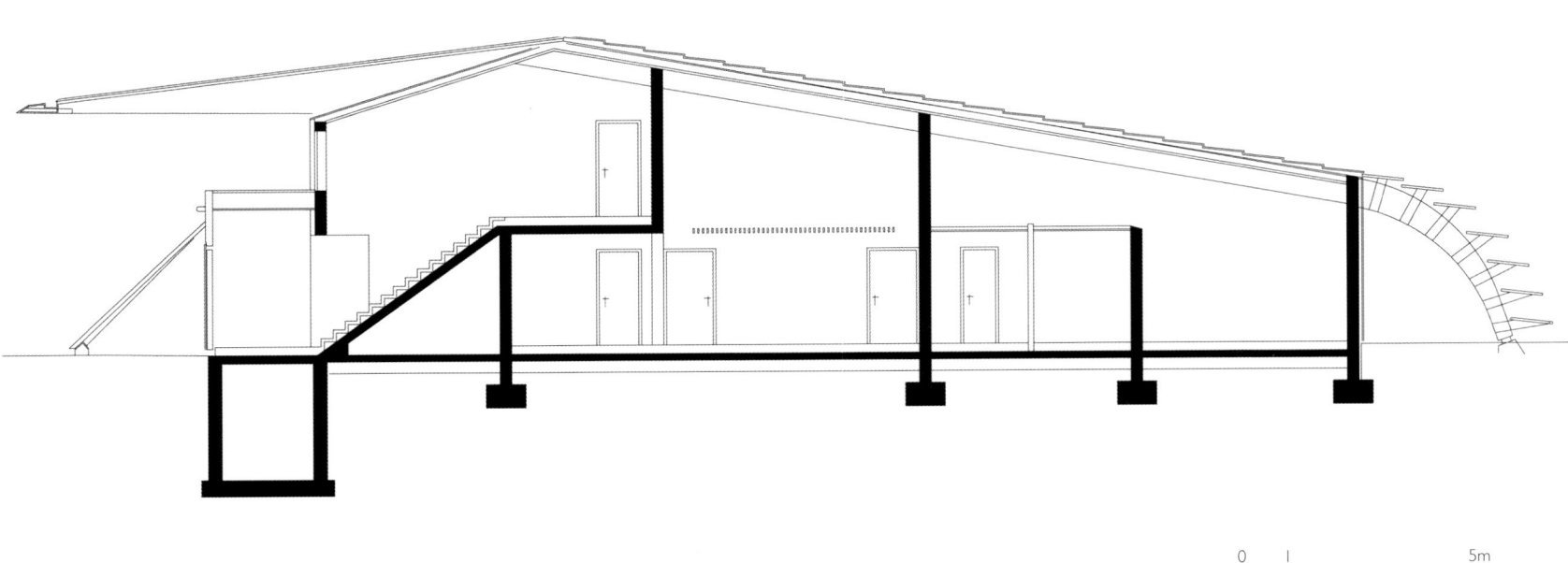

Section therapy building / Sección por edificio de terapia

0 1 5m

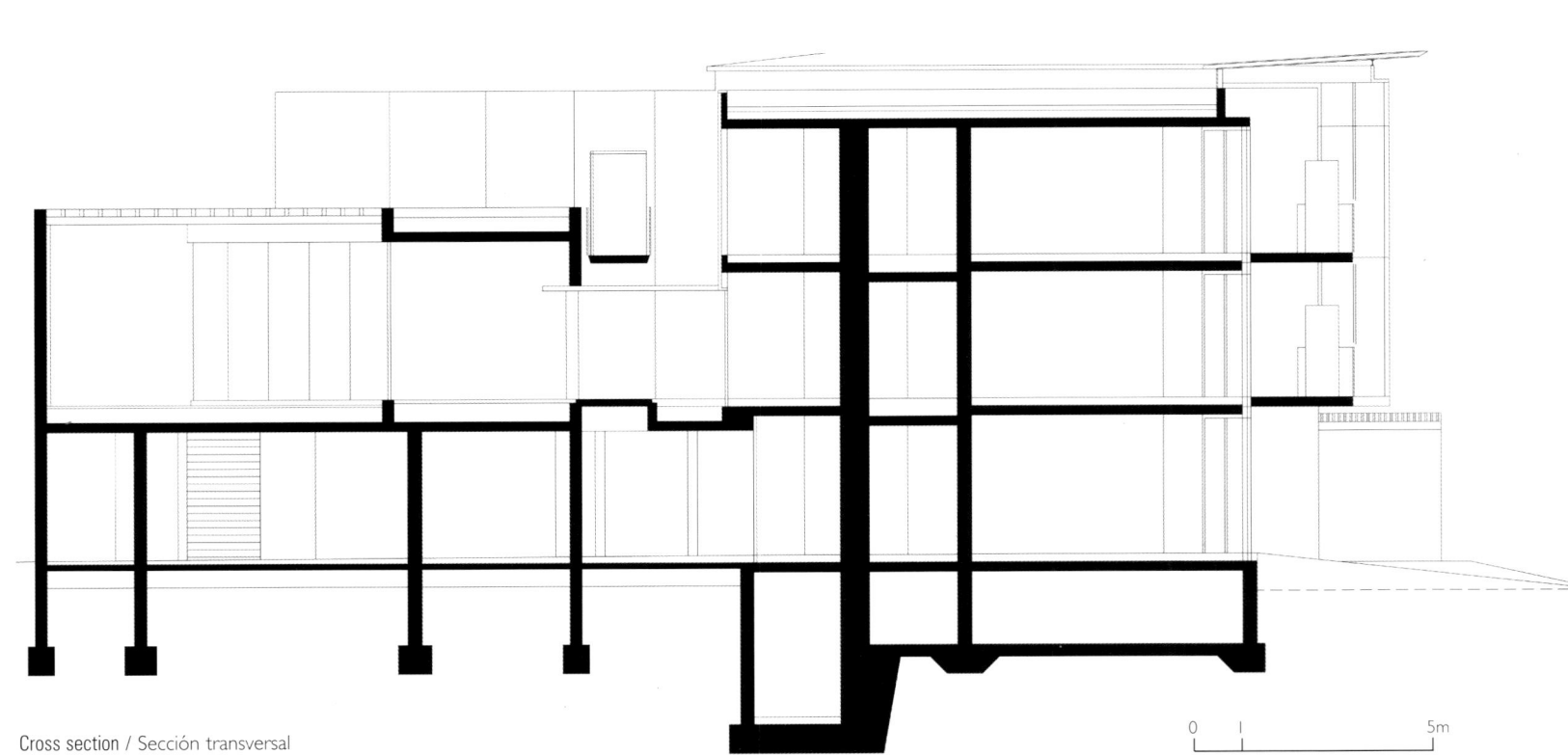

Cross section / Sección transversal

0 1 5m

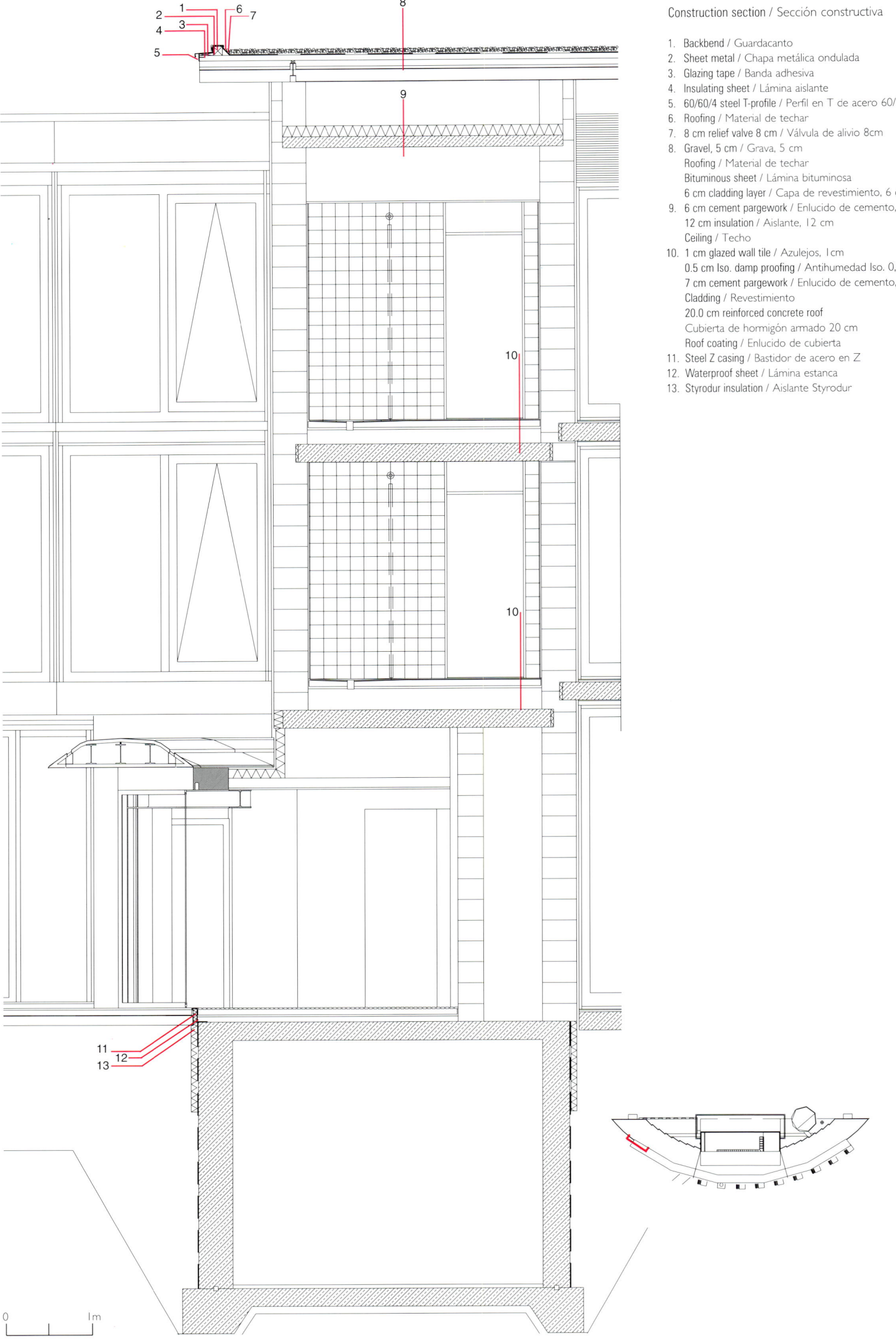

Construction section / Sección constructiva

1. Backbend / Guardacanto
2. Sheet metal / Chapa metálica ondulada
3. Glazing tape / Banda adhesiva
4. Insulating sheet / Lámina aislante
5. 60/60/4 steel T-profile / Perfil en T de acero 60/60/4
6. Roofing / Material de techar
7. 8 cm relief valve 8 cm / Válvula de alivio 8cm
8. Gravel, 5 cm / Grava, 5 cm
   Roofing / Material de techar
   Bituminous sheet / Lámina bituminosa
   6 cm cladding layer / Capa de revestimiento, 6 cm
9. 6 cm cement pargework / Enlucido de cemento, 6 cm
   12 cm insulation / Aislante, 12 cm
   Ceiling / Techo
10. 1 cm glazed wall tile / Azulejos, 1cm
    0.5 cm Iso. damp proofing / Antihumedad Iso. 0,5 cm
    7 cm cement pargework / Enlucido de cemento, 7 cm
    Cladding / Revestimiento
    20.0 cm reinforced concrete roof
    Cubierta de hormigón armado 20 cm
    Roof coating / Enlucido de cubierta
11. Steel Z casing / Bastidor de acero en Z
12. Waterproof sheet / Lámina estanca
13. Styrodur insulation / Aislante Styrodur

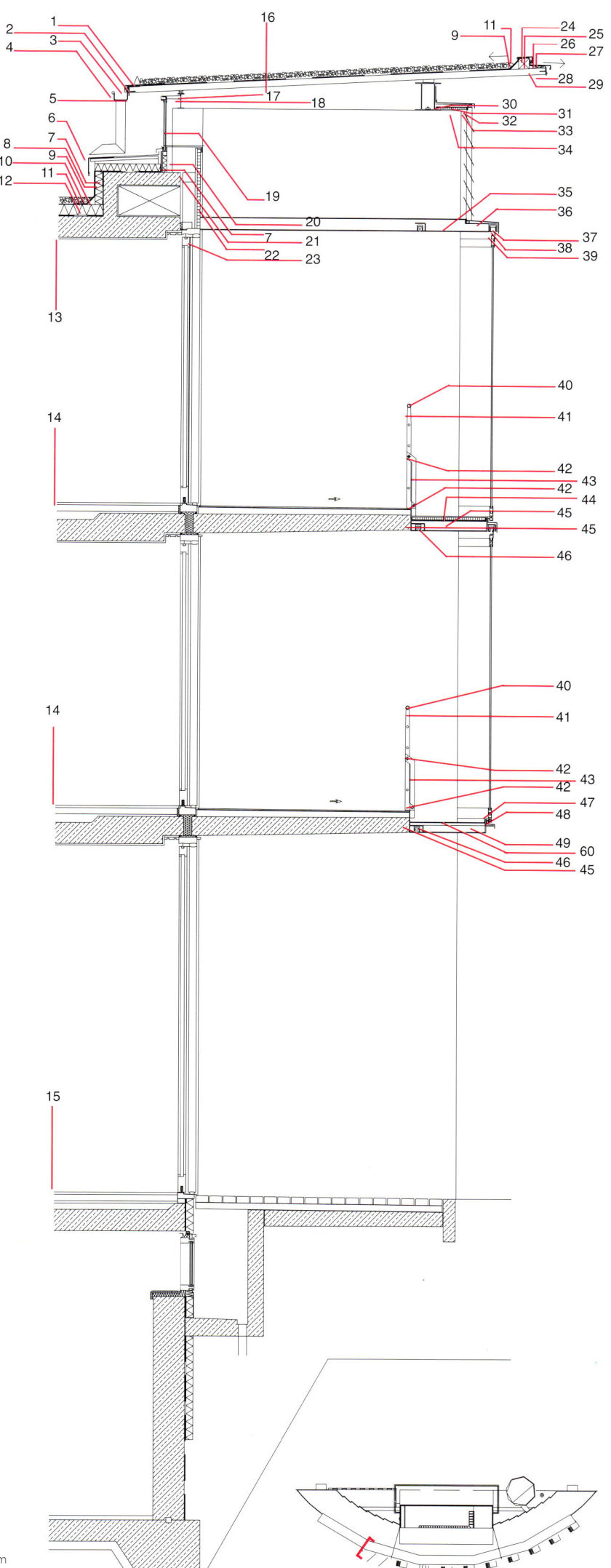

Construction section / Sección constructiva

1. 22cm separating edge / Bordillo separador 22 cm
2. Corrugated sheet metal / Chapa metálica ondulada
3. 33mm flexible angle tie / Brida flexible 33 mm
4. 33mm gutter / Canalón 33 mm
5. 60/60/4 structural tee as matched spring on radius
   Perfil en T 60/60/4 como muelle machiembrado en el radio
6. Whitened zinc / Cinc blanqueado
7. Insulation / Aislante
8. Steam barrier / Barrera de vapor
9. 8cm wedge / Cuña 8 cm
10. 5-7cm gravel / Grava 5 cm -7 cm
11. Coverage / Cobertura
12. Eps-gef. insulation / Aislante Eps-gef
13. Gravel / Grava
    Coverage / Cobertura
    Eps-gef. insulation / Aislante Eps-gef
    Steam barrier / Barrera de vapor
    20 cm reinforced concrete roof
    Cubierta de hormigón armado 20 cm
    1.5 cm pargeting / Enlucido 1.5 cm
14. 2cm parquet / Parquet 2 cm
    Cement pargework / Enlucido de cemento
    Cladding / Revestimiento
    Reinforced concrete roof / Cubierta de hormigón armado
    Pargeting / Enlucido
15. Rocky soil / Suelo de piedra
    Cement rendering / Enlucido de cemento
    Cladding / Revestimiento
    Reinforced concrete roof / Cubierta de hormigón armado
16. 5.0 cm gravel cover / Recubrimiento de grava 5 cm
    Coverage / Cobertura
    Bituminous sheet / Lámina bituminosa
    6 cm stile cover
    Recubrimiento de montante 6 cm
17. 40/30 wood support / Soporte de madera 40/30
18. Steel I-profile / Perfil en I de acero
19. Polyacrylic web plate / Plancha de alma poliacrílica
20. Condensation collector / Colector de condensación
21. Plywood / Madera contrachapada
22. Bausetts adjustable element / Elemento ajustable Bausetts
23. Curtain rail / Carril de cortina
24. Cover plate / Tapajunta
25. Liquid inlet sheet / Lámina de entrada de líquidos
26. Adhesive strips / Tiras adhesivas
27. Gutter sheet / Chapa de canalón
28. 60/60/4 structural tee as matched spring on radius
    Perfil en T 60/60/4 como muelle machiembrado en el radio
29. 15 cm-wide cladding beam
    Tablón de revestimiento, anchura 15 cm
30. 2 mm Aluminium sheet welded around in front
    Chapa de aluminio 2 mm soldada en redondo por delante
31. L 30/20/4 / Perfil L 30/20/4
32. L 20/30/3 / Perfil L 20/30/3
33. T 50/50 / Perfil T 50/50
34. Plywood board / Tablero de contrachapado
35. S-shape 120 / Perfil IPE 120
36. 3 mm welded aluminium sheet
    Chapa de aluminio soldado 3 mm
37. 3 mm aluminium sheet welded around at the back
    Chapa de acero 3 mm soldada en redondo por detrás
38. U-shape / Perfil arqueado en U
39. Arched rolling rail / Carril de rodadura arqueado
40. Round tube Ø 36 mm / Tubo redondo Ø 36mm
41. 1 x flach 8/40mm / 1 x llano 8/40mm
42. Screws M 14 / Tornillos M 14
43. 2 x flach 8 x 40 /2 x llano 8 x 40
44. Eggcrate / Rejilla reticulada
45. Welded floor / Suelo soldado
46. Steel plate every 40 cm / Chapa de acero cada 40cm
47. Cover plate every 40 cm / Cobrejunta de acero cada 40cm
48. L 80/65/8 + flach 125/8 / L 80/65/8 + llano 125/8
49. IPE 200 console / Consola IPE 100
50. Plywood board / Tablero contrachapado

Alberto de Pineda

Residencia en Puigcerdà

Puigcerdà, Spain   Photographs: Johvan Hovart

To address the shortage of accommodation for the elderly in the region of La Cerdanya, the town council of Puigcerdà undertook the creation of a complex with 103 rooms, 91 of which are equipped for either single or double occupany, and 12 of which are single occupancy nursing units.

Set 1200 meters above sea level, the building is nestled into a wide, open valley, thereby allowing for the optimization of natural lighting conditions, in spite of its Pyrenean climate with extreme winter and summer temperatures. Measuring 270x170x250 meters, the plot lies on an east-west slope with a four meter change in level. The coefficient between the building's floor space (which would be 5000 m²) and the site's available surface area of 9280 m², was deemed highly advantagious and enabled a great deal of the surroundings to be gardened.

Since the city council required that the residence should display high environmental quality and that it should not be treated as a large receptacle for dwellings, a series of single-galleried pavilions, with south-facing rooms and north-facing walkways, were proposed. This layout creates sequences of building and patios, avoiding excessive densification within the complex and tending toward a more extensive -as opposed to compact- building. Thus, a series of small neighborhoods with a succession of streets and spaces arise. Natural materials, such as stone, slate and wood, were used.

112 m² of solar panels, covering 62% of the heating and cooling needs of part of the residence, were installed on the roof of the services module. These panels, lying along the slope of the roof on the same plane as the slate finish, have been entirely integrated into the structure. Together, these elements form a black gable roof, thereby achieving visual integration. The technical installations, including boilers and high-efficiency solar heating and cooling units, are on the ground floor.

This installation reaps an annual reduction of 12,701 m³ of gas and 24 tons of CO_2 emissions, thereby adhering to European standards on energy savings, use of renewable energy sources and emissions reductions.

Para resolver el problema de falta de plazas de residencia para ancianos en la comarca de la Cerdanya, el ayuntamiento de Puigcerdà asumió la creación de un edificio de 103 habitaciones, 91 con capacidad de autorización individual o doble y 12 individuales para la zona psico-geriátrica. Situado a 1.200 m de altura sobre el nivel del mar, el edificio se ubica en un valle amplio y abierto, lo que ha permitido tener un importante soleamiento a pesar de tener una climatología pirenaica con temperaturas extremas en primavera e invierno.

El solar tiene una forma triangular y unas dimensiones de 270 × 170 × 250 metros, con una pendiente este-oeste con un desnivel de 4 metros. Con una superficie total de 9.280 m², ante el hecho que se quería construir un edificio de 5.000 m², el coeficiente entre el techo edificado y el suelo ha sido muy interesante y ha permitido considerar la zona ajardinada.

Ya que el ayuntamiento quería que se realizara una residencia con una gran calidad ambiental y que no se tratara el edificio como un gran contenedor de habitaciones, se propusieron unos esquemas en pabellones y con la crujía única, dejando todas las habitaciones orientadas al sur y los pasillos al norte. Esta configuración crea secuencias de edificios y patios, evitando una alta densificación del conjunto y buscando un edificio más bien extenso en lugar de compacto. Así, se consiguen unos pequeños barrios con una sucesión de calles y espacios.

Los materiales utilizados son naturales; piedra, pizarra y madera.

En la cubierta del módulo de servicios de la residencia se han instalado 112 m² de colectores solares planos que cubren el 62% de las necesidades de climatización de una parte de la Residencia.

Los colectores han quedado completamente integrados en la cubierta ya que se han montado siguiendo la pendiente de ésta y sobre el mismo plano del acabado que es de pizarra. También se consigue integración "visual" ya que el conjunto forma un faldón de cubierta de color negro. En la planta baja se ha ubicado el espacio técnico con equipos de calderas y los acumuladores del sistema de climatización solar de alta eficiencia.

Esta instalación permite un ahorro anual de 12.701 m³ de gas y de las emisiones de CO_2 en 24 toneladas, cumpliendo ya de este modo con las futuras directrices europeas en cuanto a los objetivos de ahorro energético, uso de energías renovables y reducción de emisiones.

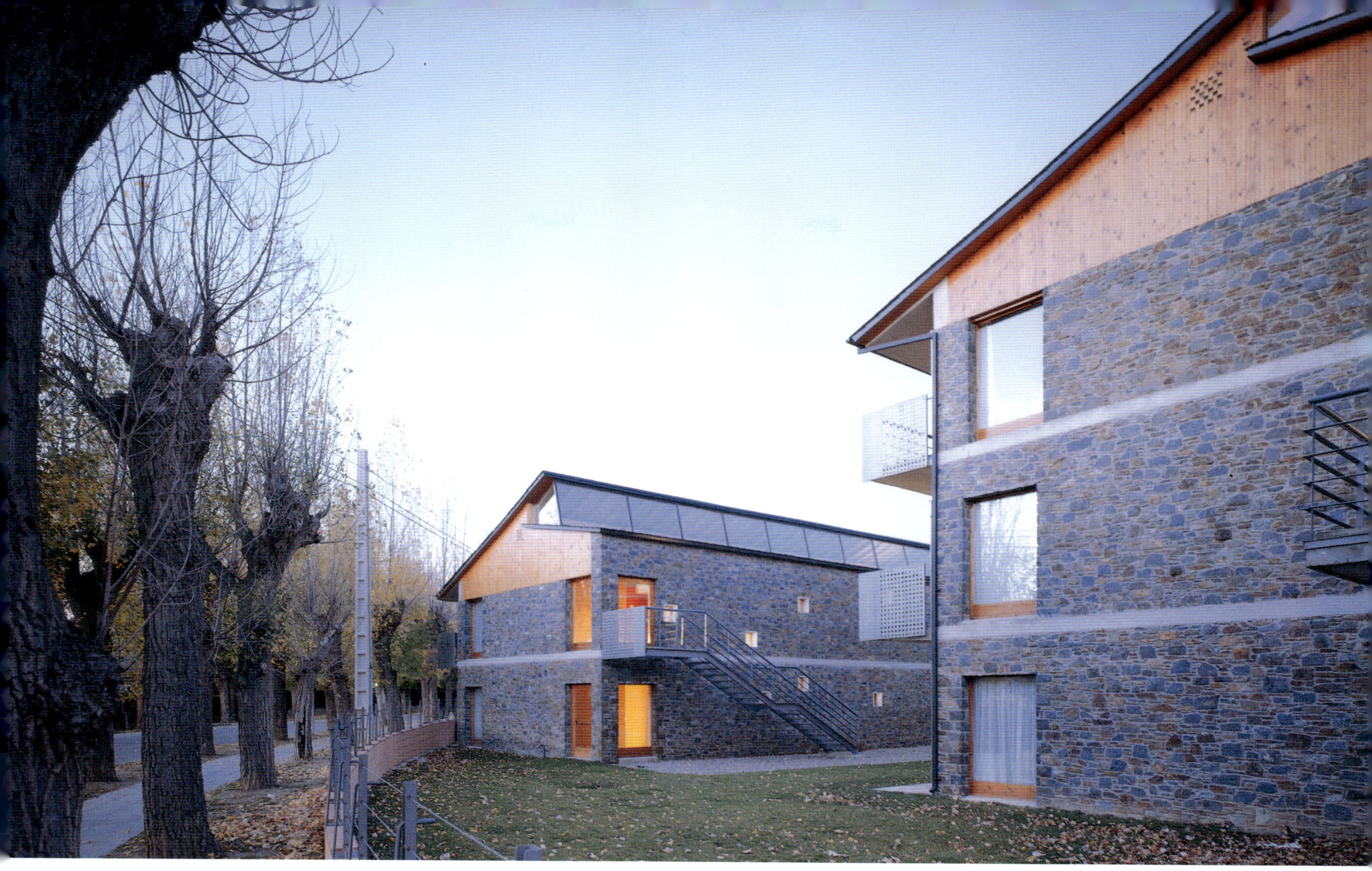

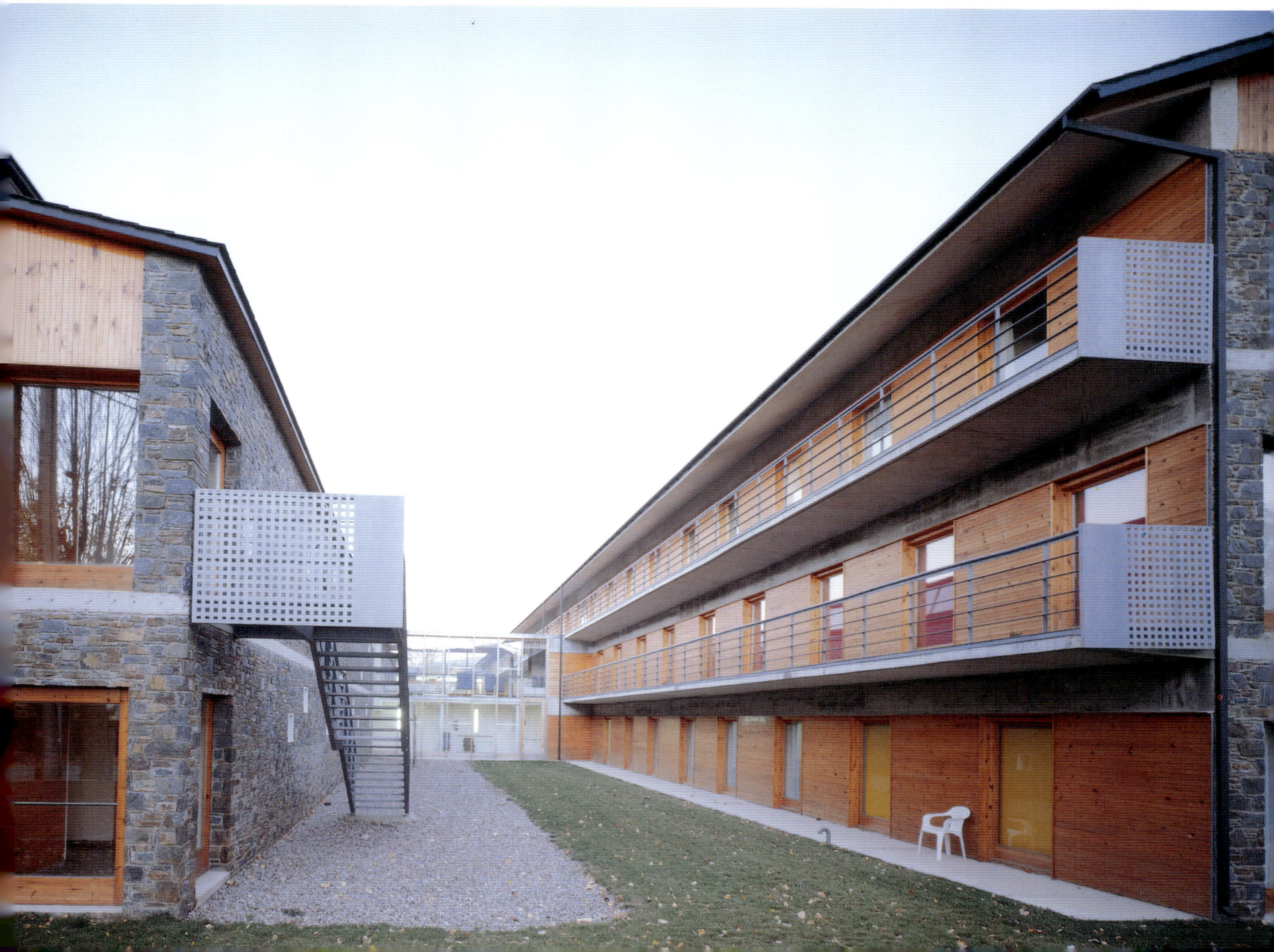

The building is shielded against the wind and the cold to the north via nearly blind stone walls with minimal openings. Conversely, it opens out toward the south, with a lighter facade and large window openings for the rooms. This means that the communal sitting rooms make full use of the sun's heat and also enjoy significant savings on energy.

El edificio se cierra por el norte al frío y al viento creando unos muros de piedra y casi ciegos. Por el contrario, el lado sur aparece abierto, con una fachada más ligera y con la apertura de grandes ventanas en las habitaciones. Eso permite que las zonas de estar y convivencia aprovechen el calor del sol y tengan un importante ahorro energético.

Basement floor plan / Planta sótano

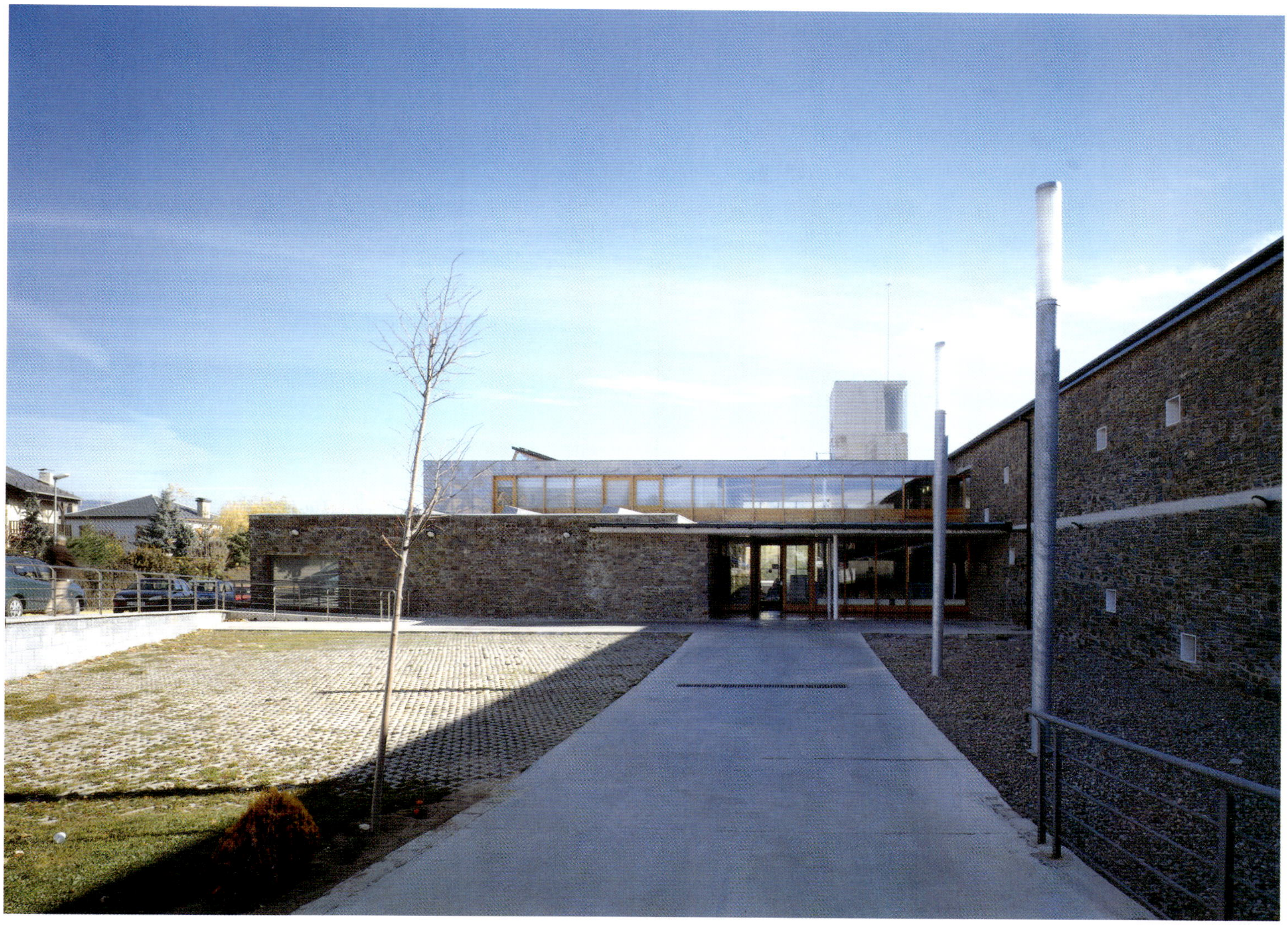

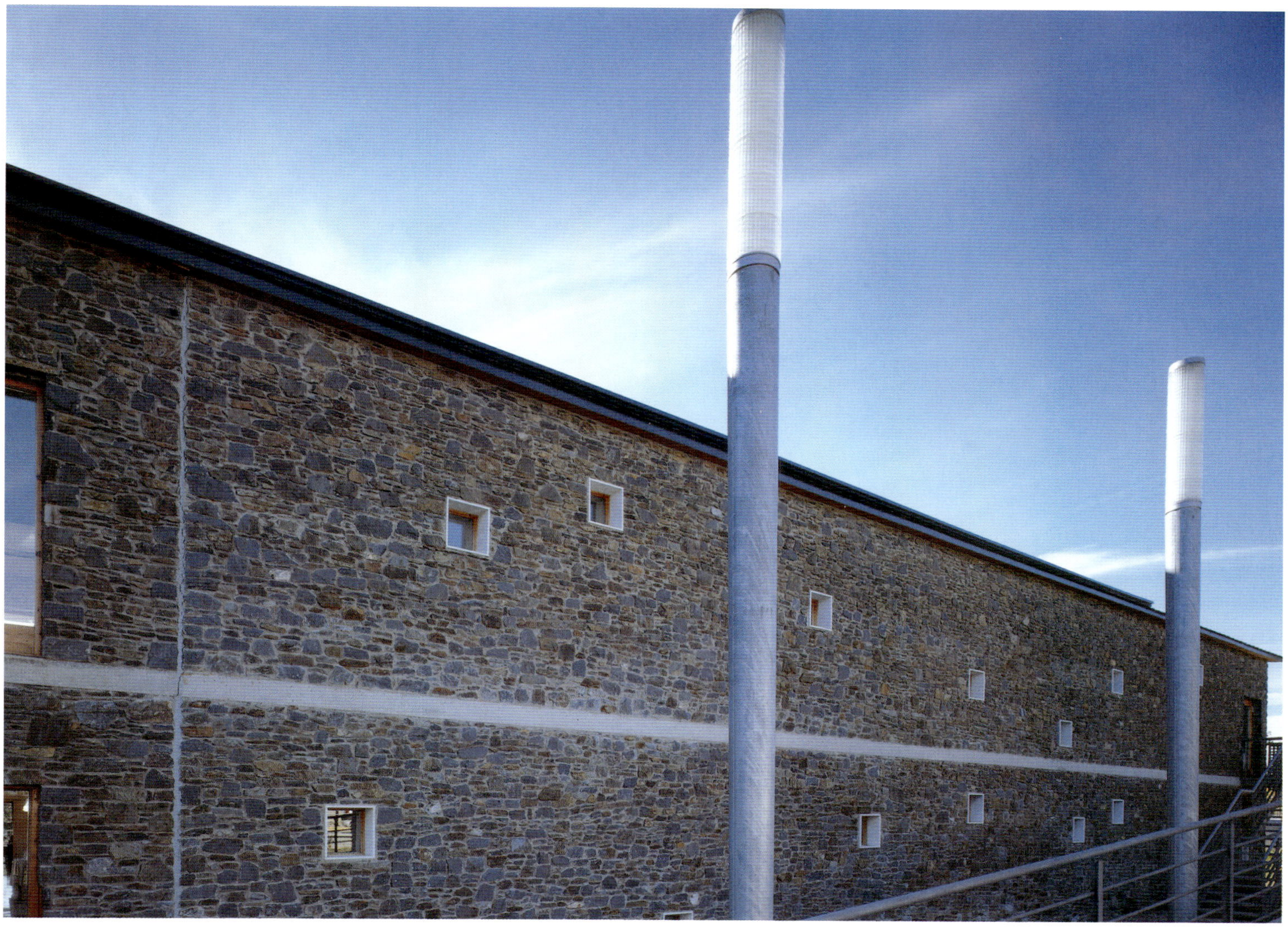

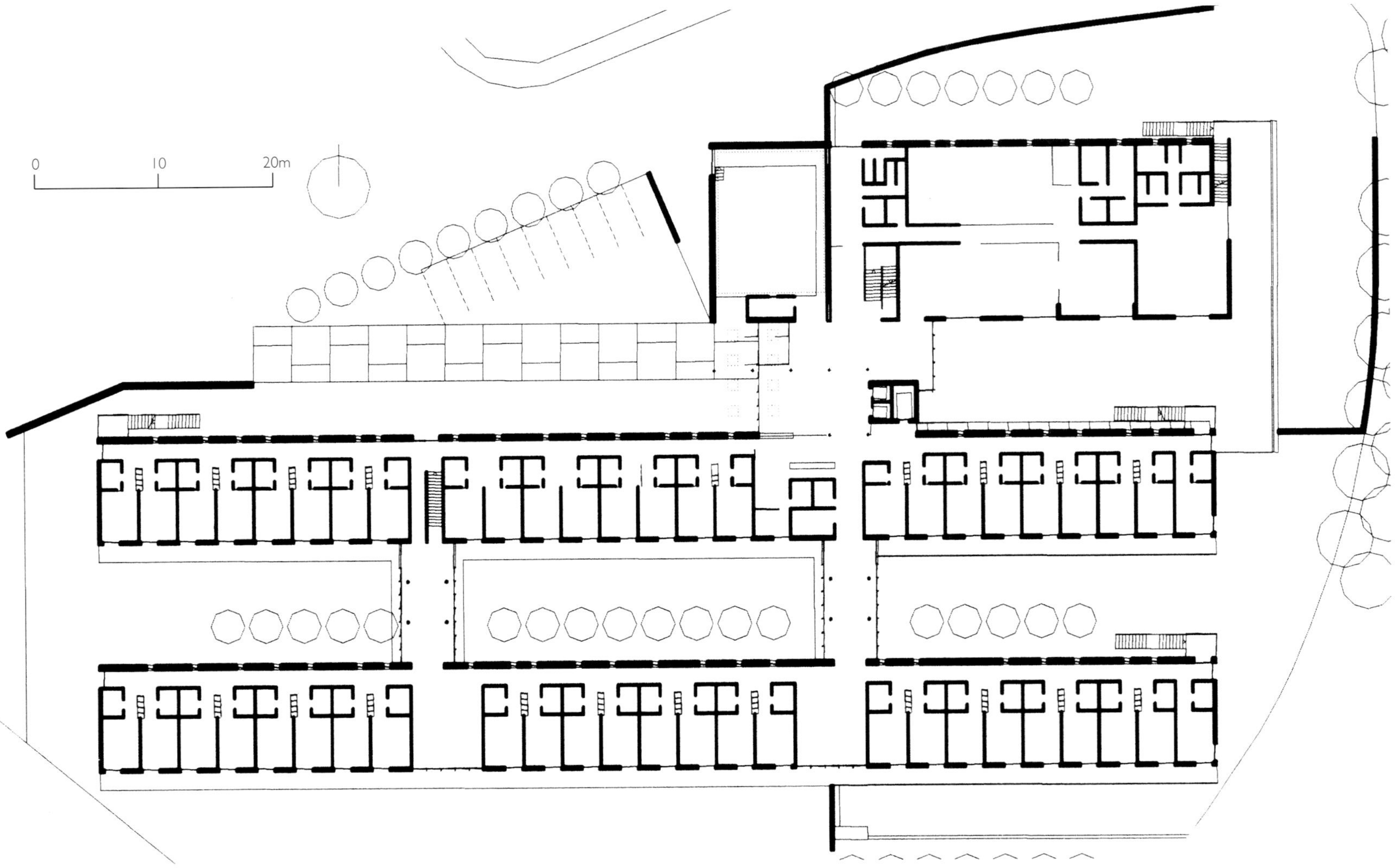

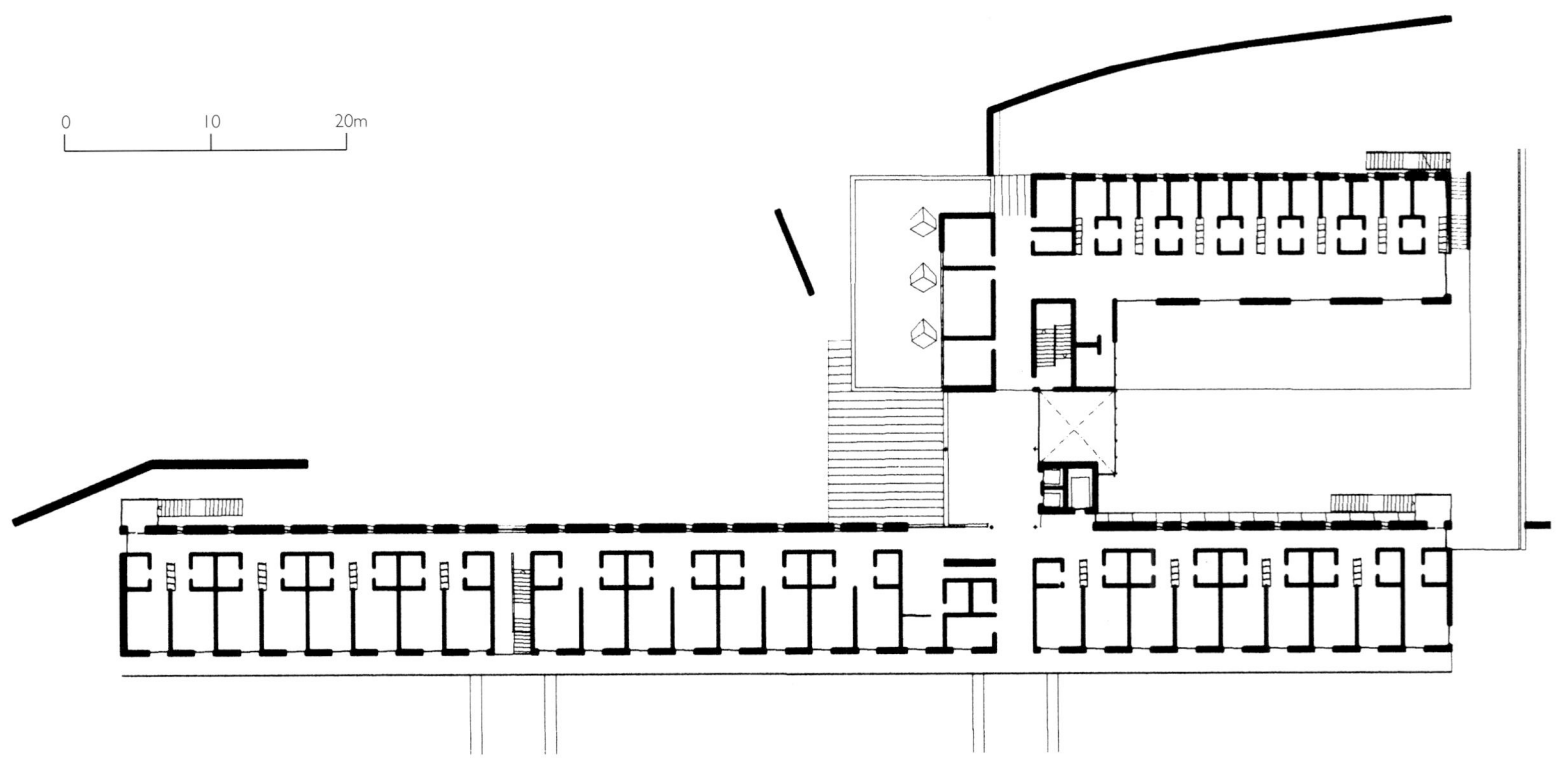

Ground floor plan / Planta baja

First floor plan / Planta primera

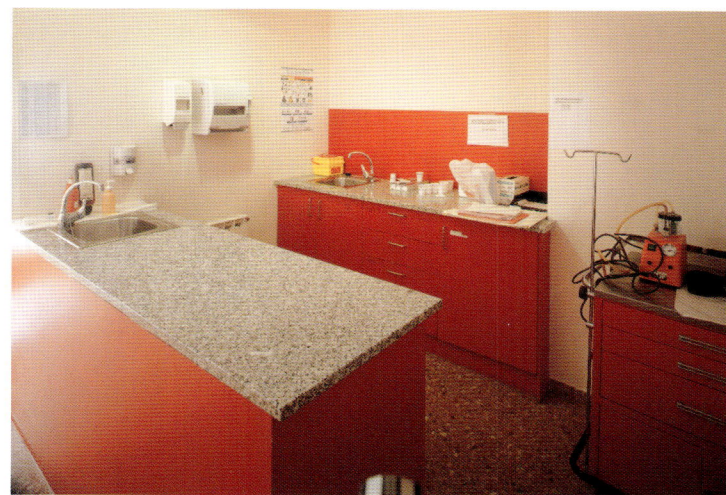

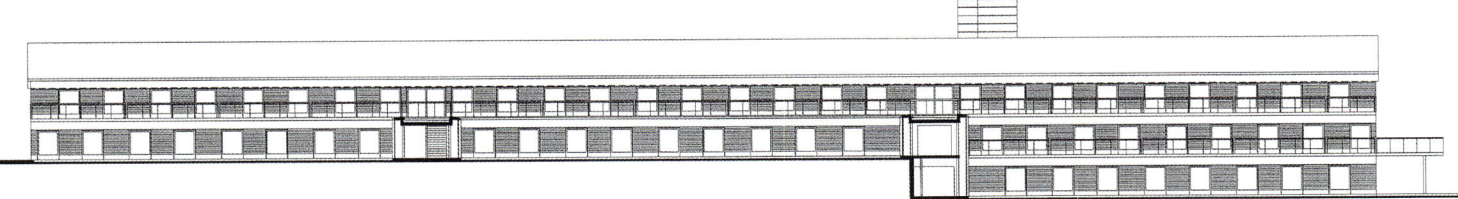

South elevation / Alzado sur

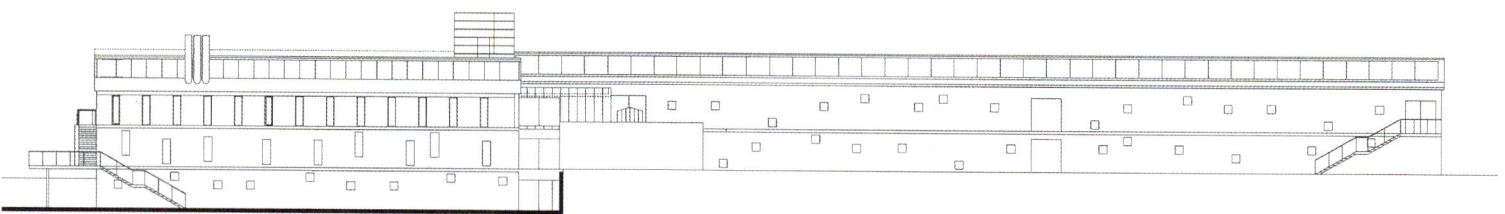

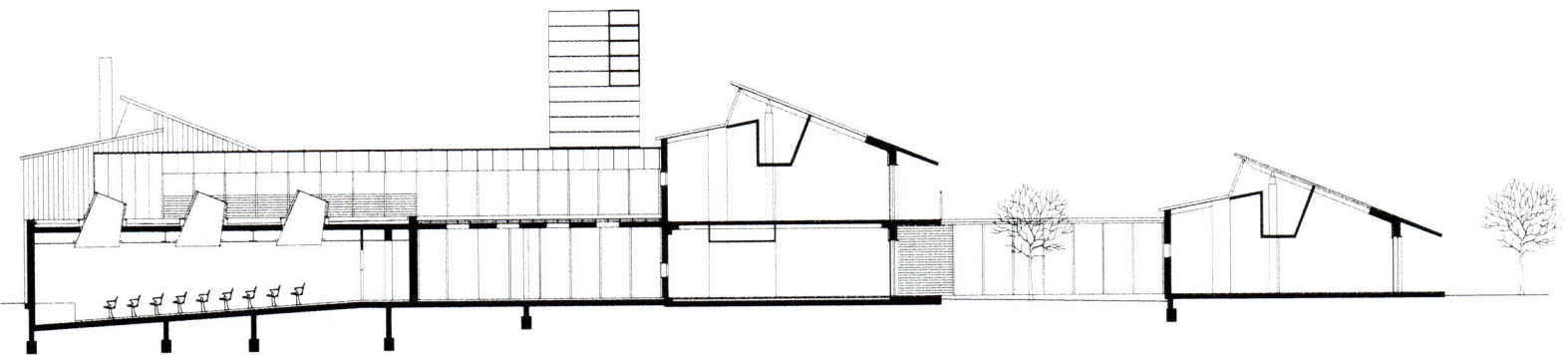

Longitudinal section / Sección longitudinal

The construction responds to the site's unique weather conditions. It has been built with a re-inforced concrete structure, with local stone cladding on the north façades, and wood insulation on the south façade. The roofs are sloped to handle snowfall and are clad in slate tiles.

La construcción ha respondido a las condiciones especiales de la climatología del lugar. Se ha construido con estructura de hormigón armado y recubriendo las fachadas norte con piedra del lugar y la fachada sur con aislamiento de madera. Las cubiertas tienen pendientes adecuadas para la nieve y tejas de pizarra.

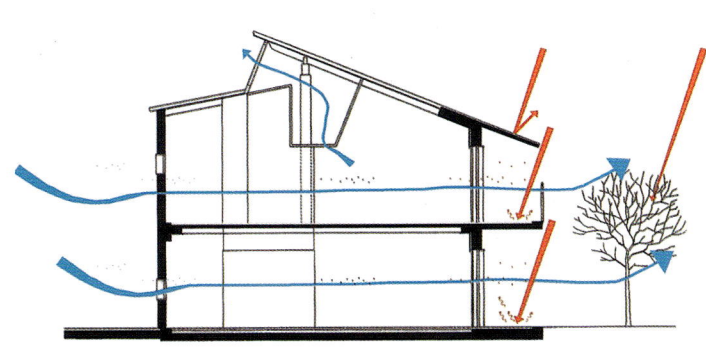

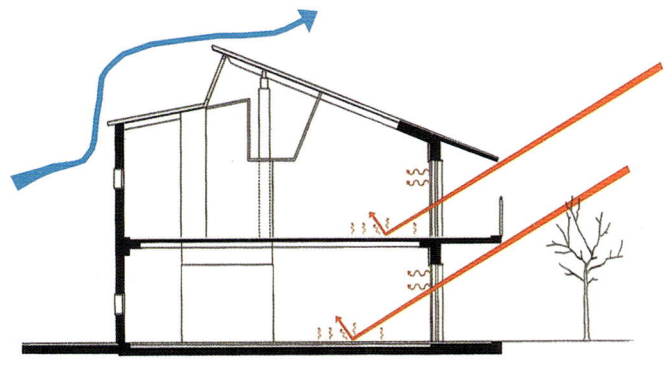

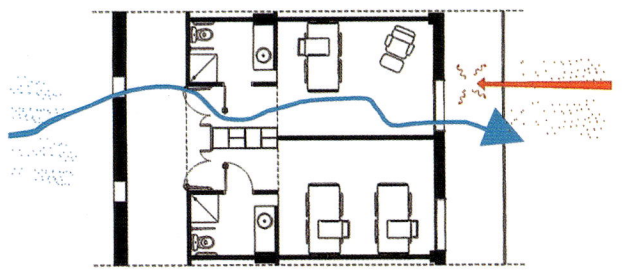

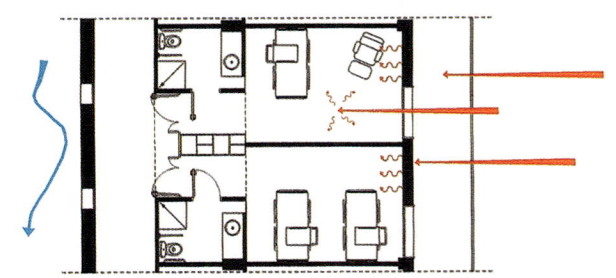

Passive design scheme for summer climate control
Esquema pasivo de control climático en verano

Passive design scheme for winter climate control
Esquema pasivo de control climático en invierno

Prof. Friedrich + Partner, Hamburg

Altenpflegeheim Sangerhausen

Sangerhausen, Germany   Photographs: Klaus Frahm / Artur

This old-age home was designed as a small city, with streets, squares, gardens and patios, as well as a few characteristic nerve centers encompassing a range of services (restaurants, shops, a hairdressing salon) on the ground floor and private areas (dwellings, doctors' offices and so forth) on the upper floors or on the floors facing the garden to the south - the only difference being that this "small city" had to be architectonically synthesized into a single building.

First, an old building with prefabricated panels had to be integrated into the complex; and a new social space for residents was created in a gardened area. The new three-story building is aligned with the existing residence, thereby comprising a "street façade". It is a low volume, the design having placed more importance on ensuring that residents have greater access to the street level and garden than they would have had if the five floors of the old building surrounding the new one had been retained.

On the ground floor, in addition to the reception, restaurant, kitchen and hair-styling salon, there is a day center to the south and the administration offices are located at the entrance. A stairway leads to the medical center, which, again, surrounds a small garden, the "rose garden".

The natural light which bathes the medical center means not only a saving in energy, but also, as in the entrance hall, a simpler orientation for residents within the building, thanks to the visual reference supplied by being able to see the exterior at all times.

The loading/unloading area and visitors' parking lot are located behind the complex and surrounded by trees (in order to not disturb the entryway nor affect the existing gas conduits). An underground service corridor resolves the connection to the old building in a simple, economical and functional manner. Leaving the residence's entryway behind, the visitor can contemplate the "green center" from a covered terrace, which is sheltered from inclement weather. Crossing an intermediate terrace (similar to those located opposite the day-care center and above the garage, which, until now, had been something of an eyesore) and after a few paces, the visitor reaches the "new center". This center, lying between the old building -the "social wing" dedicated to medical care- and the new residence, constitutes the new social space which has been integrated into the garden.

Esta residencia de ancianos se diseñó como una pequeña ciudad: calles, plazas, jardines, patios...; y unos puntos neurálgicos característicos: servicios de todo tipo (restaurantes, tiendas, peluquería...) en la planta baja, y zonas privadas (viviendas, salas de cuidados médicos...) en las plantas superiores u orientadas hacia el jardín, al sur. Sólo que esta "pequeña ciudad" tenía que sintetizarse arquitectónicamente en un edificio.

En primer lugar, había que integrar al complejo un viejo edificio construido con paneles prefabricados; y mediante un espacio ajardinado se creó un nuevo punto de encuentro de los residentes.

El nuevo edificio de tres plantas se integra en la alineación de la residencia ya existente, constituyendo una "fachada ante la calle". Se trata de un volumen más bajo, dando así más importancia al contacto de los residentes con el nivel de la calle, con lo verde, que si se hubieran mantenido las cinco plantas del viejo edificio que rodea al nuevo.

En la planta baja, además de la recepción, el restaurante, la cocina y la peluquería, se aloja el centro de atención de día al sur y las dependencias administrativas en la entrada. Por una escalera se accede al área de cuidados médicos, que de nuevo rodea un pequeño jardín, el "jardín de las rosas".

La luz natural que penetra en el área de cuidados médicos significa no sólo un ahorro de energía en el funcionamiento de la misma sino también, como en el vestíbulo de entrada, una orientación más sencilla para los residentes dentro del edificio, gracias a la referencia visual que supone la visión en todo momento del exterior.

La zona de carga y descarga y el parking de visitantes se encuentran en la parte posterior, rodeada de árboles (así no se perturba la zona de acceso ni se ven afectadas las conducciones de gas existentes). La conexión con el viejo edificio se resuelve de forma sencilla, económica y funcional gracias a un pasillo de servicio subterráneo.

Dejando atrás el vestíbulo de entrada de la residencia, el visitante puede contemplar el "centro verde" desde la terraza cubierta, a resguardo de las inclemencias del tiempo. Pasando por una terraza de descanso (similar a las terrazas situadas frente al centro de atención de día, que tapan desde arriba el garaje, lo que hasta ahora constituía una visión más bien pobre), y a pocos pasos, el visitante llega al "nuevo centro" que, entre el viejo edificio -el "ala social" dedicada a cuidados médicos- y la nueva residencia, constituye el nuevo punto de encuentro integrado en el jardín.

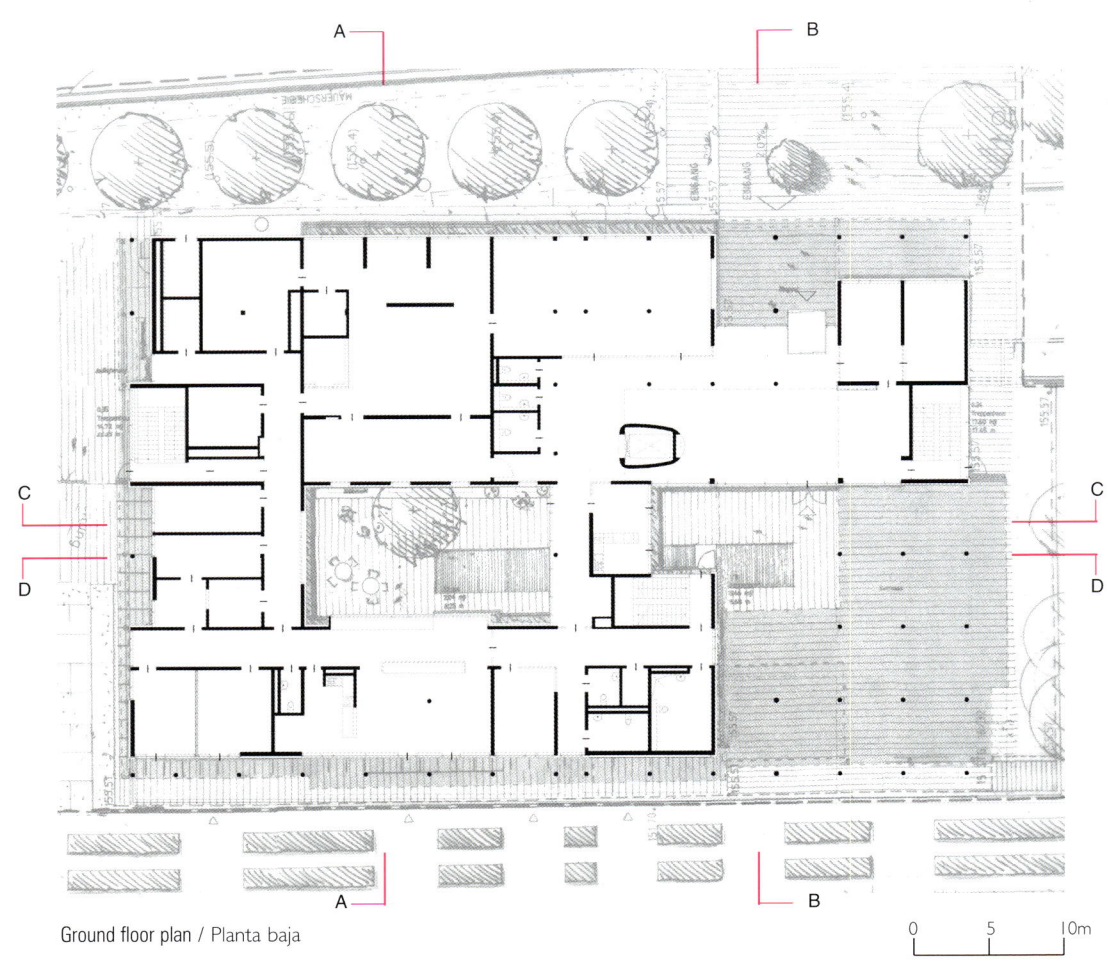

The "nerve centers" have been placed in the entrances to the various care units, where the communal areas are located. Widened sections in the corridors provide a place to sit and rest; and, in each unit, the balconies have been grouped together.

Los puntos neurálgicos se disponen en el acceso a las distintas unidades de cuidados; las zonas comunes se encuentran en el centro del área de cuidados; en los pasillos, unos ensanchamientos invitan a detenerse y descansar; los balcones se integran en grupos en cada unidad.

Ground floor plan / Planta baja

0   5   10m

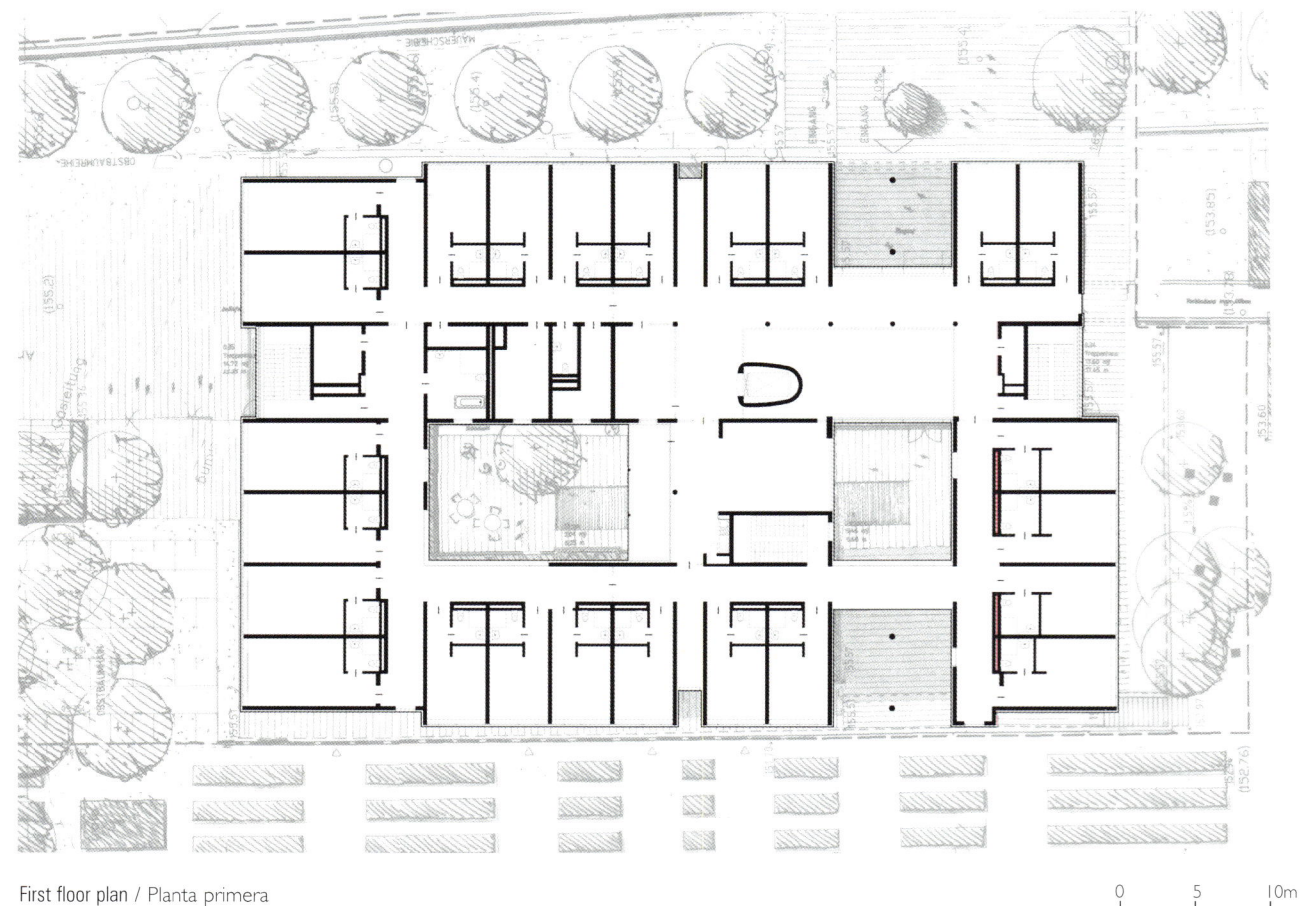

First floor plan / Planta primera

0   5   10m

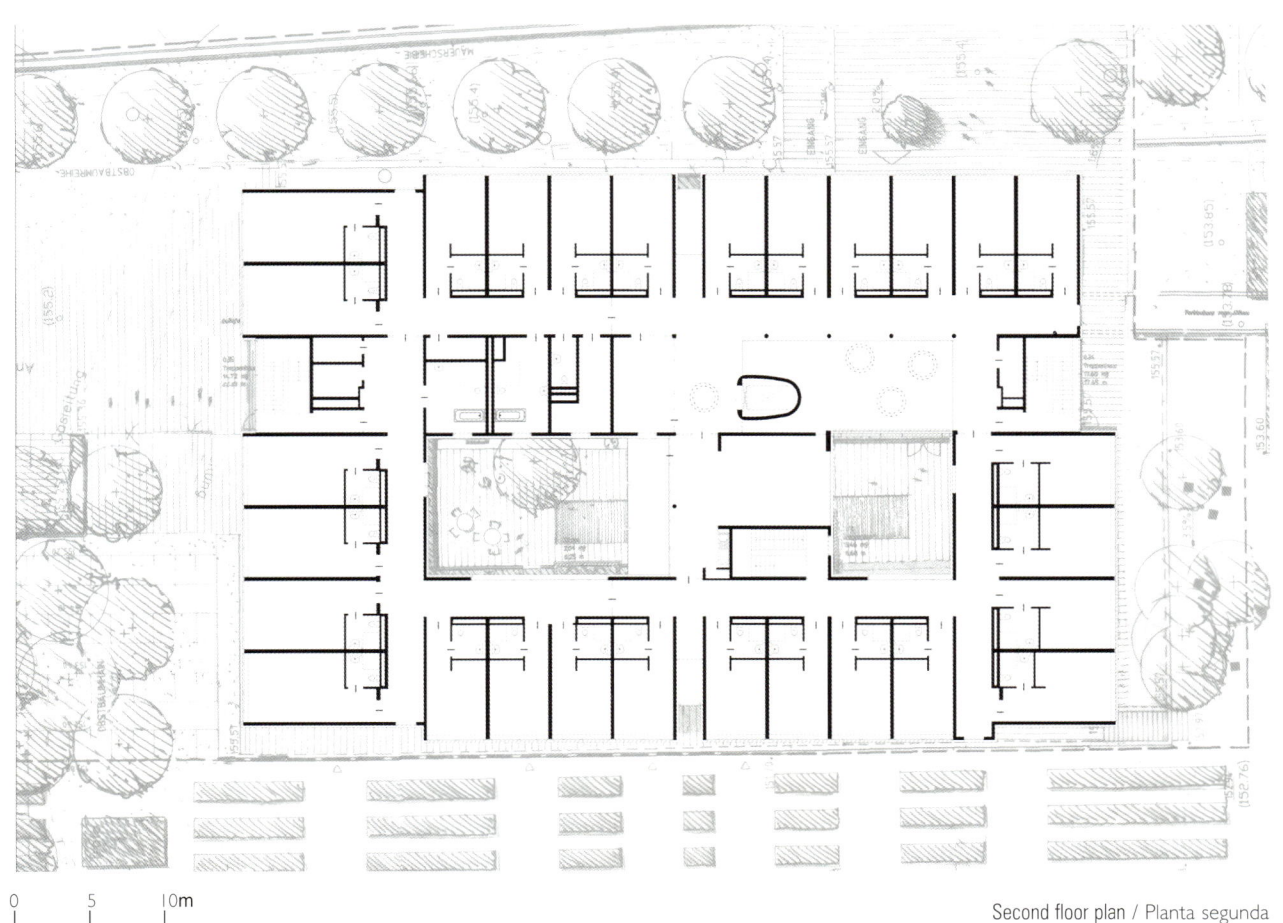

Second floor plan / Planta segunda

East elevation / Alzado este

West elevation / Alzado oeste

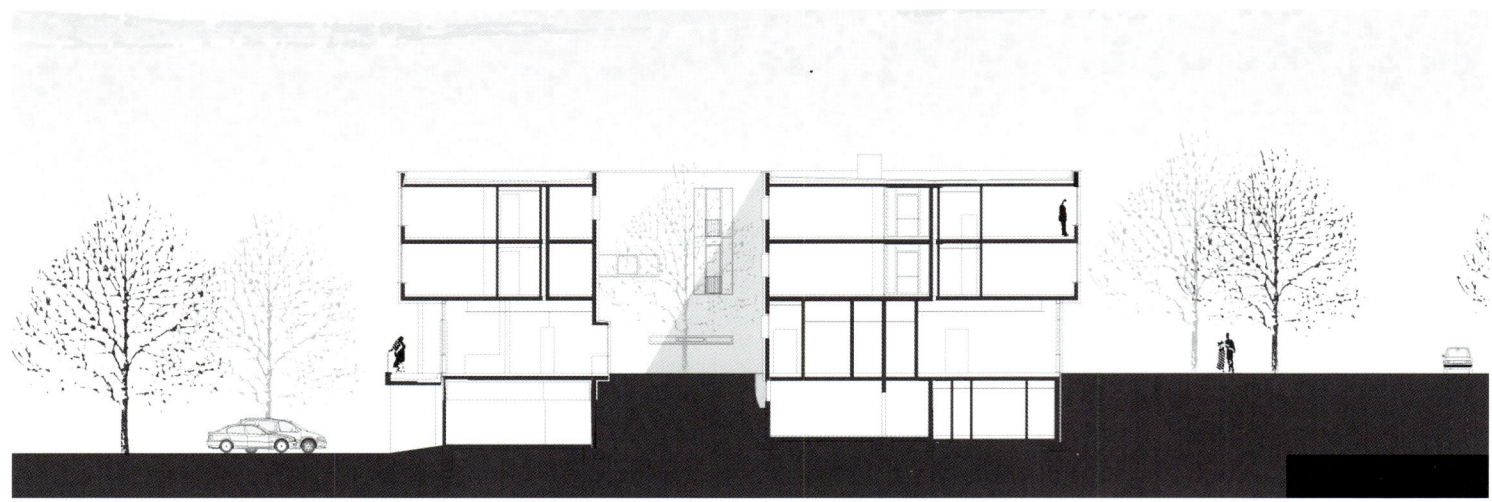

Section A-A / Sección A-A

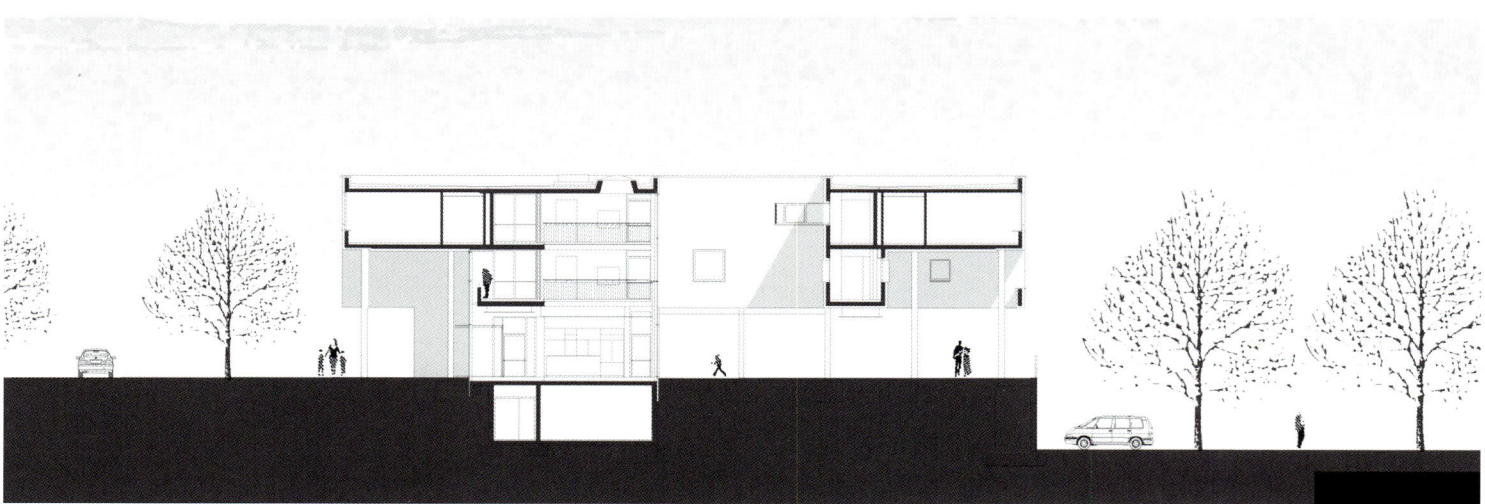

Section B-B / Sección B-B

Section C-C / Sección C-C

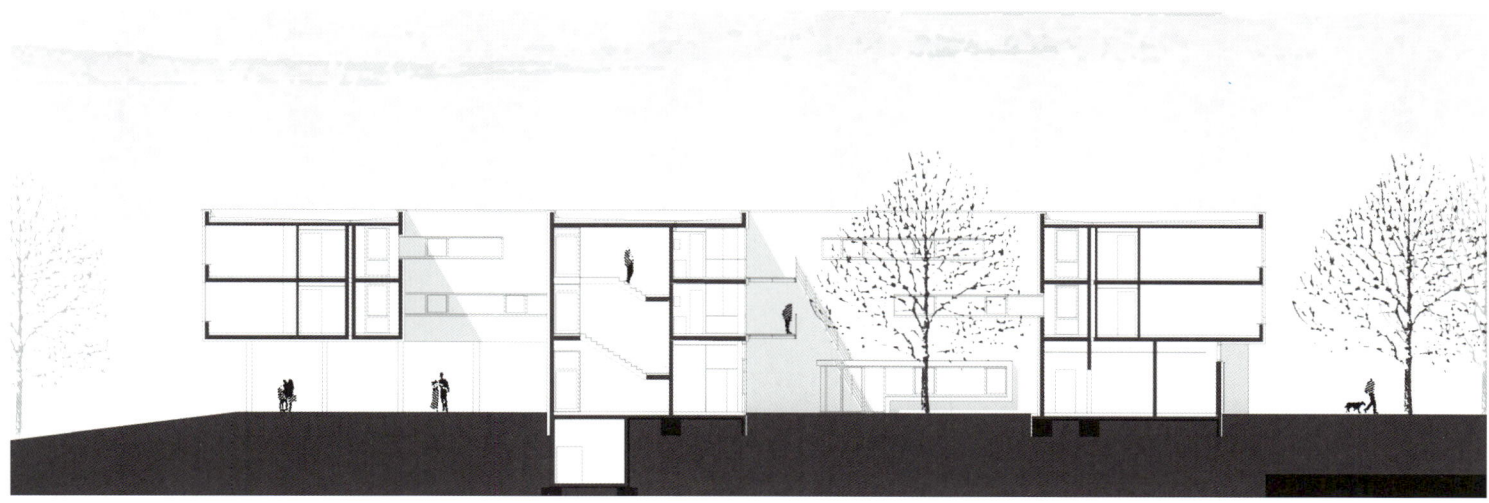

Section D-D / Sección D-D

Bruno Jean Hubert & Michel Roy, architectes

Résidence Jours Heureux

Paris, France

Photographs: Hubert & Roy, architectes

This senior residence is affiliated with the association Les Jours Heureux and provides a home for mentally handicapped adults. On the one hand are the reception, care centers, the necessary logistical support and administrative offices; and on the other, three floors of private rooms as well as sitting and dining rooms.

In another, lower building, which is set along the street, there is a row of activity workshops in a gallery that can be used as exhibit space. Two officially protected residences are located in this same building; access to them is either directly from the street or from the underground garage.

The idea behind the layout of the complex has been partially based on the views of the city's 13th century quarter, as seen from the esplanade: the public park to the southeast and the residence's garden, with its eastern light and calm mood. This configuration seeks to qualify the relationships between the different living areas, the private garden and the public park.

The existing trees have been retained in the inner garden, through which the building is accessed. Here, a terrace provides a view of the park, a path, small gardens for games and entertainment and an orchard with fruit trees. Additionally, the slope of the terrain freely draws the park toward the west. A variety of vegetation has been planted and separated from the project's terrain by a number of banks ranging in height from 1.8 to 4 meters. The new building is set three meters from the edge of the park; the separation comprises of a fence and a strip of lawn.

Because of demand, the buildings three main lodging floors, each one made up of two 10-room units, house the three different groups of residents. Although these units are independent, they share a dining hall alongside the two sitting rooms. The bedrooms face east and west and circulation routes have been conceived as long walkways with views.

The ground floor is partially glazed, particularly above the inner garden, and partially done in concrete with stone facing. This visually connects the two volumes of the building (lodging in one, workshops in the other). From the first floor up, the residence building is clad in wood panels, as is the workshop floor. A metal roof (of stainless and pre-patinated zinc) joins the technical installations in height. Through the suspension of the balconies, this structure expresses a privileged relationship between the new building and the park.

Este centro para ancianos está vinculado a la asociación *Les Jours Heureux*, y está previsto para acoger a personas adultas con discapacidades mentales. Por un lado éste comprende la recepción, las zonas de cuidados, la logística necesaria y los despachos para la administración; por otro lado, tres niveles de alojamientos acompañados de espacios de relajación y de comedores.

Otro edificio más bajo, situado a lo largo de la calle, alinea los talleres de actividades a través de una galería que puede utilizarse como espacio de exposiciones. En este mismo edificio se ubican dos residencias de protección oficial. A ellas se puede acceder directamente desde la calle, desde los aparcamientos del subsuelo.

La concepción del conjunto dibuja parcialmente las orientaciones y las vistas que ofrece la explanada del barrio XIII: el parque público al sureste, la calma y la luz del este sobre el jardín de la residencia. Esta configuración trata de cualificar las relaciones entre los diferentes espacios de vida, el jardín privado y el parque público. El jardín interior, a través del cual se accede al edificio, conserva los árboles existentes y dispone de una terraza con vistas sobre el parque, un sendero, pequeños jardines de juego y una zona de huerto y frutales. Por otro lado, el parque ofrece una gran liberación hacia el oeste gracias a la pendiente del terreno. Se plantó vegetación variada y separada del terreno del proyecto por unos taludes con alturas de 1,80 m a 4 m. El nuevo edificio está situado a 3 m del límite del parque, y la separación se materializa por una valla y un margen de retroceso con césped.

Debido a la demanda, las tres plantas del edificio de alojamiento principal acogen los tres grupos de vida, cada cual compuesto por dos unidades con 10 habitaciones. Éstas son independientes pero disponen de un comedor común junto a los dos espacios de relajación. Las habitaciones se orientan hacia e este y oeste, y las circulaciones están concebidas como largos espacios de paseo con vistas. La planta baja del edificio está en parte acristalada, particularmente sobre el jardín interior, en parte realizada en hormigón con revestimiento de piedra. Esto conecta visualmente los dos cuerpos del edificio: el de alojamiento y los talleres. A partir de la primera planta, el edificio de alojamiento está recubierto por paneles de madera, al igual que la planta de los talleres. Una cubierta metálica -inox y zinc prepatinado- conecta los locales técnicos en altura. Esta estructura expresa, por la suspensión de los balcones, una relación privilegiada del nuevo edificio con el parque.

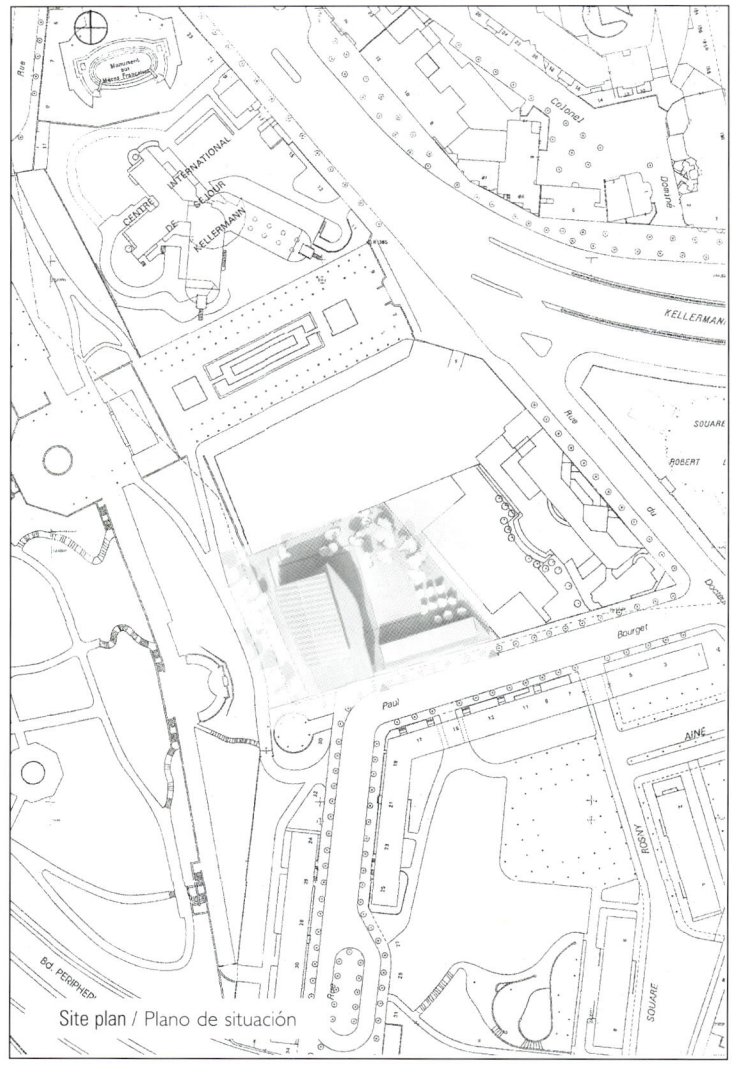

Site plan / Plano de situación

Set adjacent to a public park in Paris's 13th century quarter, the shelter brings together the densest portion of the program (residents' bedrooms) on the plot's southeast angle. This is inscribed onto a larger plot occupied by a school and gym. The parcel's open area enabled the inclusion of an inner garden.

Lindando con un parque público del barrio XIII de París, el centro de acogida reúne la parte densa del programa -habitaciones de los residentes- en el ángulo sureste de la parcela. Éste está inscrito en una parcela más grande ocupada por una escuela y un gimnasio. La parte de la parcela despejada permitió adaptar un jardín interior.

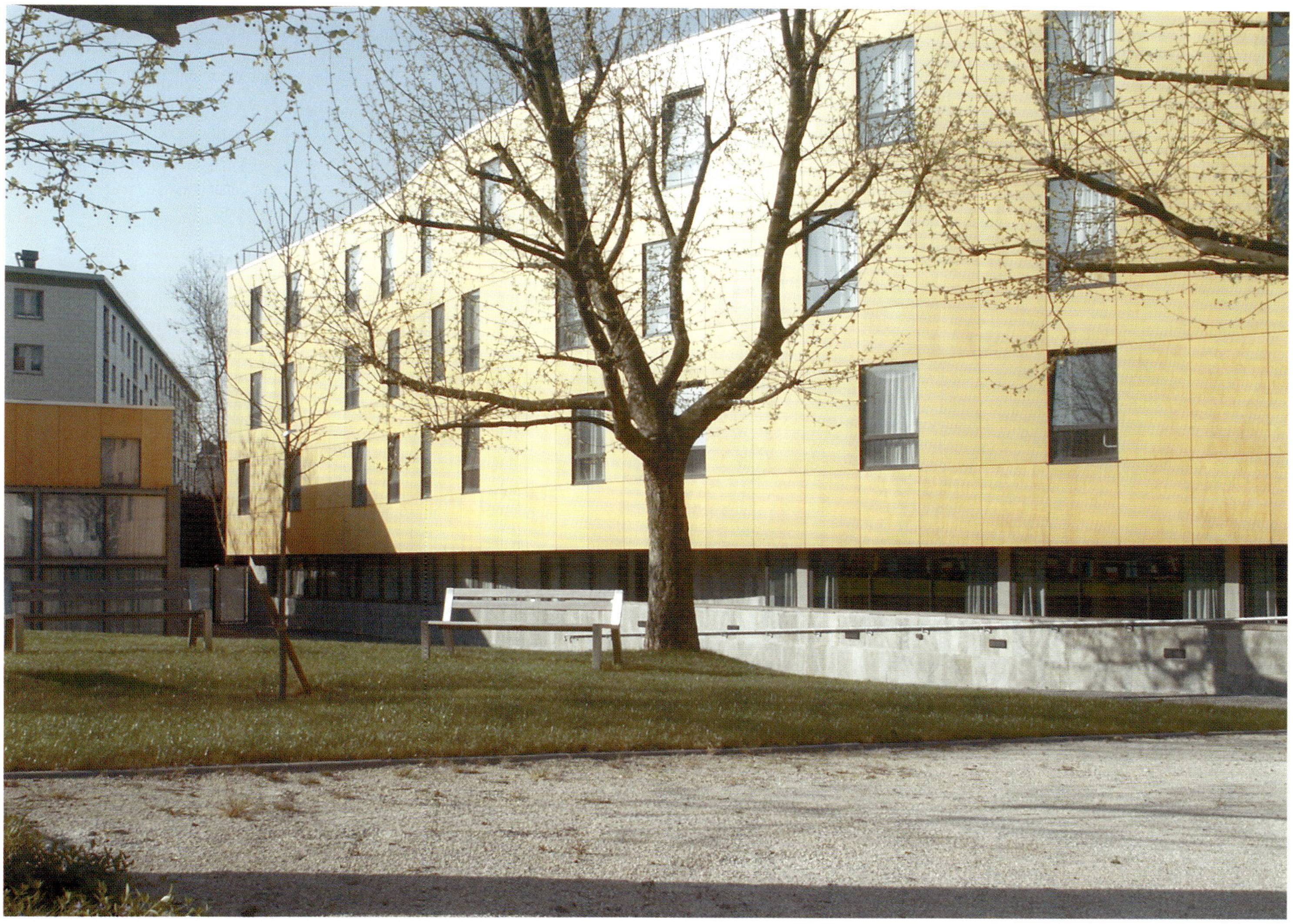

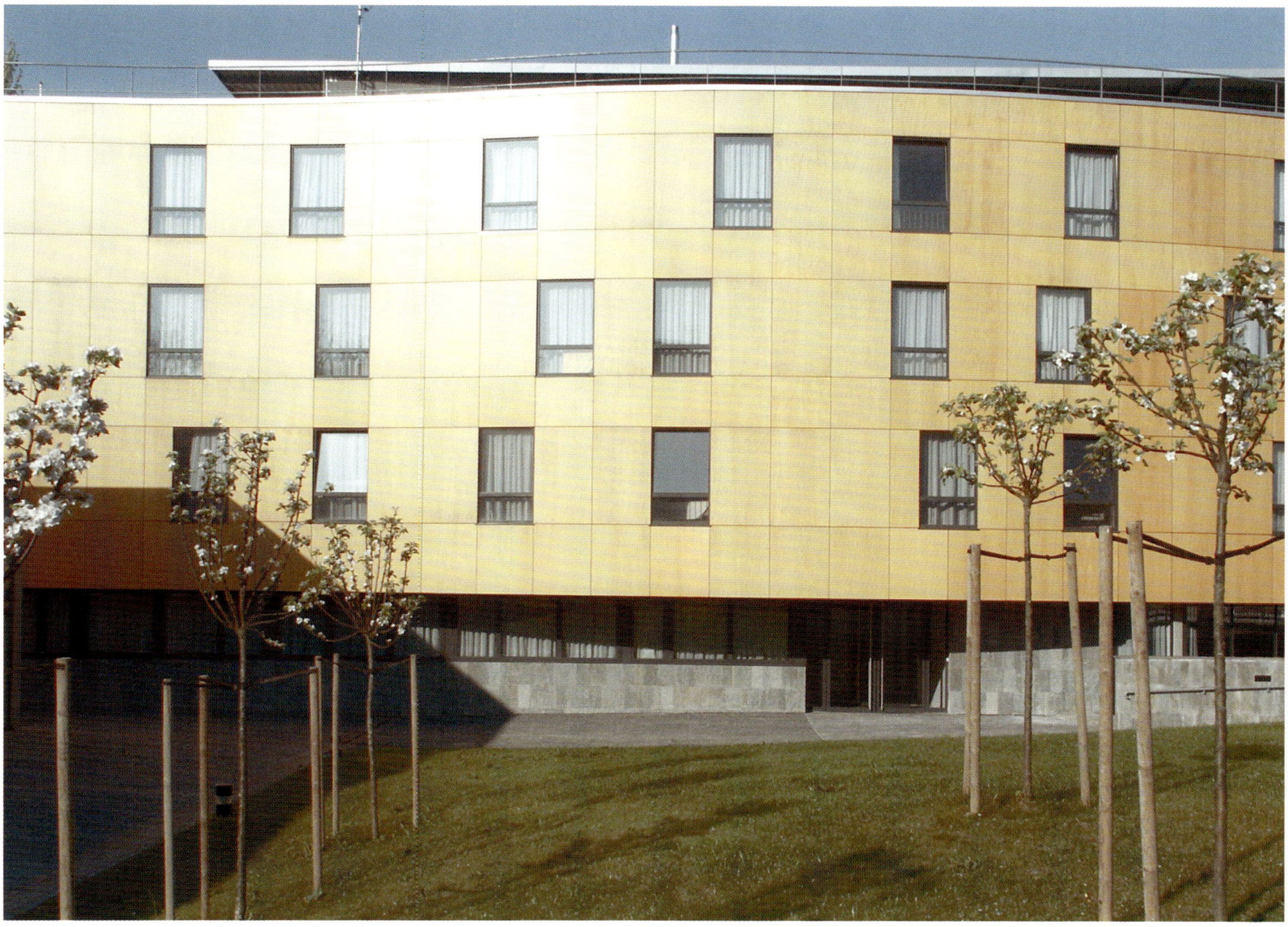

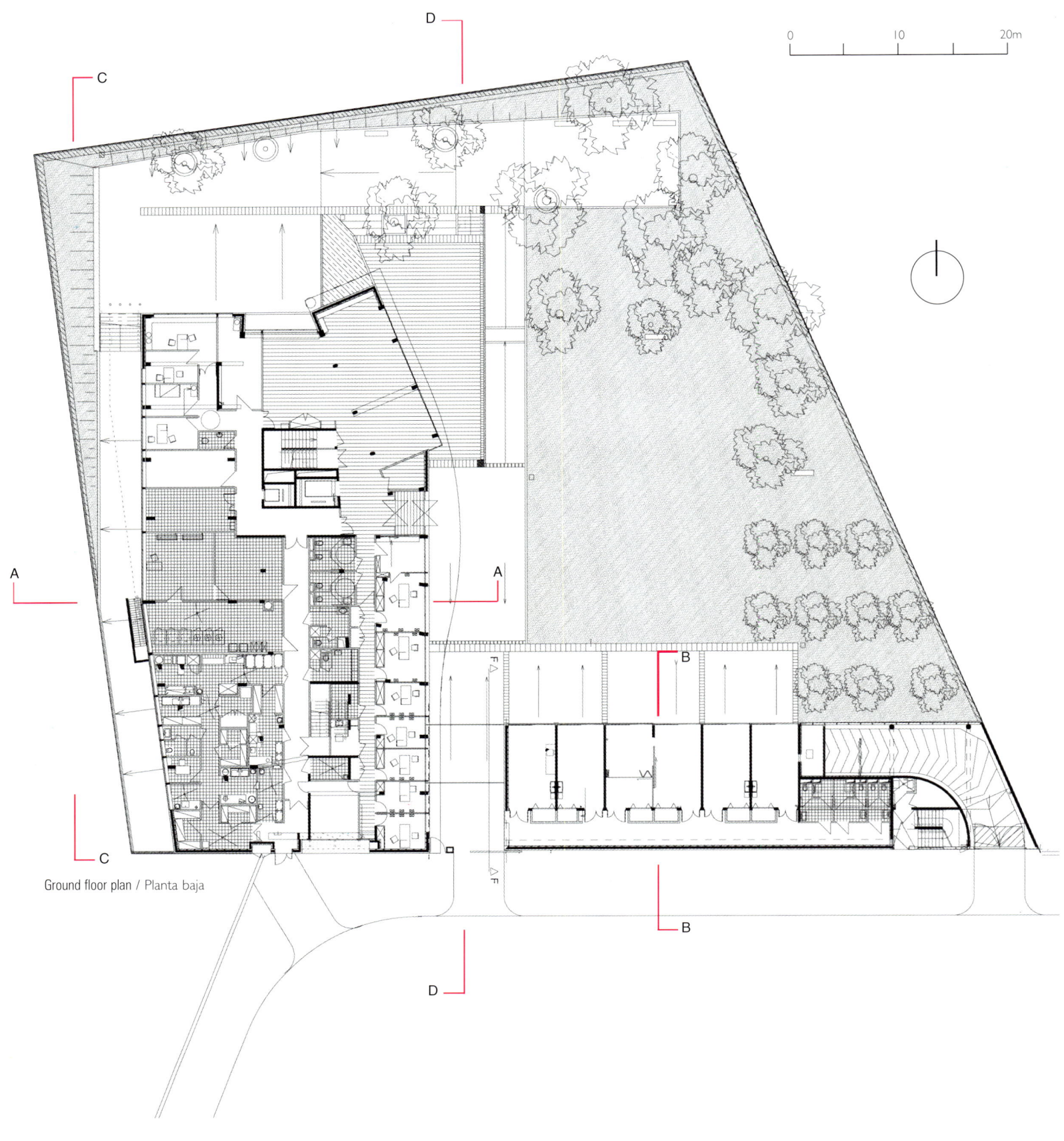

Ground floor plan / Planta baja

The ground floor houses the reception, dining hall and multi-purpose room, all of which face the inner garden. Behind this, elevators connect the kitchen and laundry to the upper floors and underground level. The administrative offices, which are alongside the entrance, and the care center, with the variation of the main circulation routes, all complete the ground floor.

La planta baja aloja los espacios de recepción, comedor y sala polivalente, abiertos sobre el jardín interior. Detrás, las cocinas y la lavandería están conectadas con las plantas superiores y con el subsuelo por medio de dos ascensores. La planta baja se completa con los despachos de la administración, junto a la entrada, y los espacios de cuidados, con la variación de las circulaciones principales.

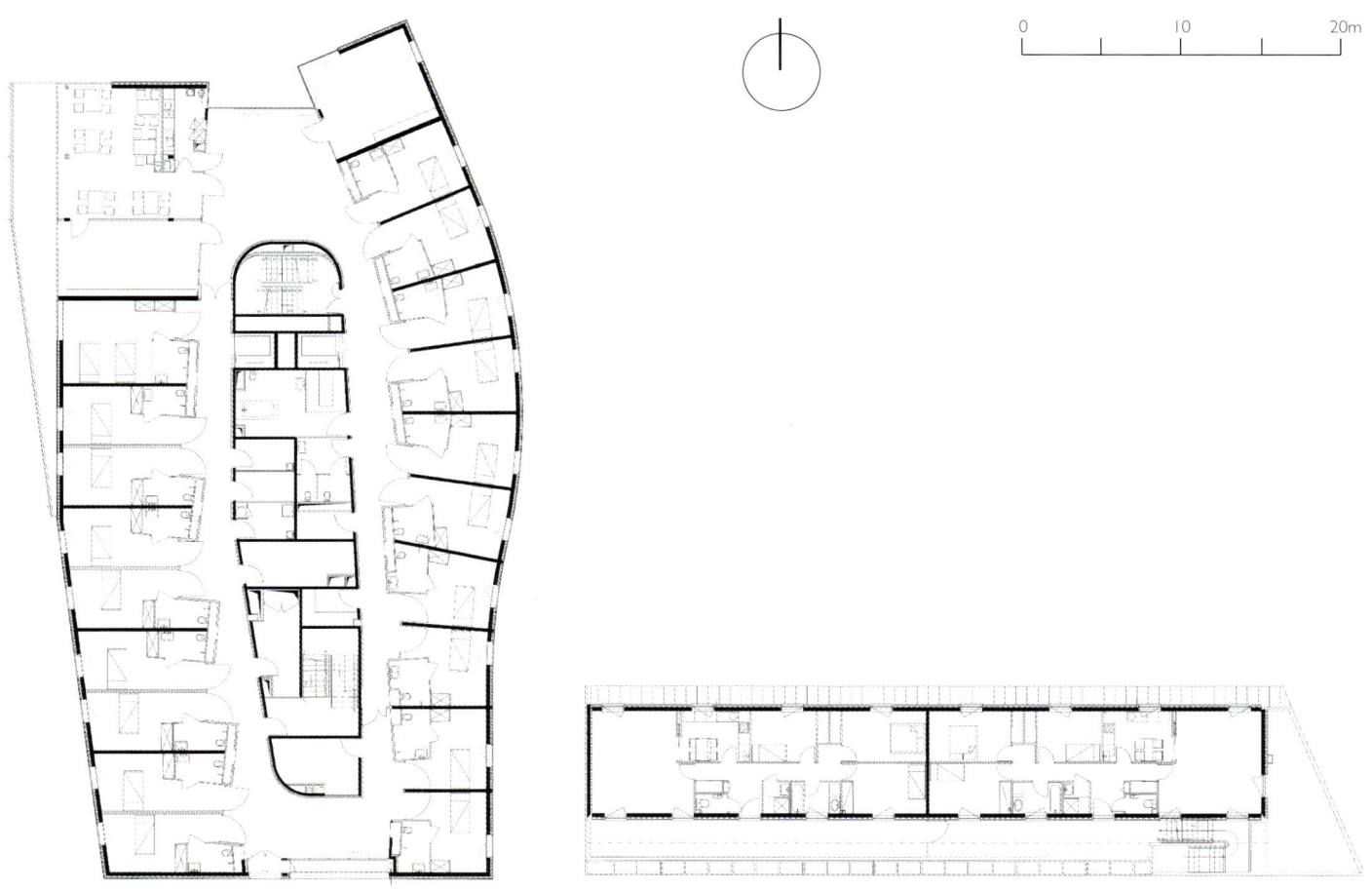

First floor plan / Planta primera

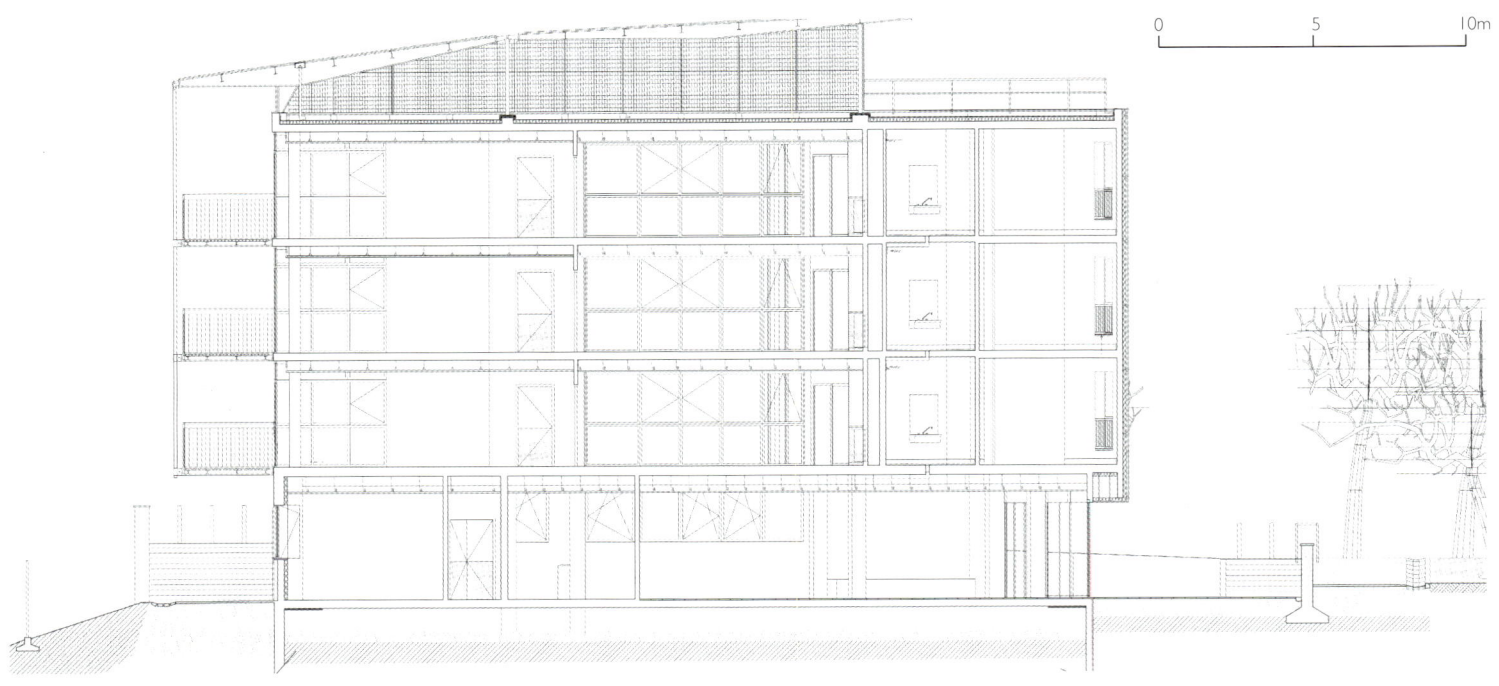

Section A-A / Sección A-A

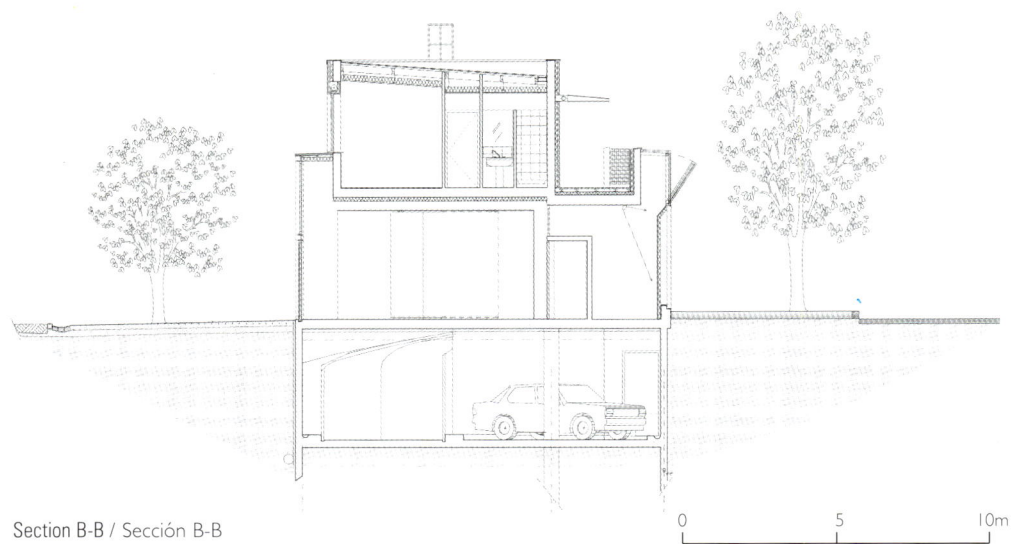

Section B-B / Sección B-B

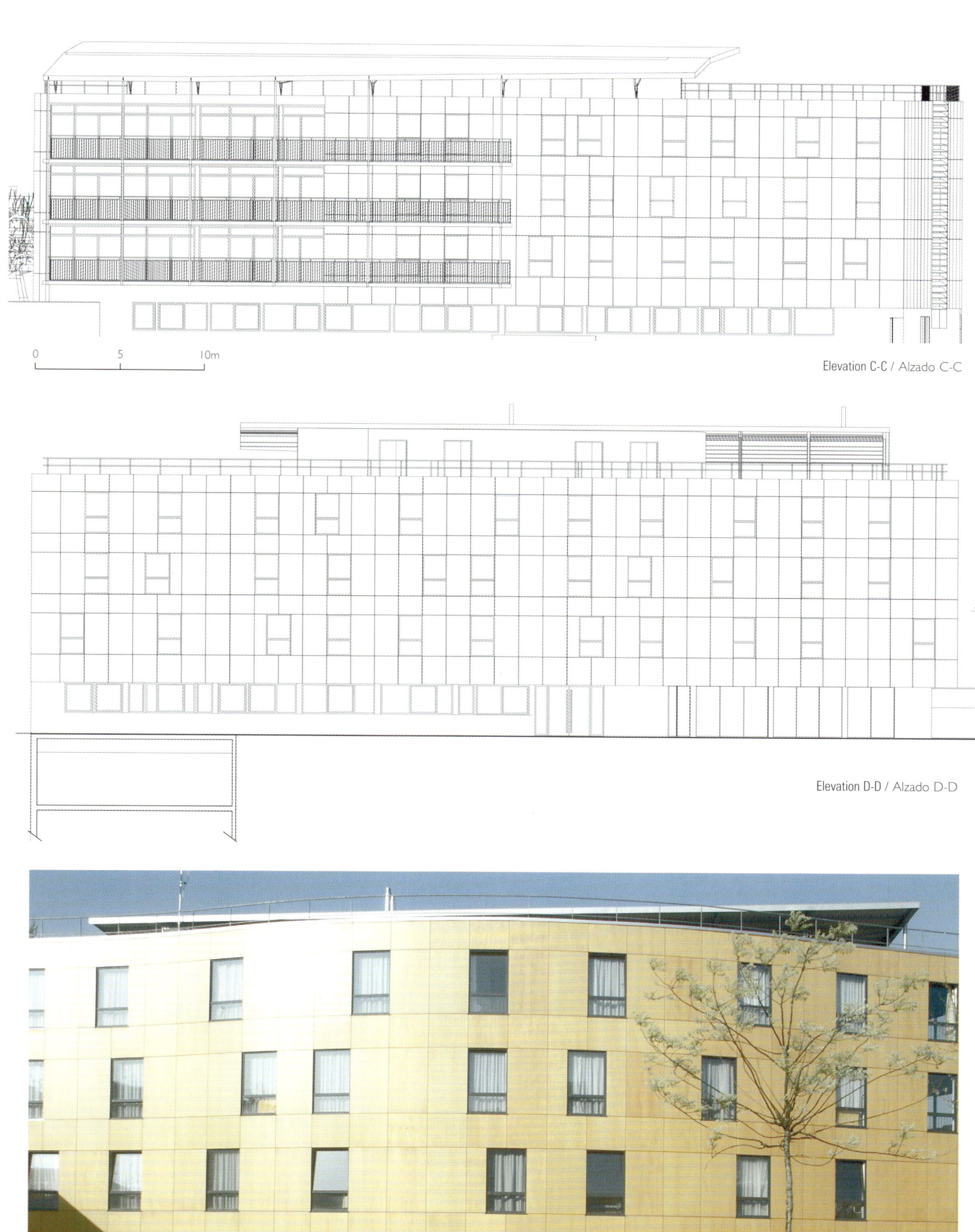

Elevation C-C / Alzado C-C

0   5   10m

Elevation D-D / Alzado D-D

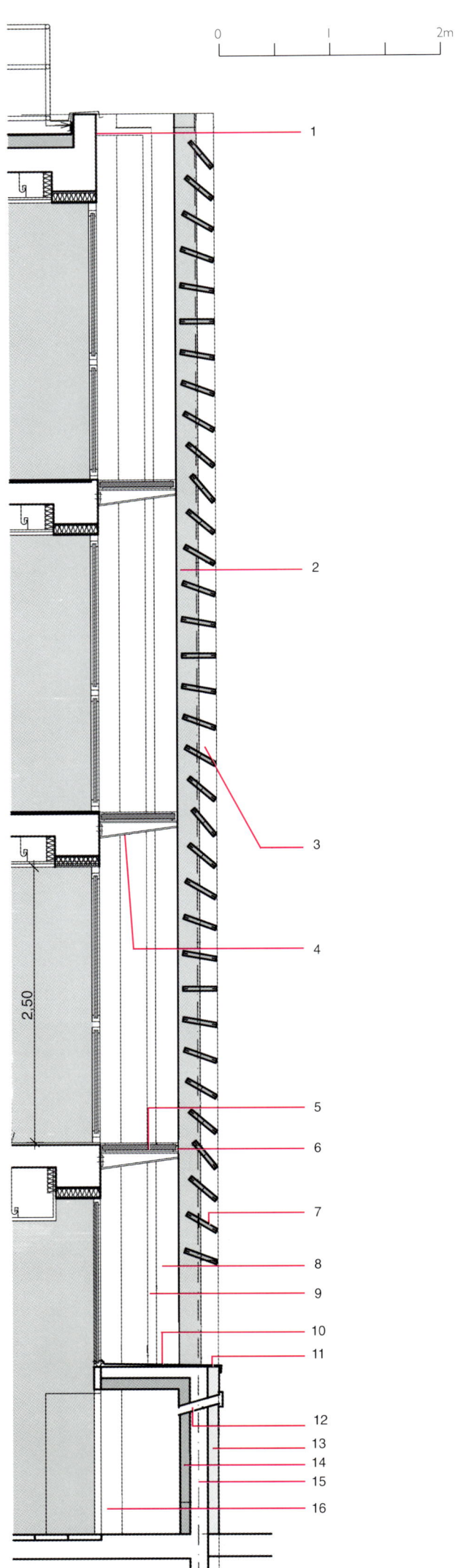

Detail of section through the sun-break on the south elevation

Detalle de la sección a través del parasol del alzado sur

1. Acroterion spanned by gas tube (flexible thimble)
   Acroterio atravesado por tubo del gas (pasatubos flexible)
2. 150x200mm T support for wood slats
   Rigidizador y soporte en "T" 150x200mm de las lamas
3. Galvanized U-section for slats
   Perfil en "U" galvanizado para la fijación de las lamas
4. Galvanized metal console
   Ménsula metálica galvanizada
5. Galvanised decking
   Piso galvanizado
6. Galvanized edge profile
   Borde de perfil galvanizado
7. "Prodema" type fixed sun shield
   Parasol fijo: tipo prodema
8. Untreated concrete jamb + technicoat and waterproofed "Lazure" coat
   Jamba de hormigón en bruto + hidrofugación "technicoat" y "Lazure"
9. Gas heating conduit and feed
   Conducto de gas alimentación calefacción
10. Parapet
    Antepecho
11. Lacquered aluminum
    Aluminio barnizado
12. Letter box
    Buzón
13. Stone facing
    Revestimiento de piedra
14. Insulation
    Aislante
15. Masonry
    Albañilería
16. Letterbox door
    Puerta del buzón

Three materials give the building its identity: Prodema panels used along the elevations and in the sunshades, metal panels and quartzite cladding.

Tres materiales aportan al edificio su identidad: los paneles de Prodema utilizados en los alzados y en los parasoles, los paneles metálicos, y el revestimiento de cuarcita.

Kohlhoff + Kohlhoff Architekten

Generationenhaus

Stuttgart, Germany   Photographs: Wolfram Janzer / Artur

This project consists of a residence conceived for people of different ages to live together; a more human option than isolating the aged in an old people's home.

The residence is situated in a magnificent location to the west of Stuttgart which, thanks to this new building, has been converted into a peaceful, green interior patio in the middle of a dense district of stone houses. When arriving via Ludwigstraße, the residence can be recognized by its orangey-red brick façade and a very high loggia that gives onto the street. The interior patio can be seen from here as the ground floor is completely glazed.

From here, we pass through the Infobar and the café until we get to a garden terrace, where we find ourselves in a "green room", with children playing under trees. The quality and beauty of this place can be appreciated here in contrast with the fire walls and the back walls of the nearby buildings.

The ground floor constitutes the public forum: an information and meeting center, and also a meeting place for the district's pensioners, with all sorts of services, activities and acts. The visitor can choose between eating in the Ludwiglust café, having a coffee in the Infobar or reading the newspaper on the terrace in the sun, attending a concert in the evening or taking part in one of the lively residents' meetings.

All the function rooms are on the same level as the interior patio and have terraces. They also open onto the hall, offering a series of multi-purpose spaces. The use of glass, light wood and a sand-colored natural stone floor give these areas a bright, pleasant aspect.

The first two upper floors belong to the children, organized into nine "homes" with duplex living areas, and a separate staircase. These occupy all of the south façade that gives onto the interior patio and faces the sun.

The third, fourth and fifth floors accommodate twenty apartments grouped into ten small communities. Each apartment has its own entrance, a bathroom and a large bedroom. Every two residents share a spacious kitchen with a long balcony. The living areas on these floors also face south.

One of the attractions of the building is a large roof garden on the fifth floor with a panoramic view of the city.

Este proyecto consiste en una residencia concebida para que convivan en ella personas de diferentes edades, una opción más humana que la de aislar a los ancianos en un asilo.

La residencia está situada al oeste de Stuttgart, en un soberbio emplazamiento convertido gracias a esta nueva construcción en un patio interior verde y tranquilo en medio de un denso barrio de casas de piedra. Al llegar por la Ludwigstraße, la residencia se reconoce por la fachada de color rojo anaranjado de ladrillo recocido y por su logia de gran altura que se abre a la calle. Desde este espacio puede verse ya el patio interior, pues la planta baja está completamente vidriada.

A partir de aquí, se pasa por el Infobar y la cafetería hasta llegar a una terraza ajardinada, encontrándonos ya, bajo los árboles, en la "habitación verde", entre niños jugueteando. Aquí puede apreciarse la calidad y belleza de este lugar en contraste con los muros cortafuegos y las fachadas posteriores de los edificios vecinos.

La planta baja constituye el foro público: punto de información, de reuniones y zona de encuentro para los jubilados del barrio, con toda clase de servicios, actividades y actos. Si lo desea, el visitante puede comer en el café Ludwiglust, tomar un café en el Infobar o leer el periódico en la terraza bajo el sol, asistir a un concierto por la noche o participar en una de las animadas reuniones de vecinos.

Todas las salas de actos se encuentran al nivel del patio interior y están provistas de terrazas. Abiertas al aire libre y al vestíbulo, éstas ofrecen una sucesión de espacios con múltiples aplicaciones. El uso de vidrio y madera clara, y un suelo de piedra natural color arena imprimen a estos espacios su carácter luminoso y agradable.

Las dos primeras plantas pertenecen a los niños, organizadas en nueve "casas" con salas de descanso de dos plantas y provistas de una galería y una escalera propias, ocupando toda la fachada sur que da al patio interior, orientadas todas al sol.

La tercera, cuarta y quinta plantas alojan las viviendas, veinte apartamentos agrupados en diez pequeñas comunidades. Cada apartamento posee su propia entrada, un baño y un gran dormitorio. Cada dos residentes comparten una cocina de gran tamaño provista de una galería. También en estas plantas, las salas de descanso se orientan al sur.

Una de las atracciones del edificio es un gran jardín dispuesto en la quinta planta y desde el que se disfrutan vistas de la ciudad en todas direcciones.

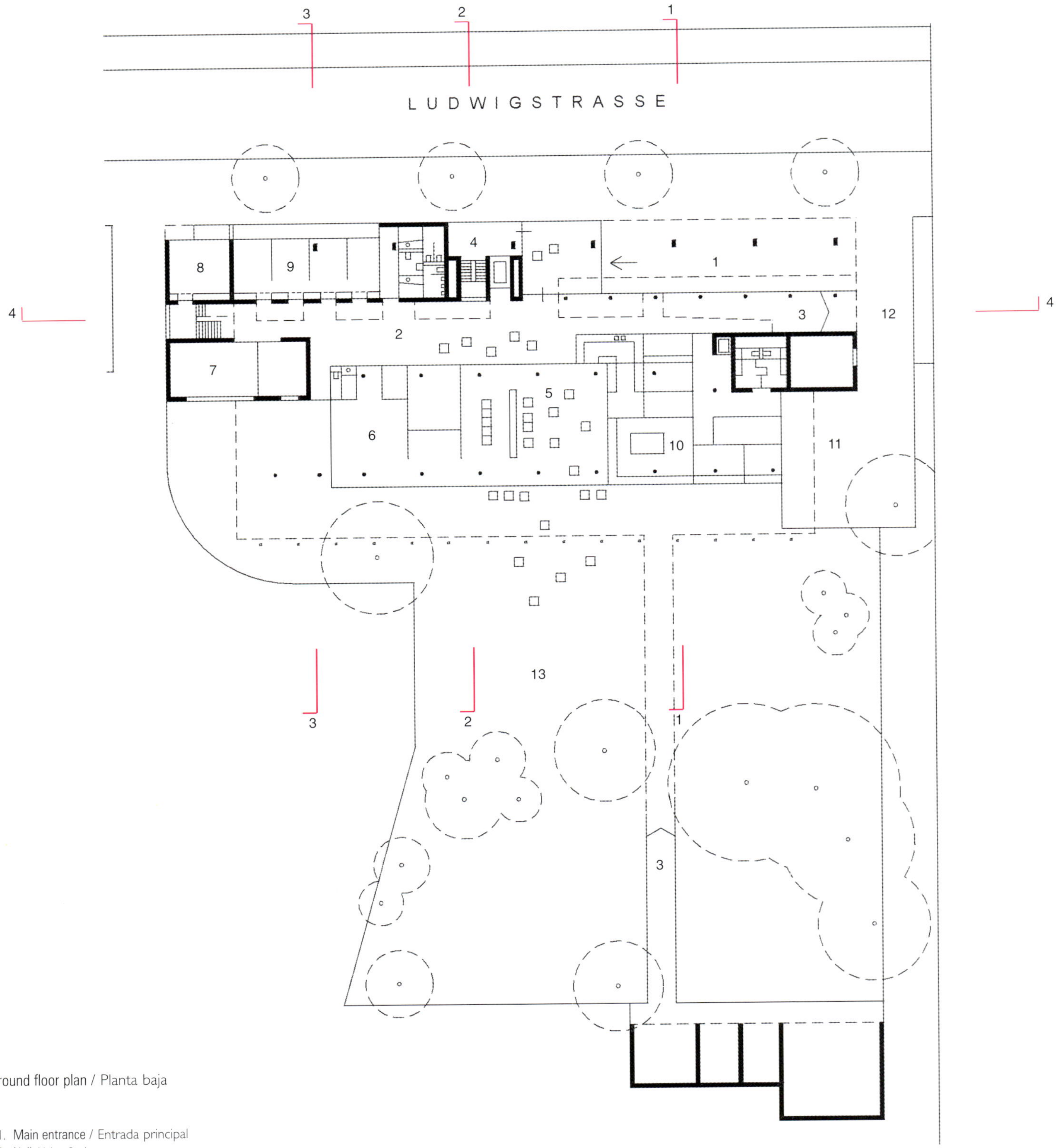

LUDWIGSTRASSE

Ground floor plan / Planta baja

1. Main entrance / Entrada principal
2. Hall / Vestíbulo
3. Ramp to nursery / Rampa hacia la guardería
4. Entrance to the flats / Entrada a los apartamentos
5. Cafeteria / Cafetería
6. Gym / Gimnasio
7. Nursery / Guardería
8. Secondhand shop / Tienda de ropa de segunda mano
9. Offices and services / Oficinas y servicios
10. Kitchen / Cocina
11. Delivery / Carga y descarga
12. Access to underground garage
    Acceso al estacionamiento subterráneo
13. Garden and playground / Jardín y zona de juegos
14. Nursery with 9 "children's houses"
    Guardería con 9 casas de juegos para niños
15. Balcony and ramp to the garden
    Balcón y rampa hacia el jardín
16. Sanitary cubicles / Baños
17. Kitchen / Cocina
18. Manager's office / Dirección
19. Rooms for different groups / Taller de grupos
20. Rooms for handicrafts / Taller de manualidades
21. Personnel room / Sala de personal
22. Terrace / Terraza
23. Communal room / Sala común
24. Living room-kitchen-loggia / Salón-cocina-logia
25. Living room-bedroom-bathroom / Salón-habitación-baño

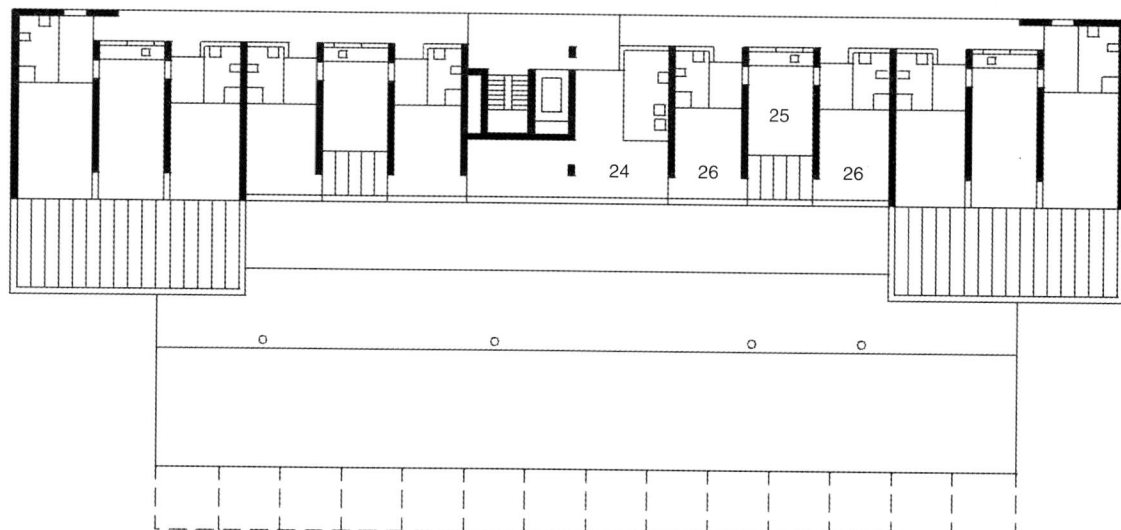

Third floor plan / Planta tercera

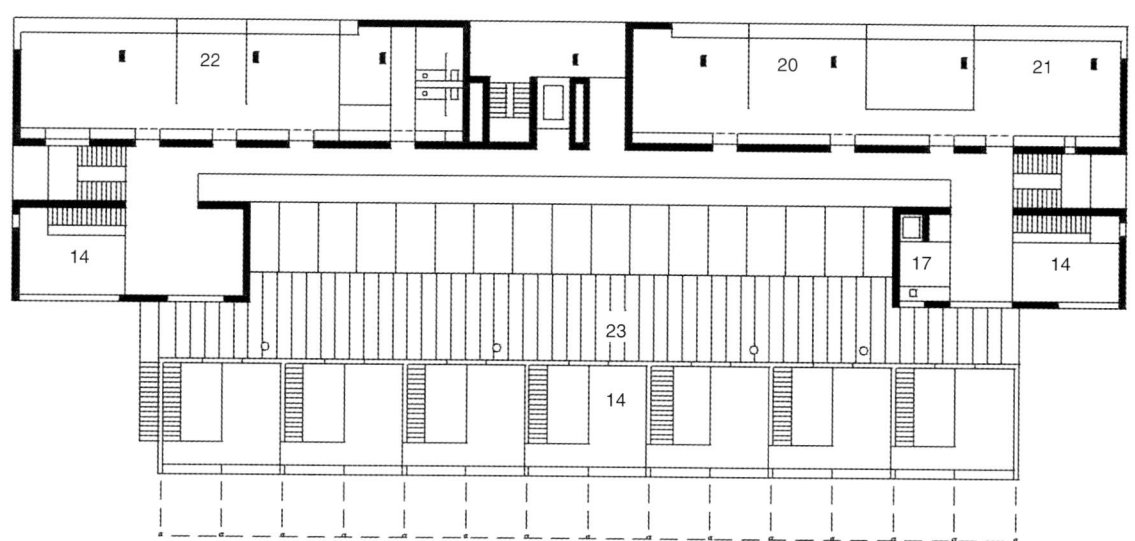

Second floor plan / Planta segunda

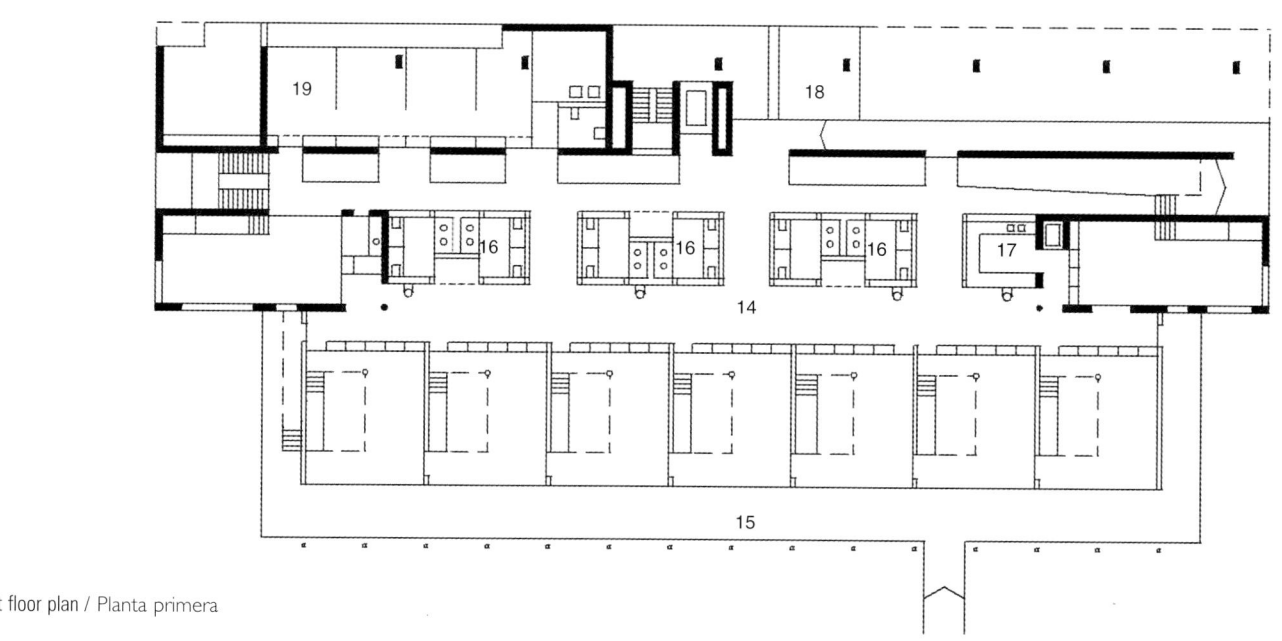

First floor plan / Planta primera

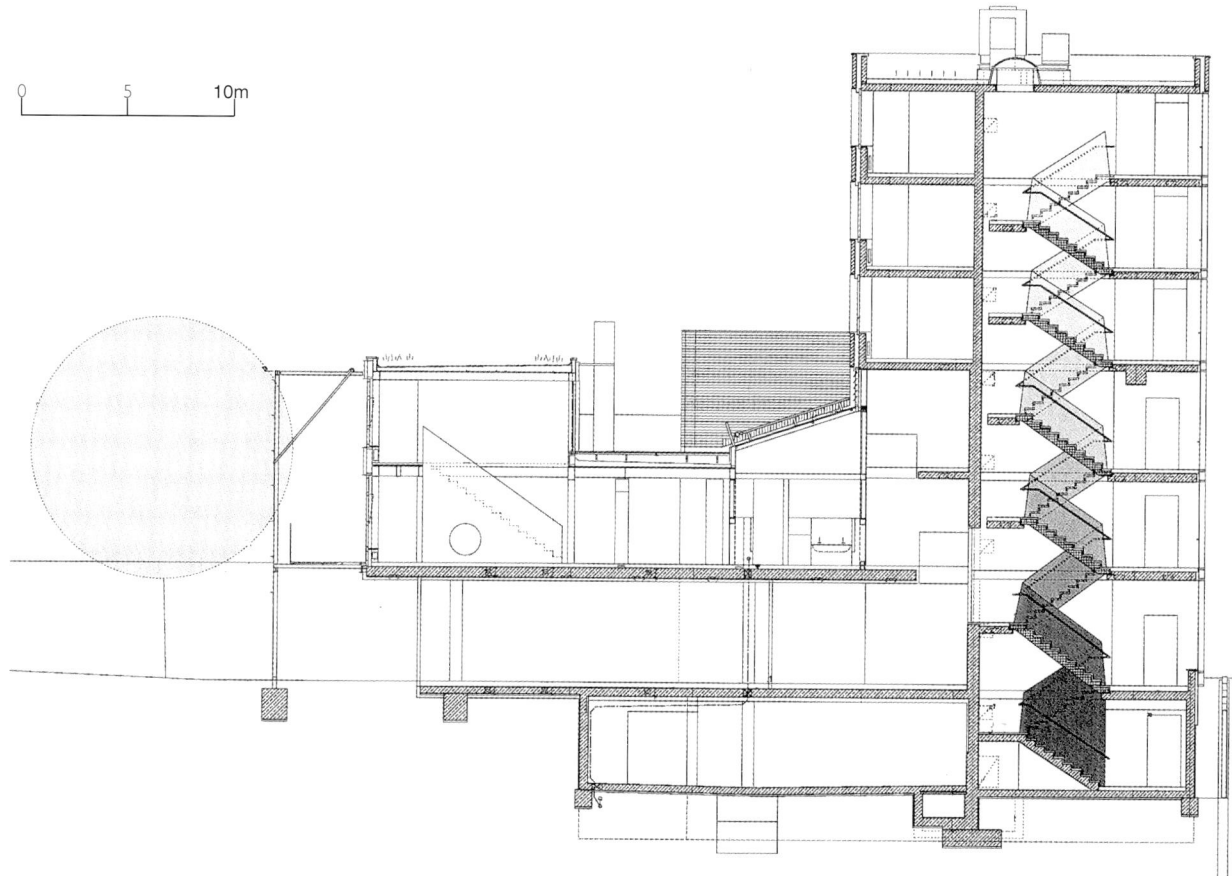

Section 2-2 / Sección 2-2

All the rooms have their own outdoor space; large wood-lined terraces are linked to the patio by a ramp. Stairs and slides provide a fun access to the patio for children.

Todas las habitaciones disponen de un espacio exterior propio, unas grandes terrazas de madera que comunican con el patio mediante una rampa. En ella, unas escaleras y toboganes ofrecen un divertido acceso al patio para los niños.

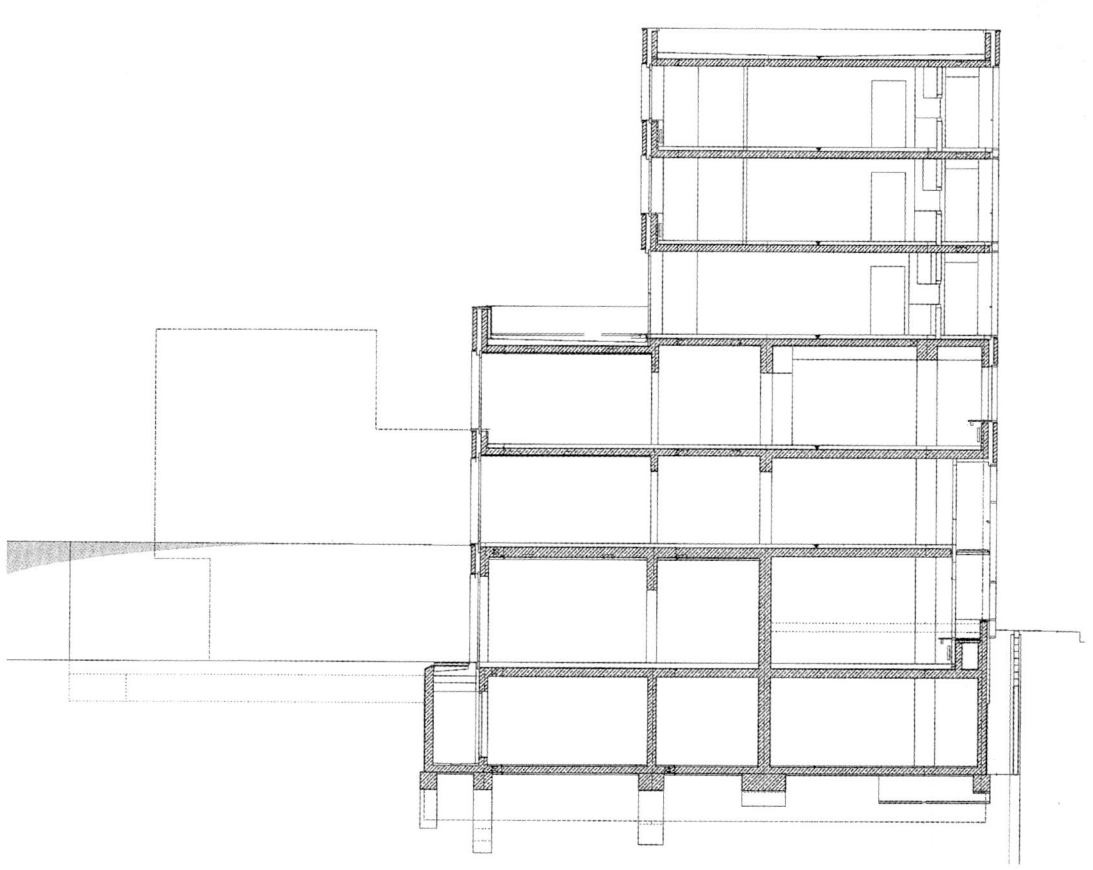

Section 3-3 / Sección 3-3

Medical care rooms are also incorporated in the structure, surrounded on all sides by white glass and looking like small greenhouses. They illuminate the children's area day and night.

Dentro de la estructura se integran también las salas de cuidados médicos, rodeadas de vidrio blanco por todas sus caras semejando pequeños invernaderos que iluminan toda la zona destinada a los niños durante el día y la noche.

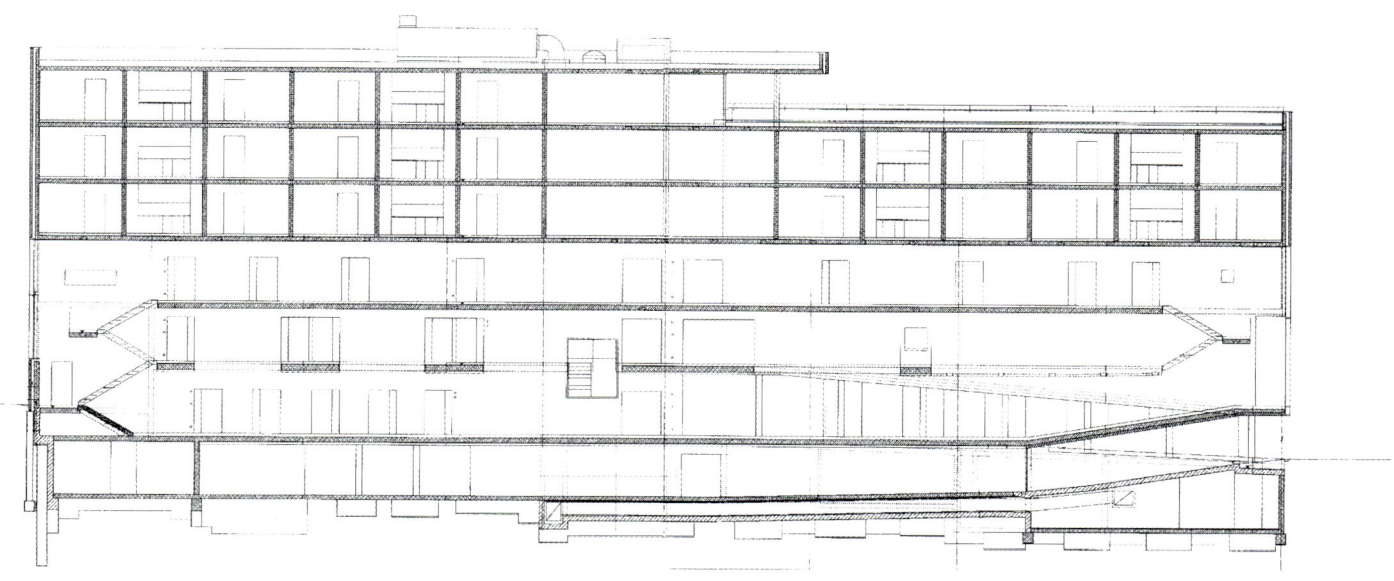

Section 4-4 / Sección 4-4

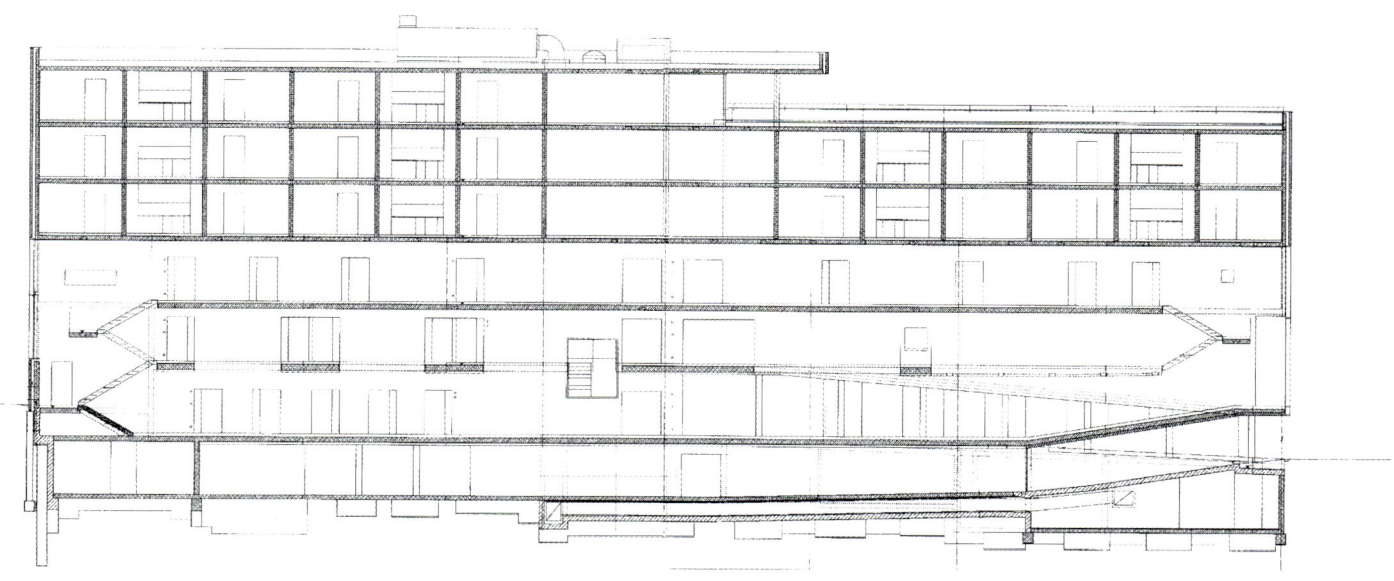

Section 1-1 / Sección 1-1

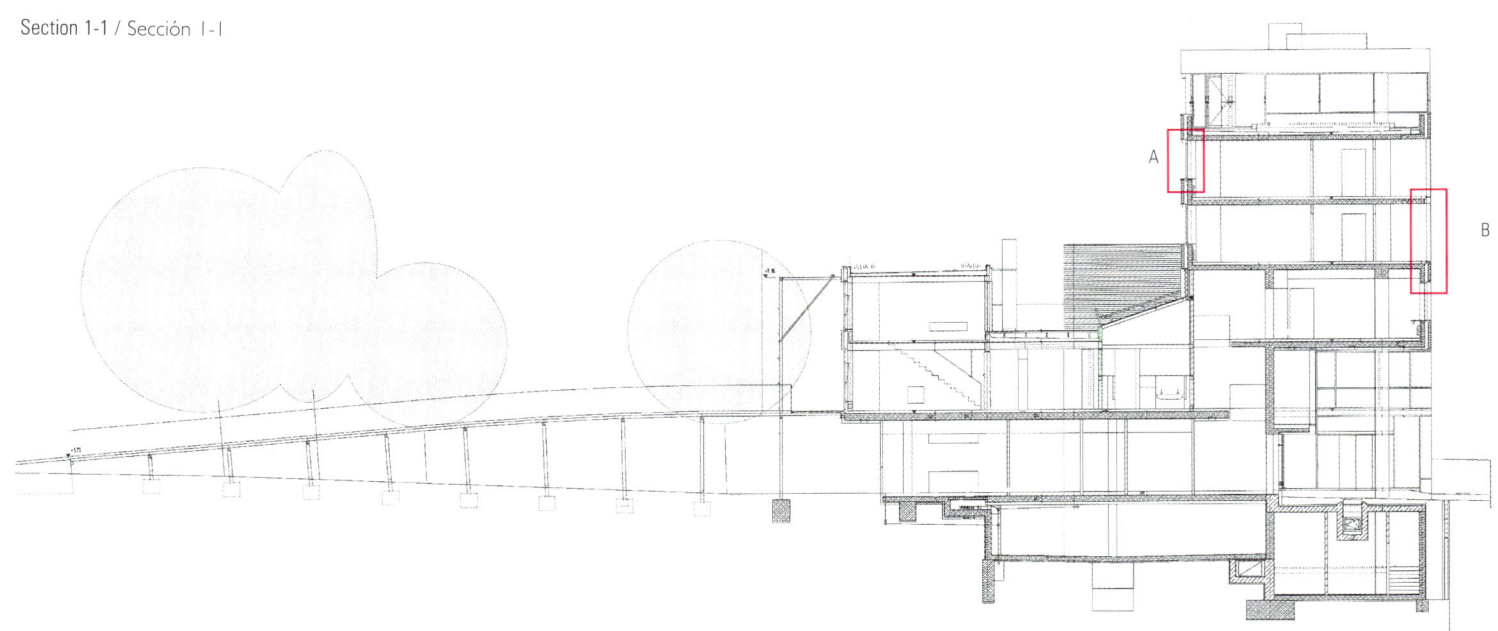

Construction detail A
Detalle constructivo A

1. Facing brick 11.5 cm
   Ladrillo de fachada 11.5 cm
2. Insulating board 14 cm
   Aislante térmico 14 cm
3. Reinforced concrete 20 cm
   Hormigón armado 20 cm
4. Venetian blind, cover plates,
   sunshade and windowsills outside
   aluminium dark grey
   Persiana veneciana, cubrejuntas,
   parasol y repisas exteriores de las
   ventanas de aluminio gris oscuro
5. Dark grey wooden windows
   Ventanas de madera gris oscuro

Construction detail B
Detalle constructivo B

1. Facing brick 11.5 cm
   Ladrillo de fachada 11.5 cm
2. Insulating board 14 cm
   Aislante térmico 14 cm
3. Reinforced concrete 20 cm
   Hormigón armado 20 cm
4. Aluminium window construction,
   outside dark grey once fired,
   inside silver anodic oxidated
   Ventanas de aluminio, exterior gris
   oscuro, interior oxidado
   plateado anodizado

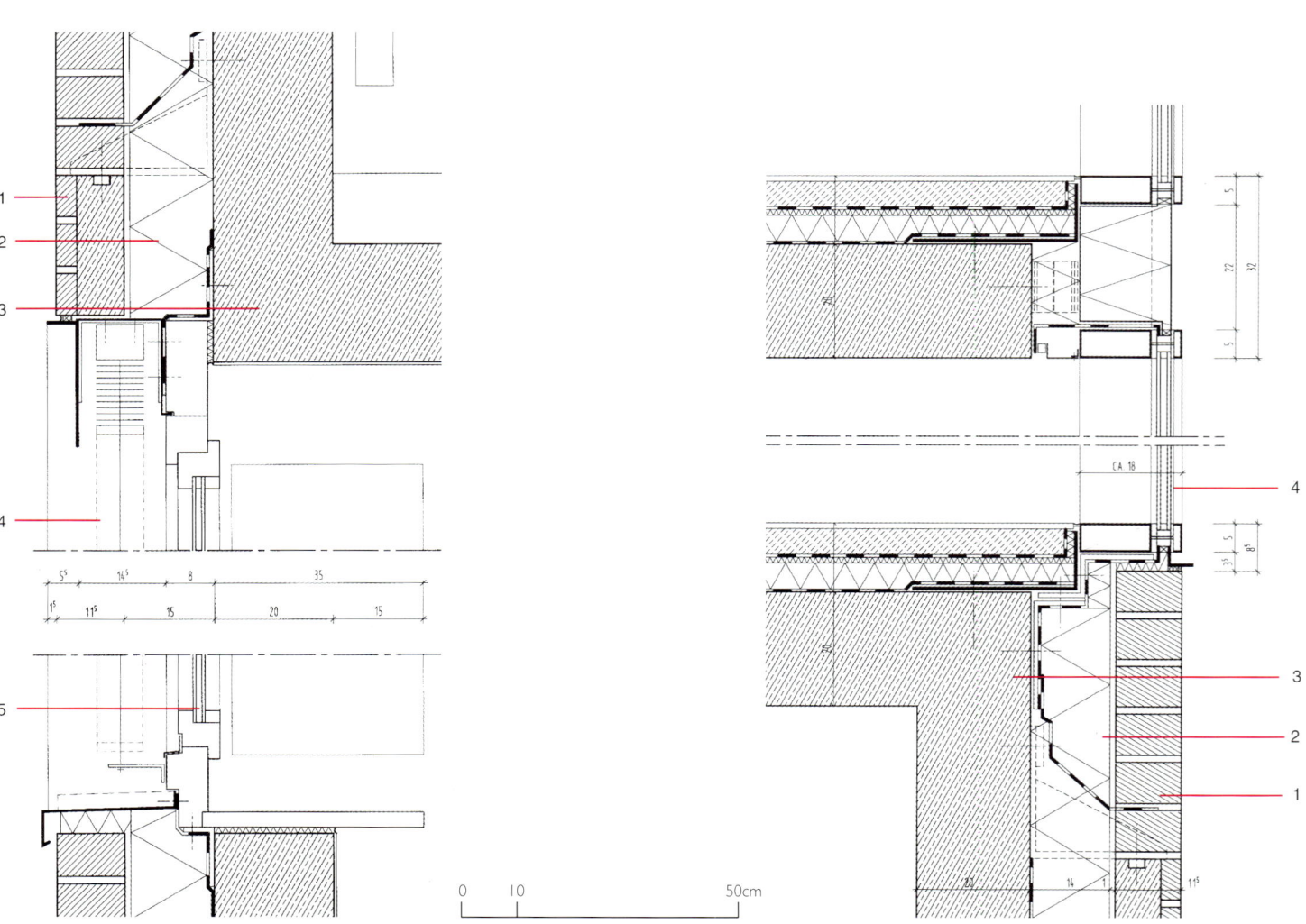

0   10   50cm

Kada + Wittfeld

St. Niklaus senior citizens home

Neumarkt, Austria

Photographs: Margueritta Spiluttini
Fritz Lorber

The "St. Niklaus" home for the elderly is designed to adapt to the characteristics that should be adopted by any center of this type: a clear layout with short distances that facilitate the staff's working conditions and help the residents to find their way around without foregoing a great variety of spaces and a human environment.

The internal life is organized in two "streets" of rooms as though they were small houses, with a bench in front of each door where the corridor widens. Different colors for each housing unit help to identify each room.

Light, glass and wood combine tradition with a modern interpretation of what a home for the elderly should be. The outer covering of wood, a recognizable element typical of the Salzburg region, extends inside. The façades and glass sheeting form a continuous and tangible unit. In each bed-sitting room, a small glazed balcony offers an additional place to sit among the vegetation. The layout on two floors respects the proportionality of the environment; the glazed balconies break the uniformity of the façade, generating views and giving importance to the single apartments units.

The built-up area has been deliberately minimized, leaving space for a garden that extends the "green oasis" from the interior to the exterior. The layout marks the limits, to a certain extent, between the areas that are controlled and those of free access, without the residents feeling shut in.

The building goes beyond the limits between interior and exterior, breaking the monotony with its balconies on the façade and setting a warm atmosphere by the generalized use of wood. The tension between glass and wood, privacy and opening to the exterior, all reflect life in the residence: the protective skin deliberately filters and makes opening up and integration into the community and life around the building possible.

La residencia de ancianos "St. Niklaus" está diseñada para adaptarse a las características que debe adoptar cualquier centro de este tipo: una distribución clara con recorridos cortos que facilite las condiciones de trabajo del personal y ayude a los residentes a orientarse sin renunciar a una gran variedad de espacios y a un entorno humano.

La vida interior se organiza en dos 'calles' de habitaciones que se alinean como si fueran pequeñas casas, con un pequeño banco delante de cada puerta, donde se ensancha el pasillo. Los colores, distintos para cada unidad de alojamiento, ayudan a identificar cada habitación.

Luz, vidrio y madera combinan la tradición con una interpretación moderna de lo que debe ser un hogar de ancianos. La piel externa, de madera, un elemento reconocible y típico de la región de Salzburgo, se prolonga hacia el interior. Las fachadas y revestimientos de vidrio conforman una unidad continua y palpable. En cada habitación-vivienda, una pequeña galería vidriada ofrece un lugar adicional para sentarse entre la vegetación. La distribución en dos plantas respeta la proporcionalidad del entorno; las galerías vidriadas rompen la uniformidad de la fachada dando protagonismo y generando vistas a las unidades de vivienda individuales.

La superficie edificada se ha minimizado deliberadamente, dejando espacio para un jardín que prolonga en el exterior el "oasis verde" del interior. La distribución se encarga, en parte, de marcar los límites entre las zonas controladas y las de libre circulación sin que los residentes se sientan encerrados.

El edificio rebasa los límites entre interior y exterior, rompe la monotonía con sus galerías en la fachada e impone una atmósfera cálida mediante el empleo generalizado de la madera. Las tensiones entre vidrio y madera, abertura al exterior y privacidad, refleja la vida de la residencia: la piel protectora filtra deliberadamente y hace posible la abertura e integración en la comunidad y la vida alrededor del edificio.

Site plan / Plano de situación

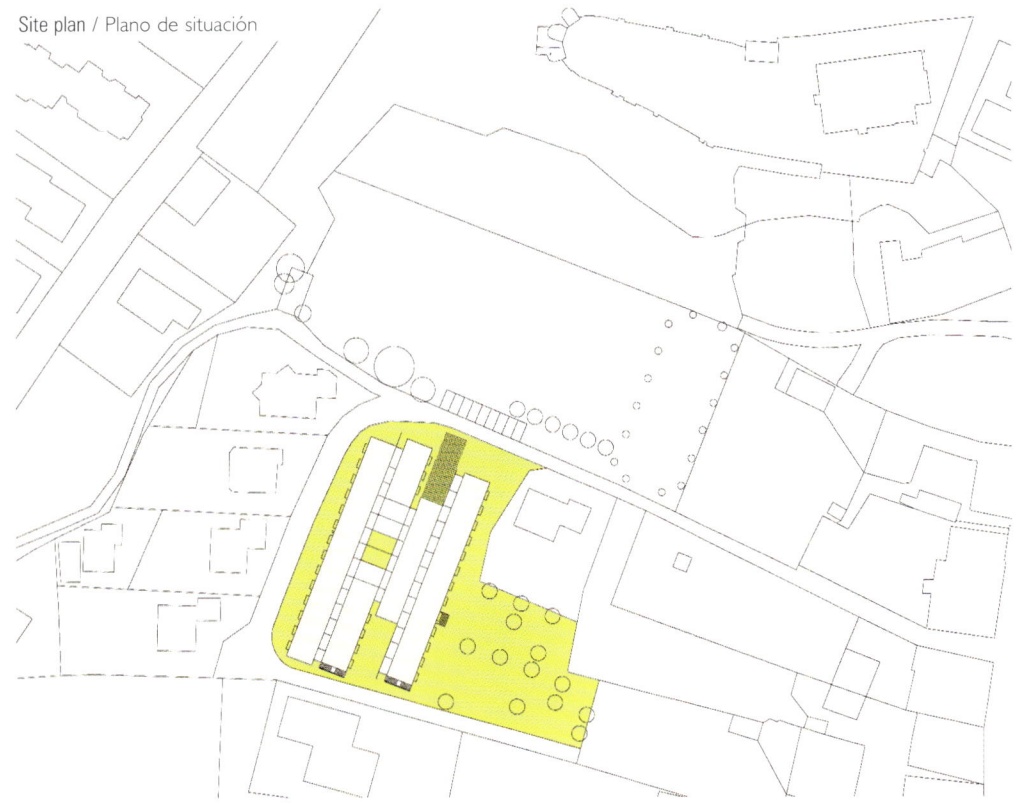

Quality requirements can be perceived emotionally, experienced in space and with the senses: light, glass and wood combine tradition with a modern interpretation of what a home for the elderly should be.

Los requisitos de calidad pueden percibirse emocionalmente, experimentarse en el espacio y con los sentidos: luz, vidrio y madera combinan la tradición con una interpretación moderna de lo que debe ser un hogar de ancianos.

IM LABYRINTH
VERLIERT MAN SICH NICHT
IM LABYRINTH

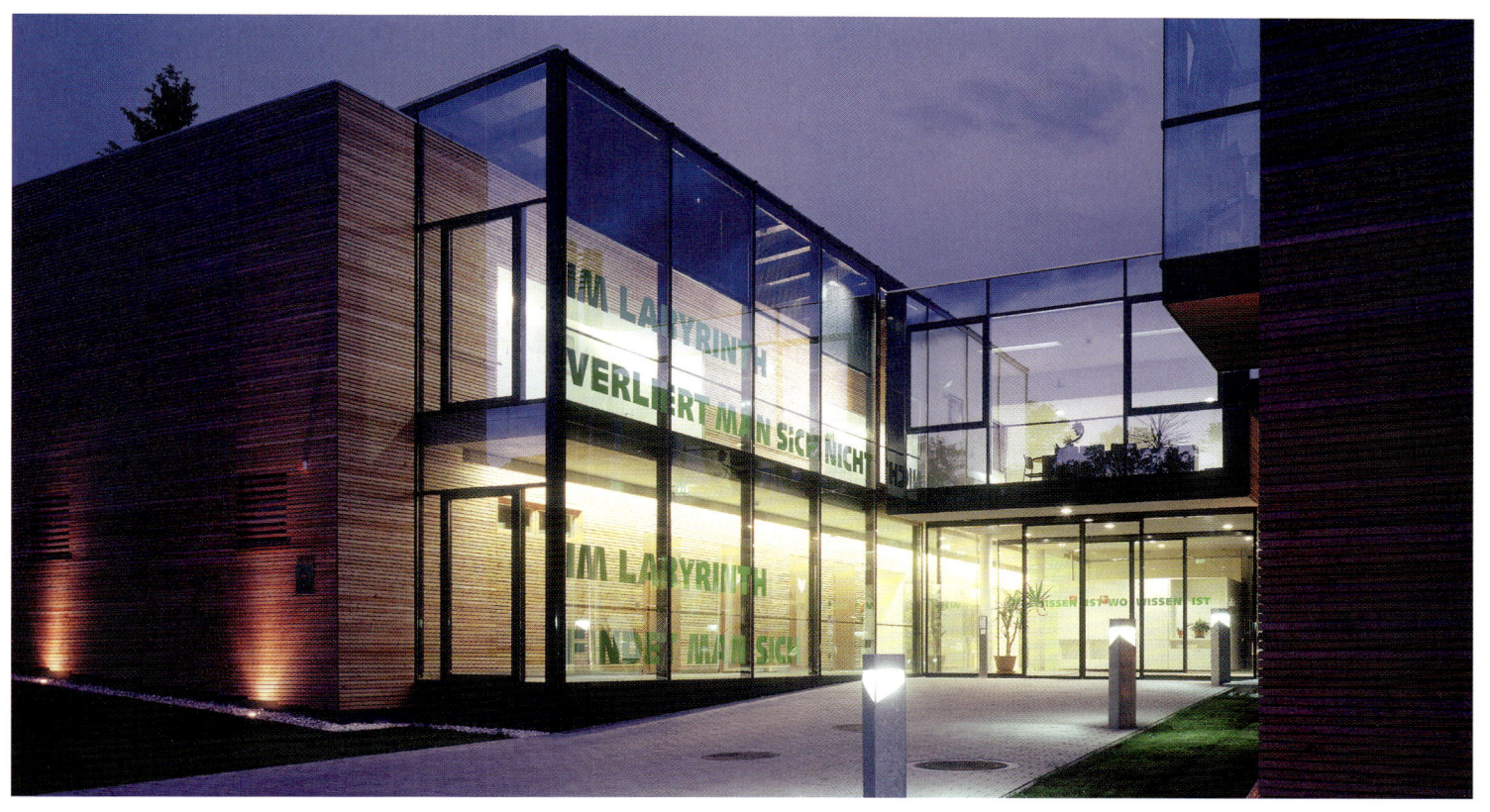

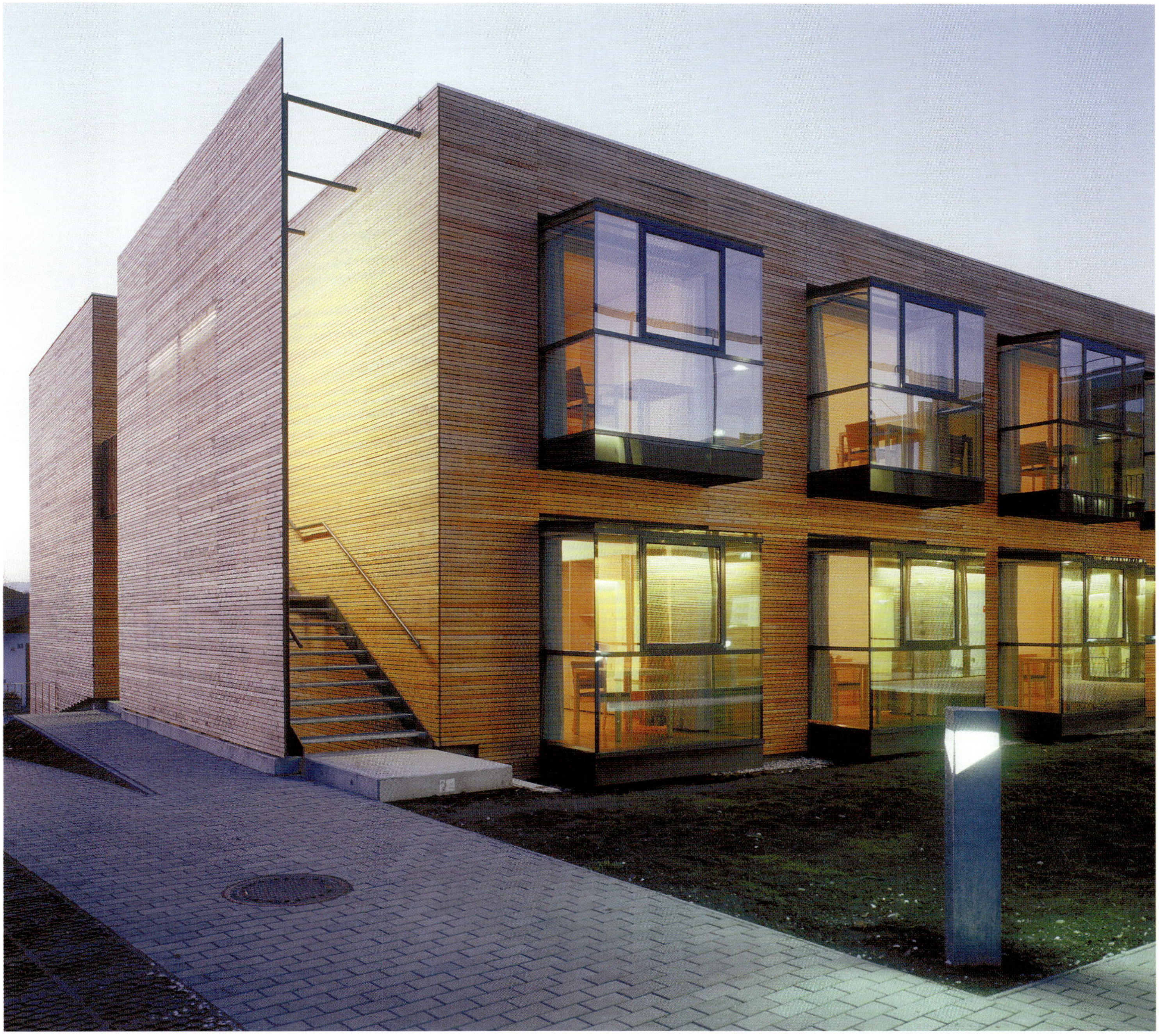

0   5   10m

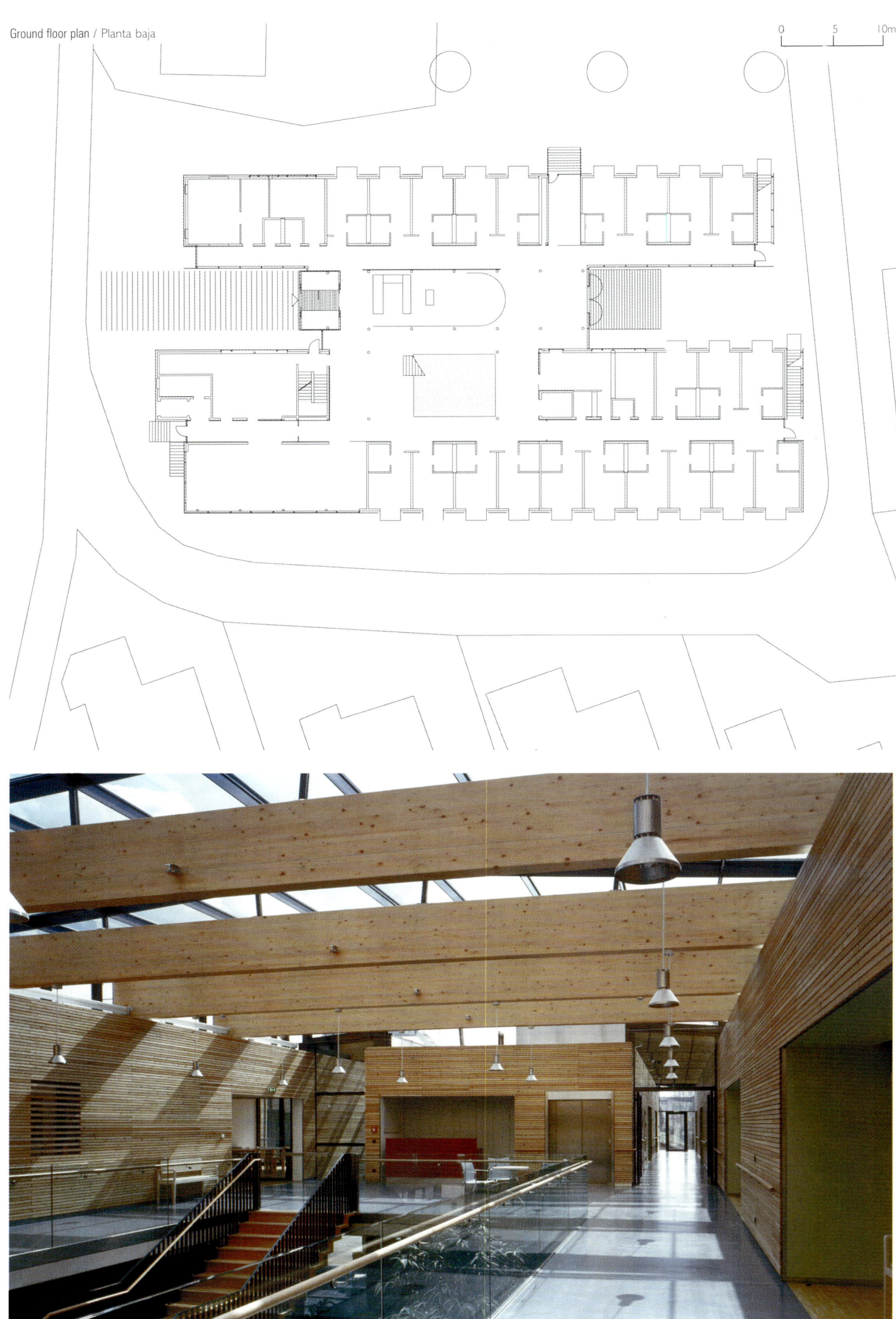

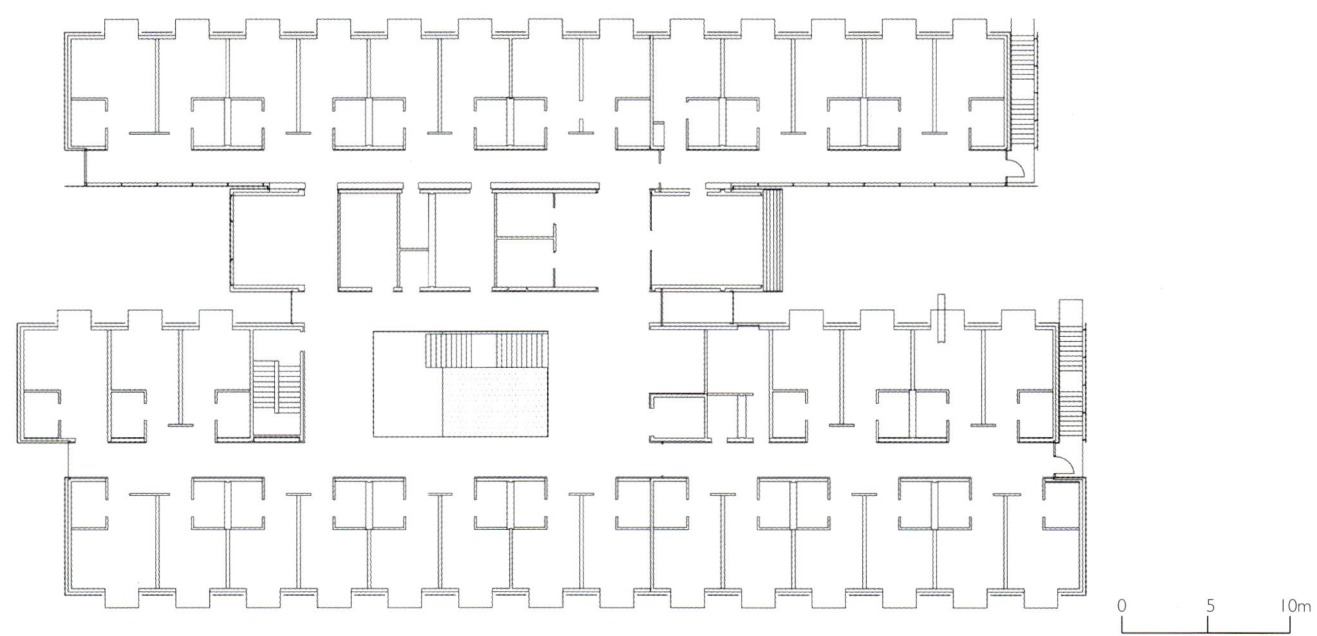

First floor plan / Planta primera

0   5   10m

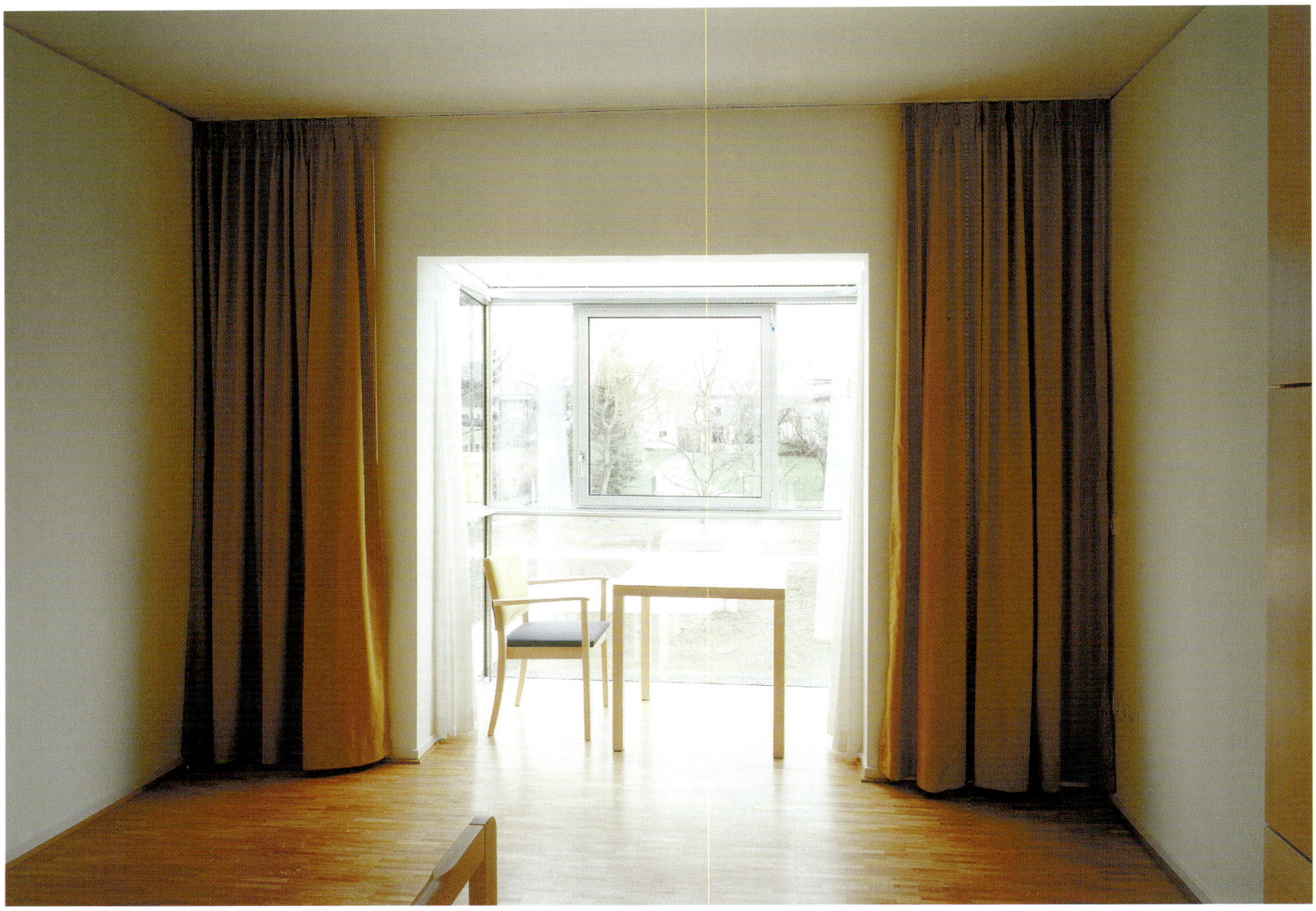

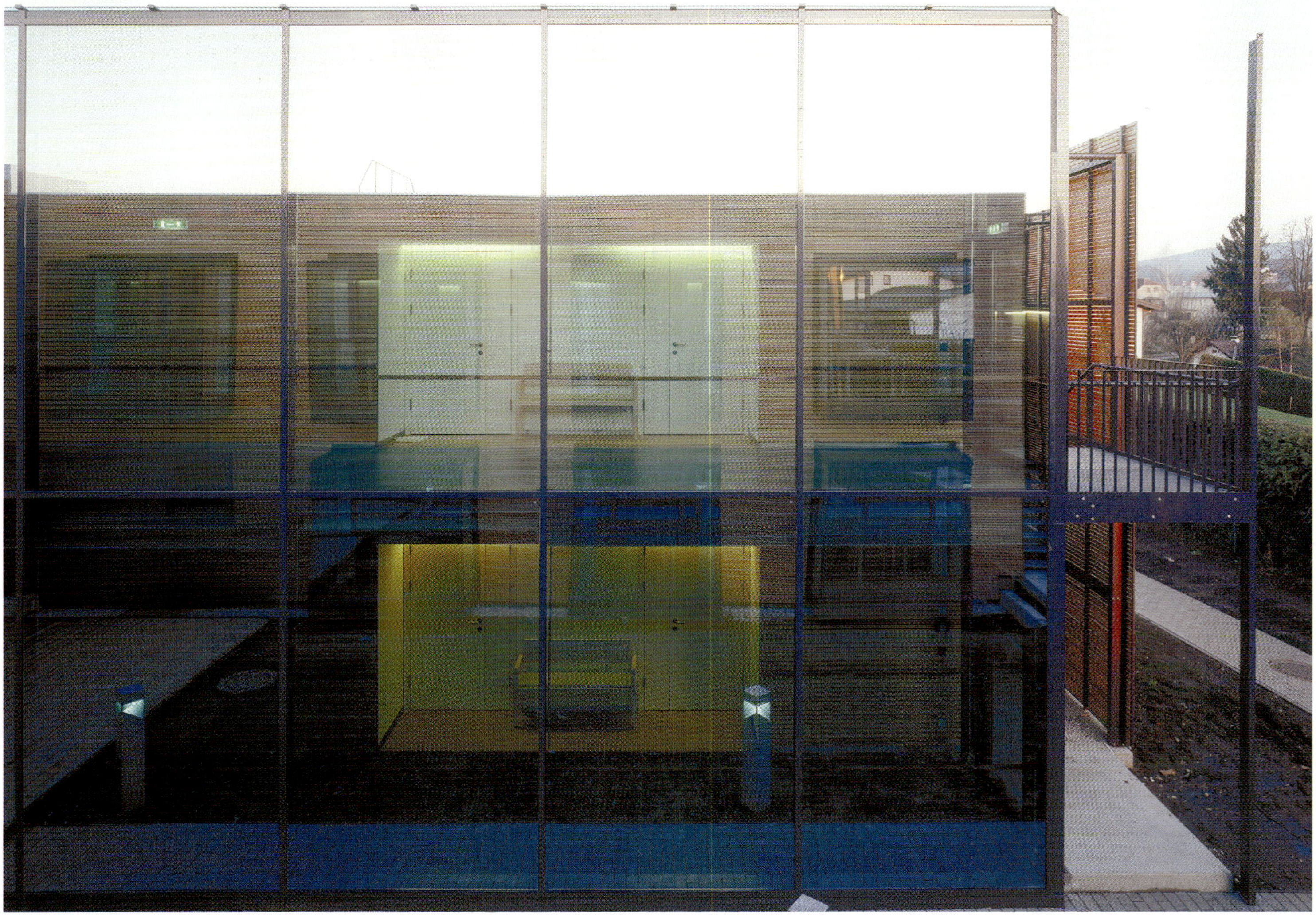

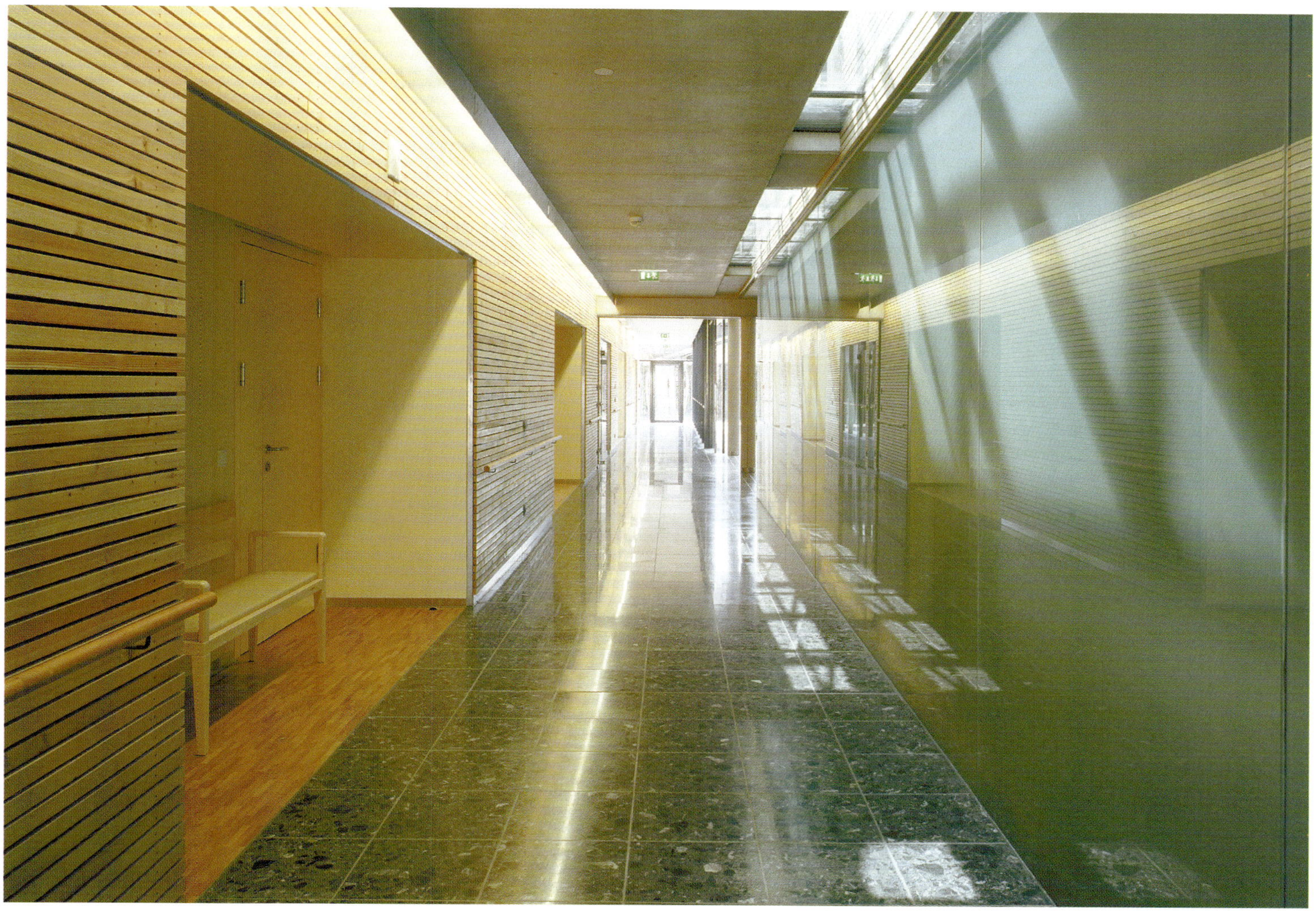

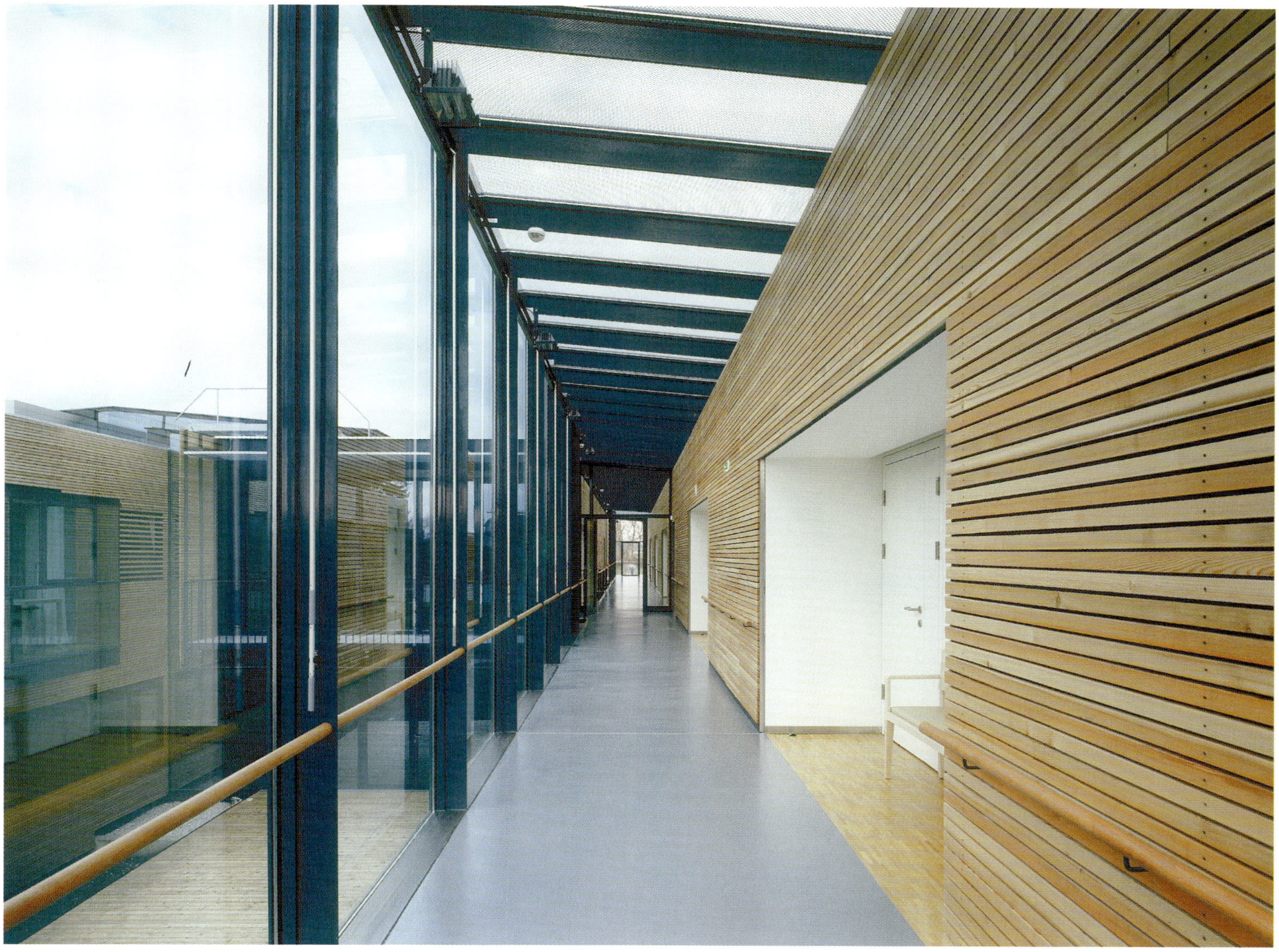

North elevation / Alzado norte

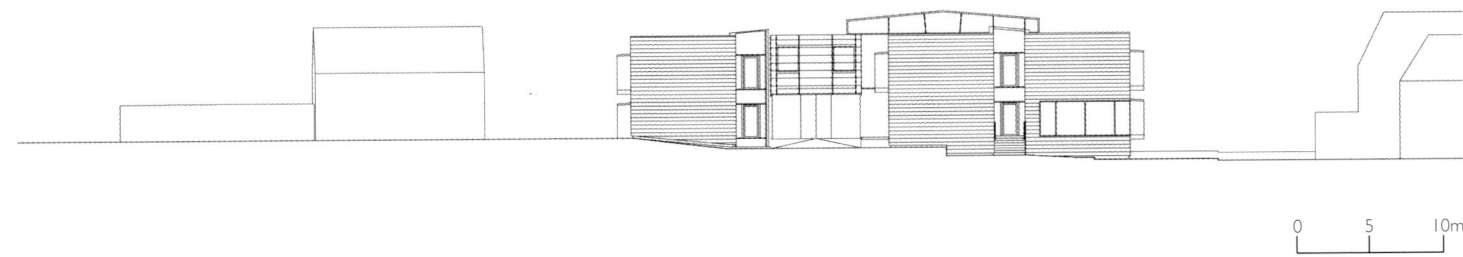

0   5   10m

South elevation / Alzado sur

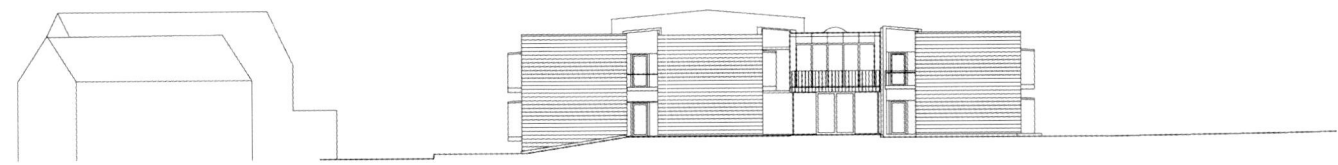

East elevation / Alzado este

West elevation / Alzado oeste

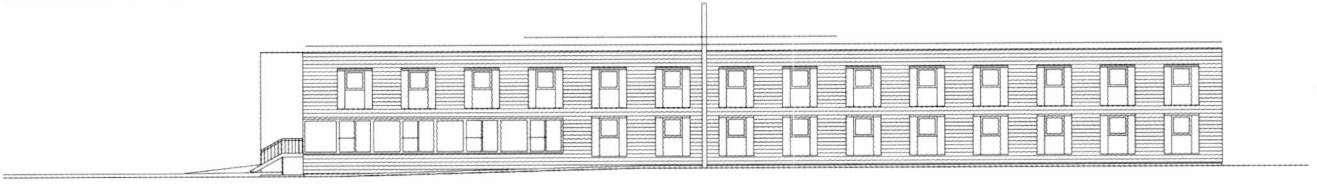

Longitudinal section / Sección longitudinal

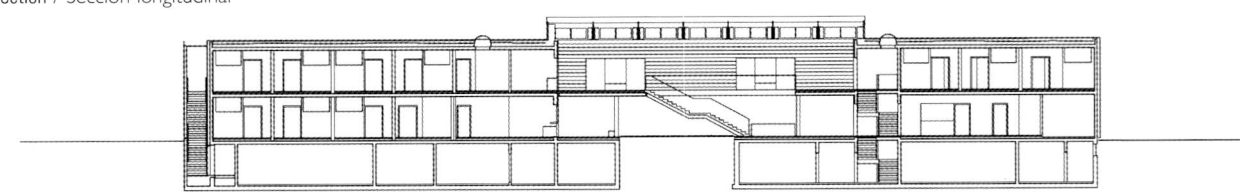

Cross section / Sección transversal

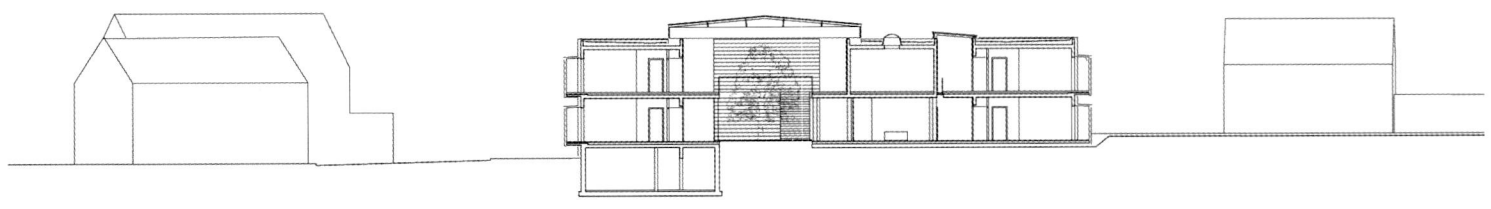

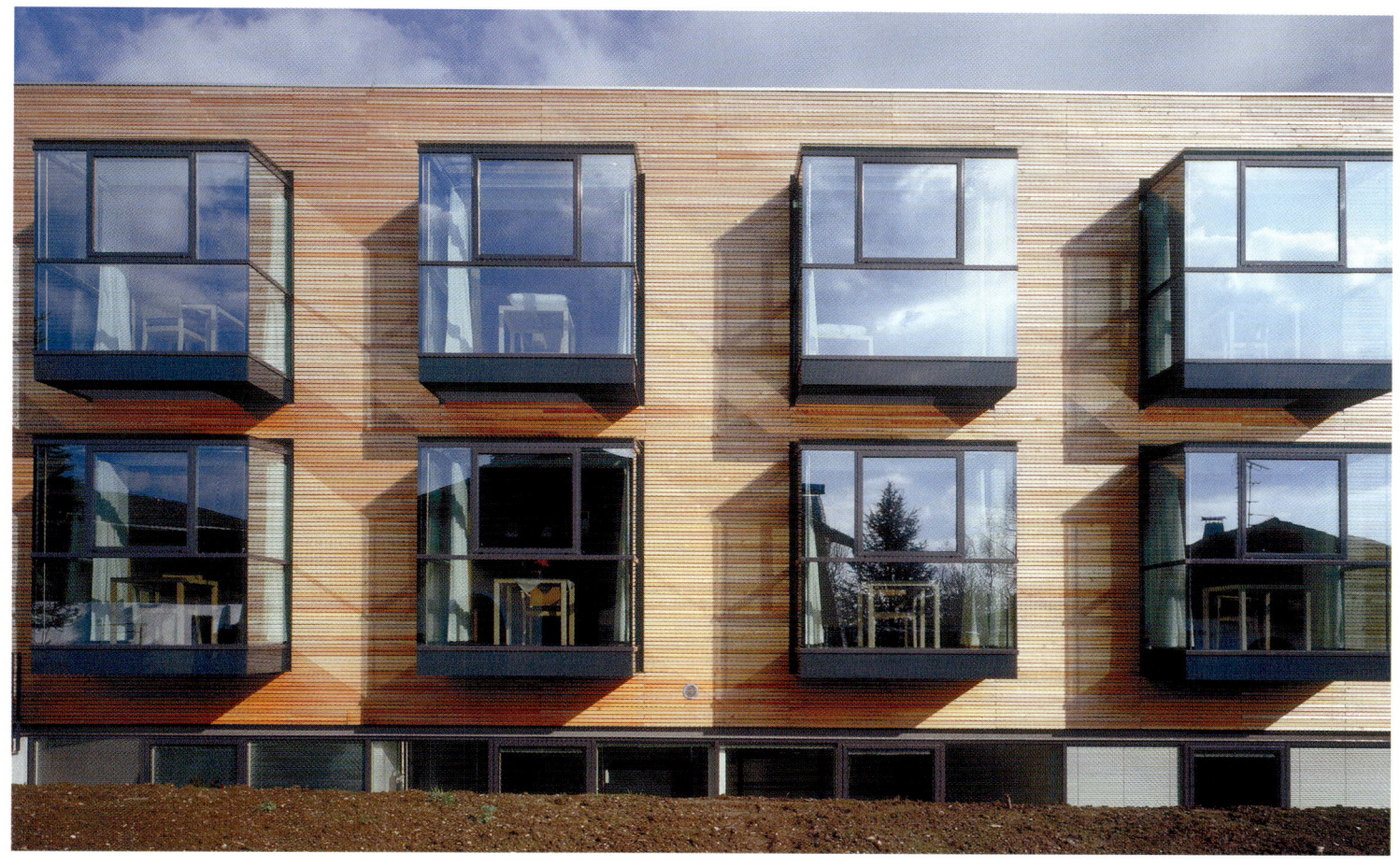

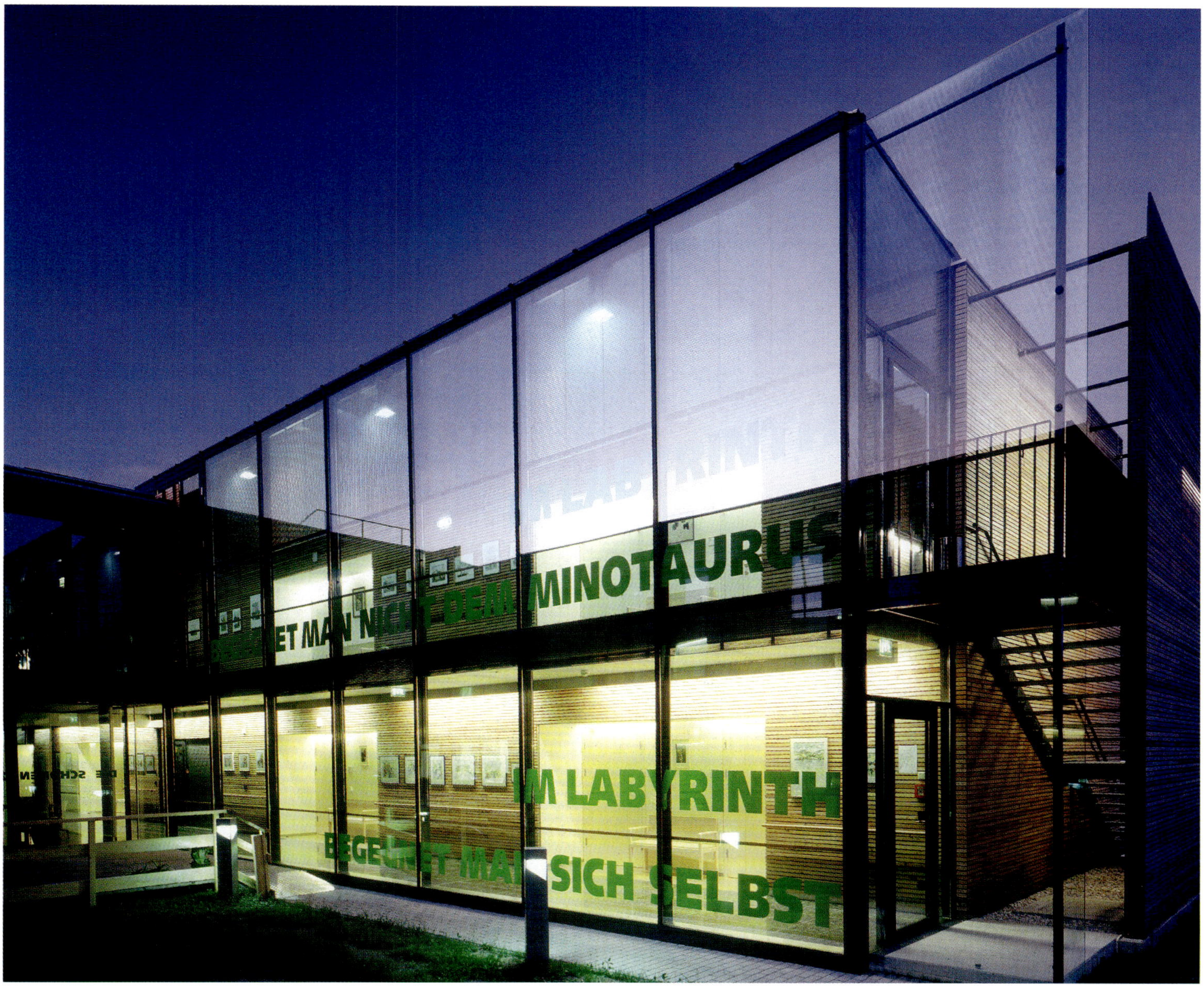
MINOTAURUS
IM LABYRINTH
SICH SELBST

Mann + Schneberger Architekten BDA

Alten- und Pflegeheim
Bruder-Konrad Stift

Mainz, Germany

Photographs: Werner Huthmacher / Artur

This building complex, occupying almost an entire city block in the old quarter of Mainz, partially consisted of single houses dating from around the Middle Ages to the 1970s. The program required the reorganization and partial remodeling of an existing senior and nursing home, to be carried out over a series of construction phases.

The primary purpose of the remodeling work was to improve accessibility for the disabled by installing ramps connecting all levels. Another consideration was the wish to bring the facilities up to date and create a more modern environment. The rooms, mostly single occupancy, have been furnished with integrated sanitary installations for the elderly as well as the latest advances in nursing and care facilities.

Preliminary examination of the site indicated that the larger part of the building was the most suited for remodeling. The only exception was the building located on the Schlossergasse side, which was completely replaced.

The facades have been intentionally designed to harmonize with the characteristics of the neighboring constructions and are composed of four-story cubes with set back attics and plaster finishes.

The ground floor, where the entrance, an extended foyer and the administration area are located, constitutes the new center of the complex. An elliptical volume defines the foyer, the largest portion of which juts out into the courtyard to greet visitors. Foldable sliding panels strung from guide rails along the curve of the interior portion of the ellipse can be left open for everyday use or closed for events and presentations.

The upper floors contain the nursing and care facilities as well as the individual rooms, each of which enjoys a private loggia.

In accordance with the clients' wishes, the design of the private dwellings incorporates sophisticated visual relations to the exterior space. The overall goal, aesthetically speaking, was to execute a complex project, while at the same time using a direct, uncomplicated architectural style.

Este conjunto de edificios, que ocupan una manzana prácticamente entera del casco antiguo de Mainz, eran en parte casas individuales construidas desde la Edad Media hasta los años 70. El proyecto consistía en la reorganización y remodelación parcial en varias fases de una residencia de ancianos ya existente.

El objetivo principal de la remodelación era mejorar el acceso y movilidad de los discapacitados mediante la colocación de rampas entre todos los niveles. Otro propósito consistía en poner al día los equipamientos y crear, en definitiva, un entorno más moderno. En las habitaciones, la mayoría de ellas individuales, se ha integrado equipamiento sanitario para los ancianos y los últimos avances en servicios de enfermería.

Tras la inspección previa del emplazamiento, se concluyó que lo más adecuado era remodelar la mayor parte del complejo, con la única excepción del edificio situado en la Schlossergasse, que fue remplazado por completo.

Las fachadas se han diseñado de tal forma que no se rompa la armonía con las construcciones vecinas, y se componen de cubos de cuatro plantas con áticos escalonados y acabados en yeso.

El nuevo centro neurálgico del complejo lo constituye la planta baja, donde se alojan la entrada principal, un extenso vestíbulo y la zona administrativa. El vestíbulo está definido por un volumen elíptico, la mayoría del cual sobresale hacia el patio dando la bienvenida a los visitantes. Unos paneles plegables y deslizantes colgados de guías a lo largo de la curvatura de la parte interior de la elipse pueden cerrarse durante la celebración de eventos y conferencias, dejándose abiertos para el uso diario de este espacio.

En las plantas superiores se encuentran los equipos médicos y de enfermería, así como las habitaciones con una logia individual cada una.

Según los deseos del cliente, el diseño de los espacios individuales incorpora relaciones visuales sofisticadas con el exterior. El objetivo global, en términos estéticos, era la ejecución de un proyecto complejo mediante el empleo de una arquitectura directa y sencilla.

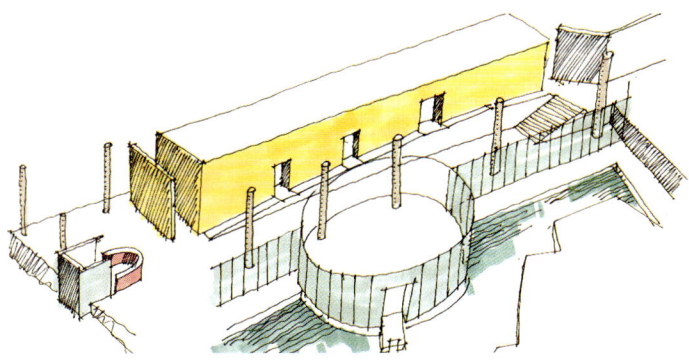

Site plan / Plano de situación

Over half of the elliptical foyer juts out into the courtyard to greet visitors. Foldable sliding panels strung from guide rails along the curve of the interior portion of the ellipse (as shown on the following pages) can be left open for everyday use or closed for events and presentations.

Más de la mitad del vestíbulo elíptico sobresale hacia el patio, dando la bienvenida a los visitantes. Unos paneles plegables y deslizantes colgados de guías a lo largo de la curvatura de la parte interior de la elipse (como se muestran en las páginas siguientes) pueden cerrarse durante la celebración de eventos y conferencias, dejándose abiertos para el uso diario de este espacio.

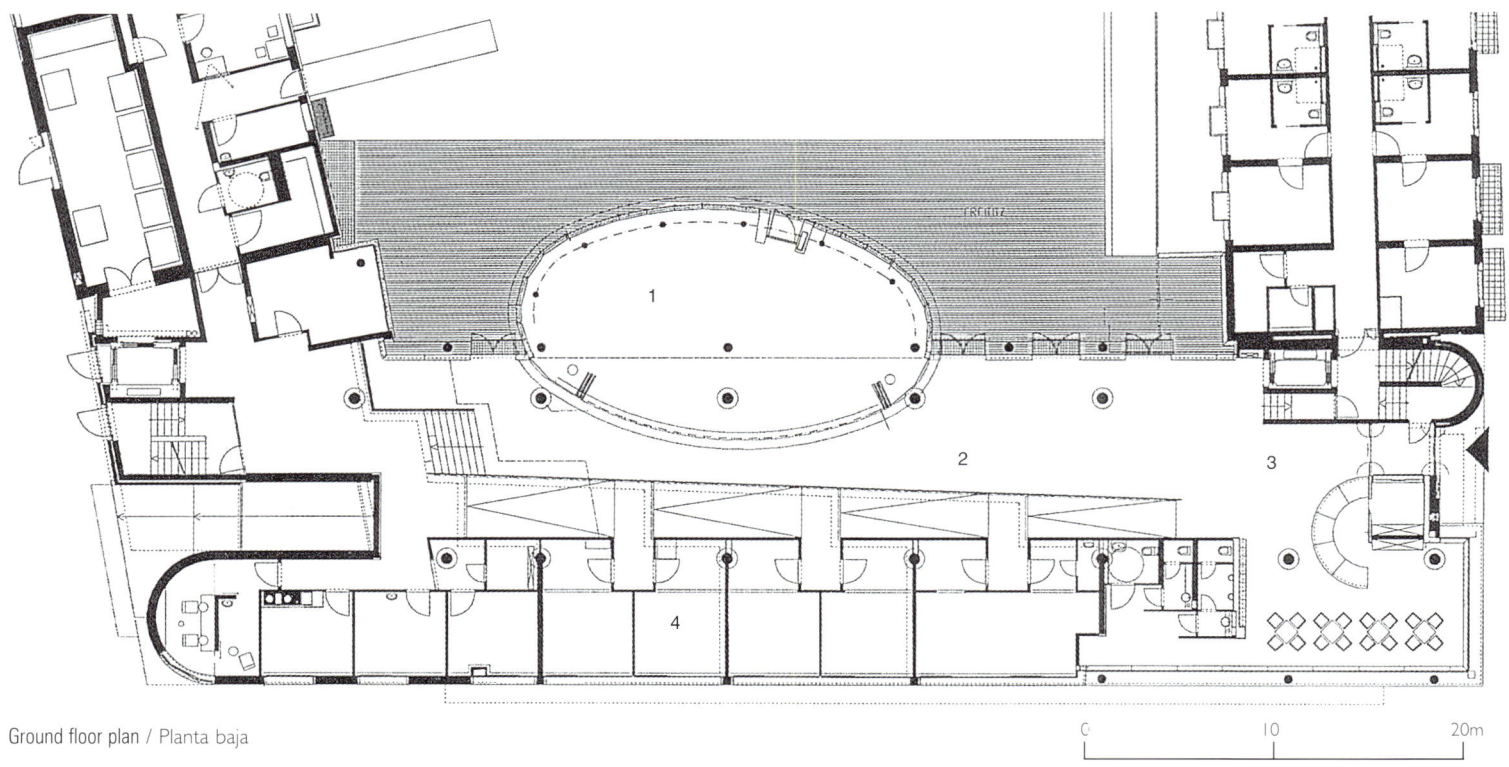

Ground floor plan / Planta baja

1. Hall / Entrada
2. Foyer / Vestíbulo
3. Reception / Recepción
4. Offices / Oficinas

0   10   20m

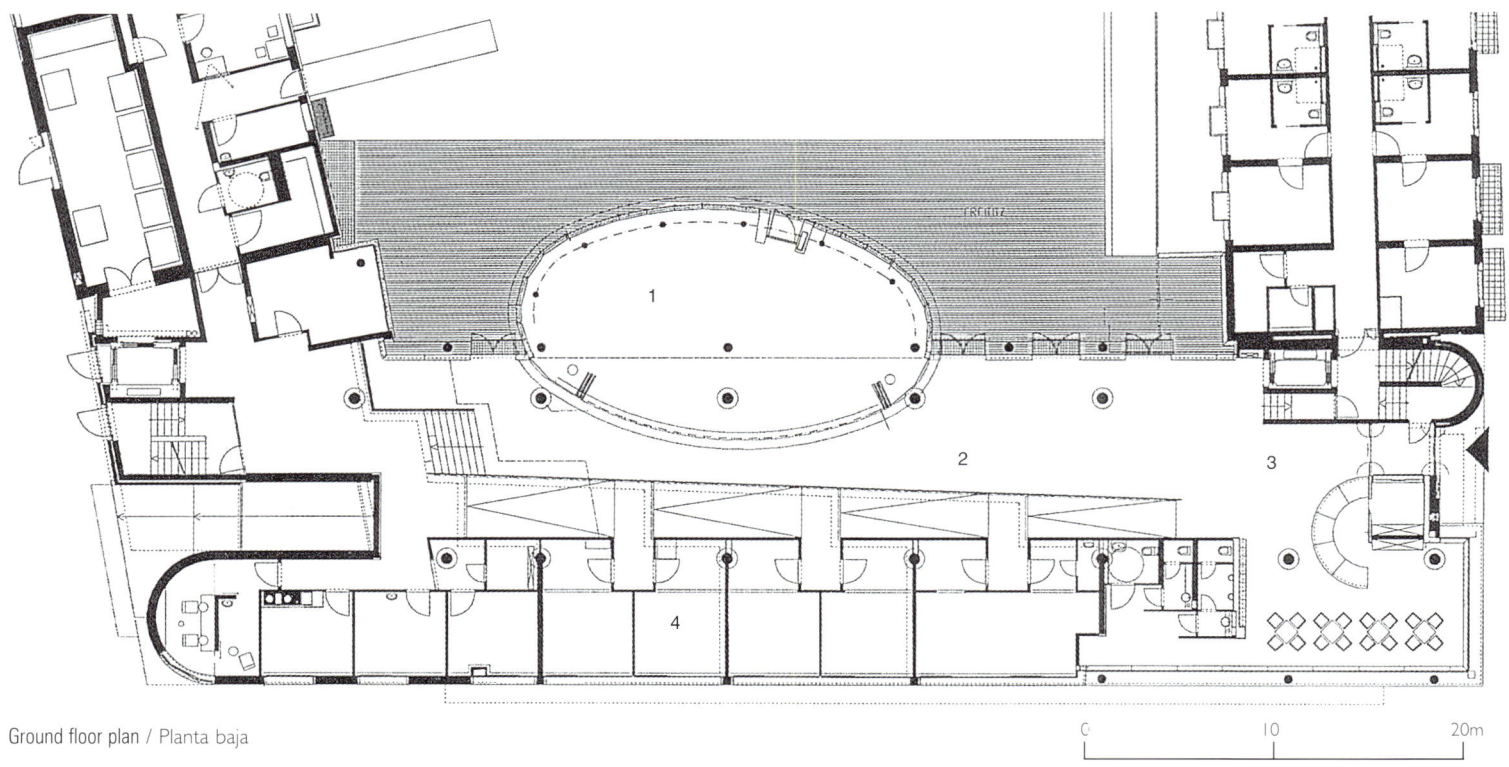

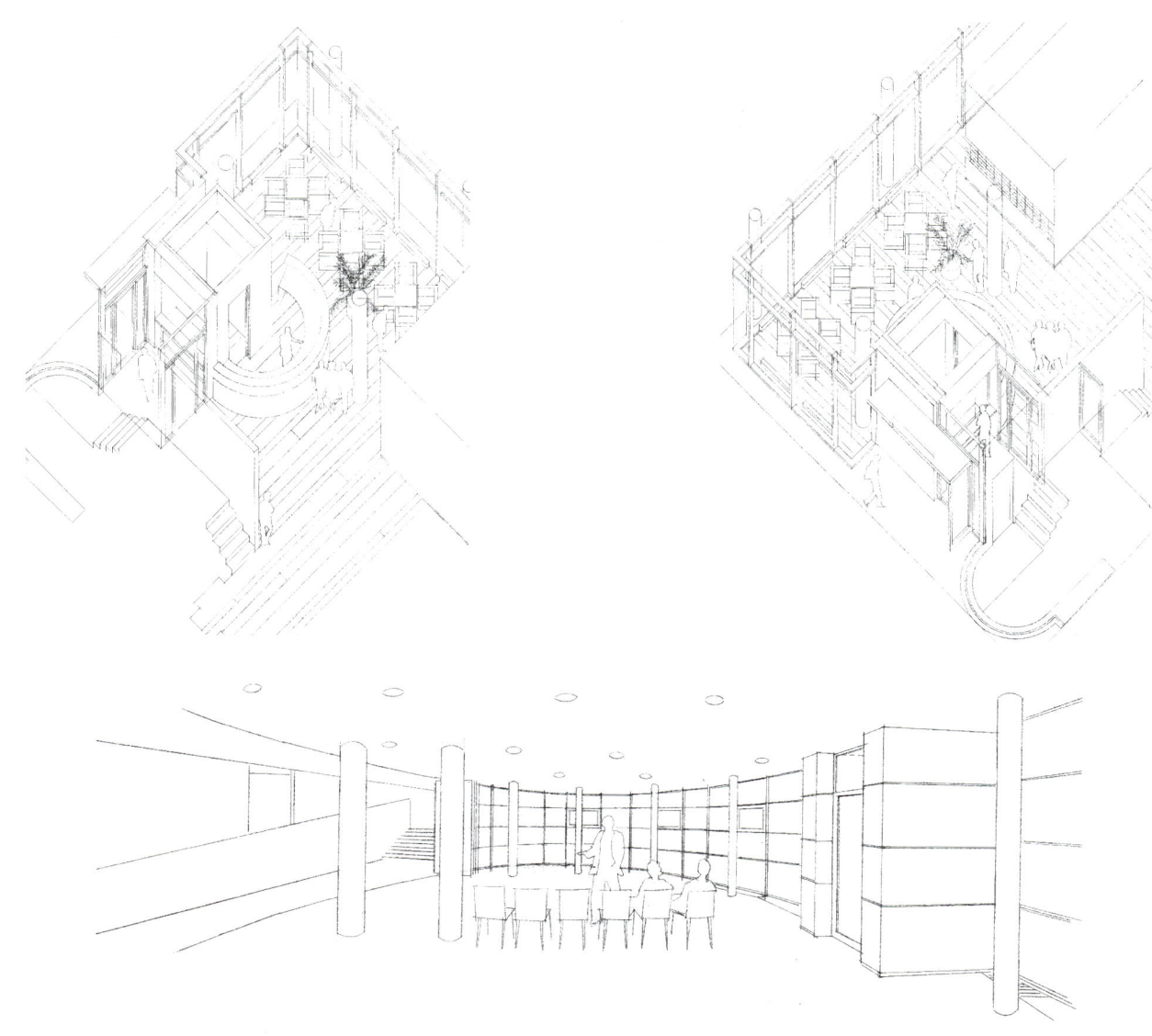

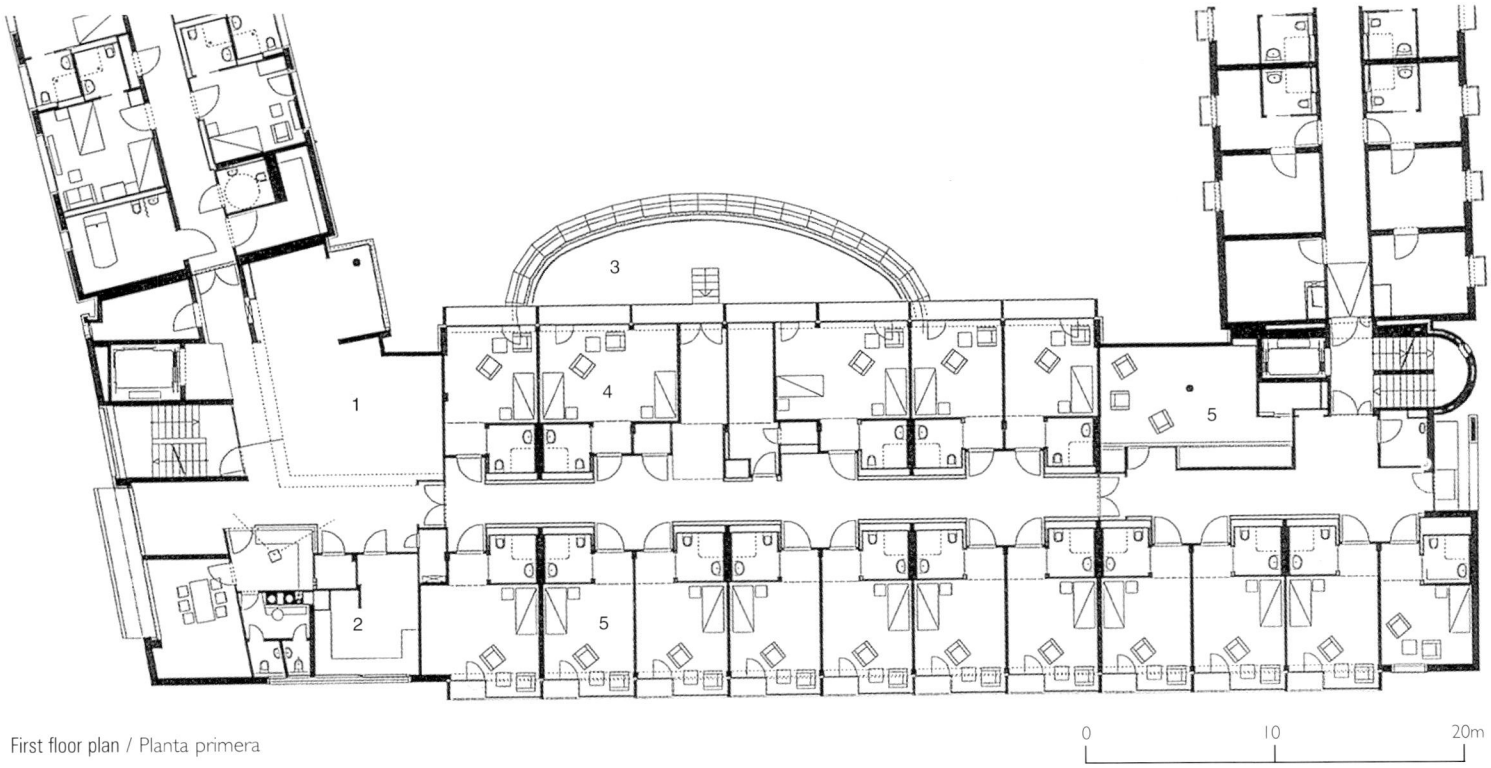

First floor plan / Planta primera

1. Dining room / Comedor
2. Kitchen / Cocina
3. Terrace / Terraza
4. Bedroom / Dormitorio
5. Living room / Sala de estar

0   10   20m

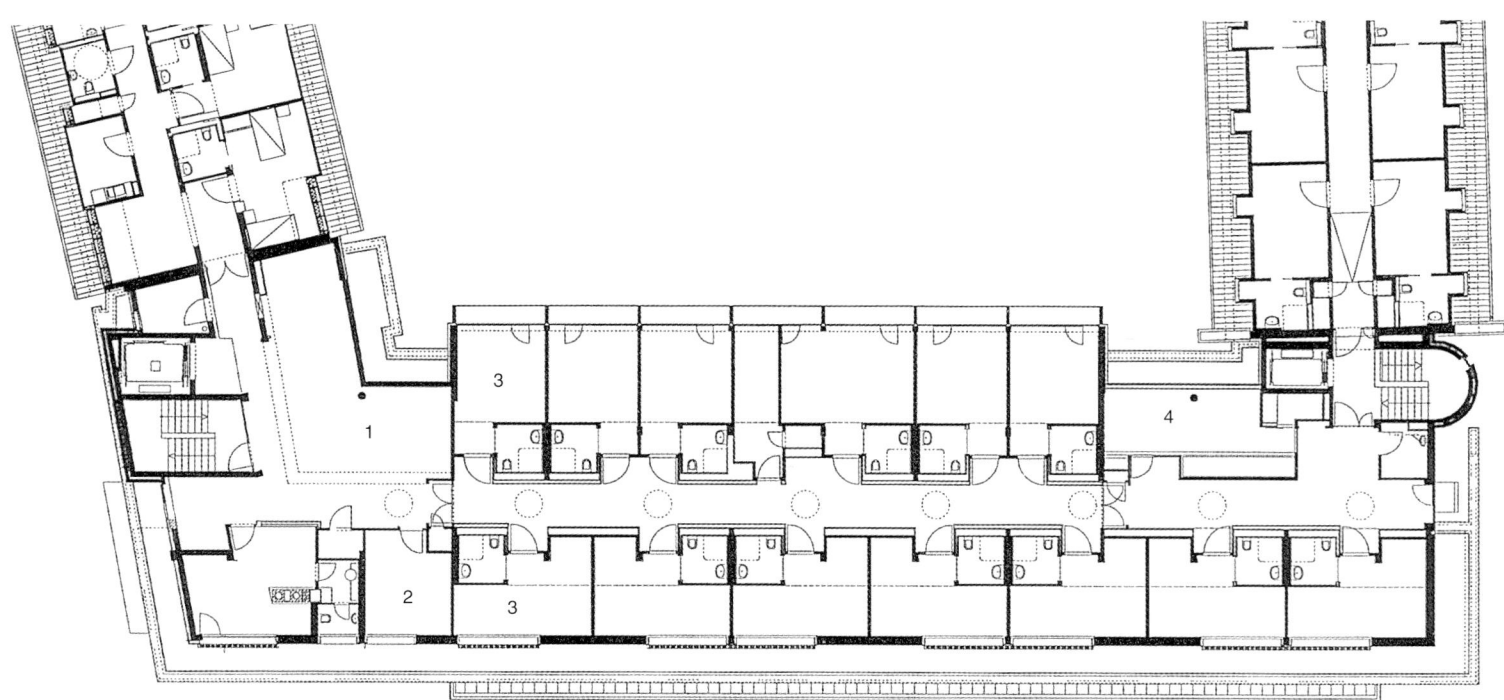

Penthouse floor plan / Planta ático

1. Dining room / Comedor
2. Kitchen / Cocina
3. Bedroom / Habitación
4. Living room / Sala de estar

The primary purpose of the remodeling work was to improve accessibility for the disabled by installing ramps connecting all levels.

El objetivo principal de la remodelación era mejorar el acceso y movilidad de los discapacitados mediante la colocación de rampas entre todos los niveles.

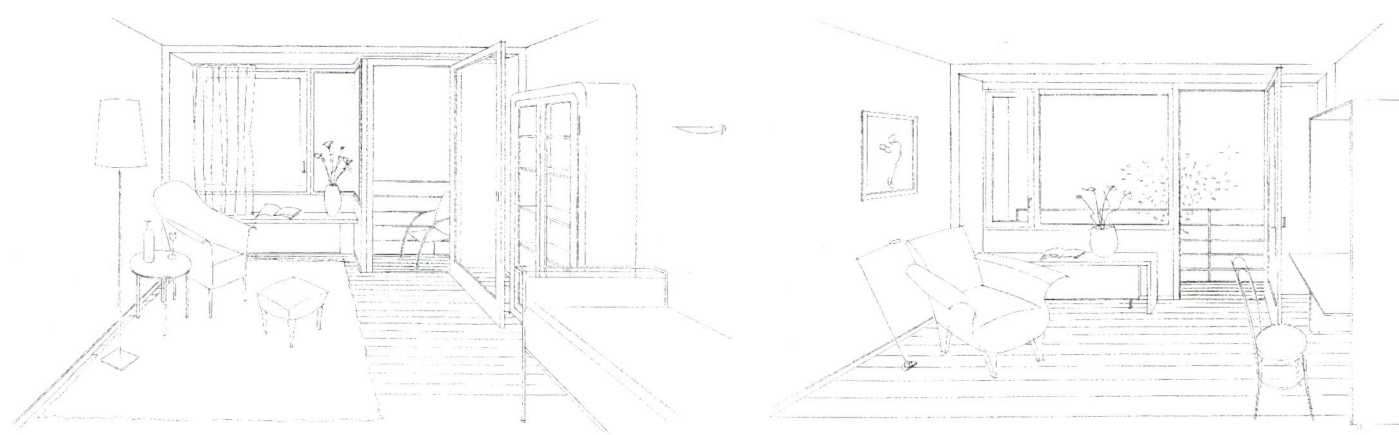

The facades have been intentionally designed to harmonize with the characteristics of the neighboring constructions and are composed of four-story cubes with set back attics and plaster finishes.

Las fachadas se han diseñado de tal forma que no se rompa la armonía con las construcciones vecinas, y se componen de cubos de cuatro plantas con áticos escalonados y acabados en yeso.

Interior elevation / Alzado interior

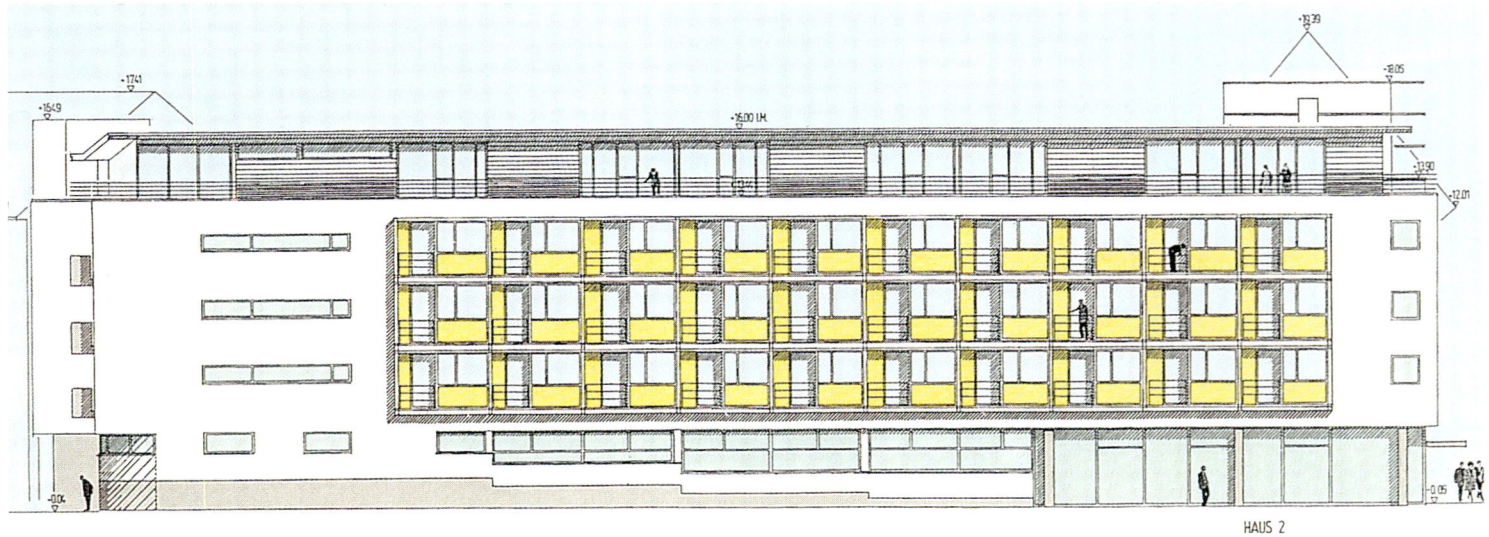

Exterior elevation / Alzado exterior

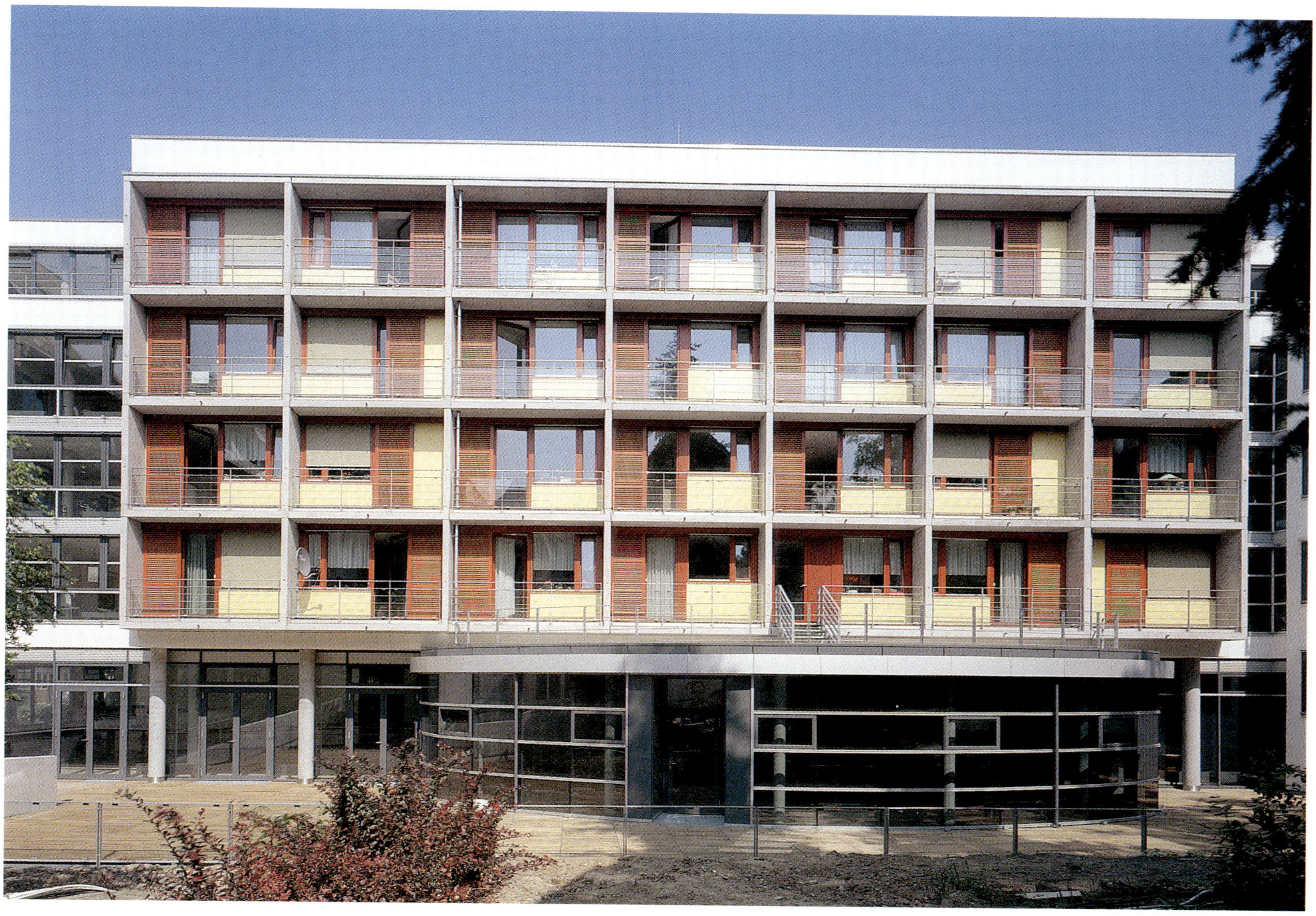

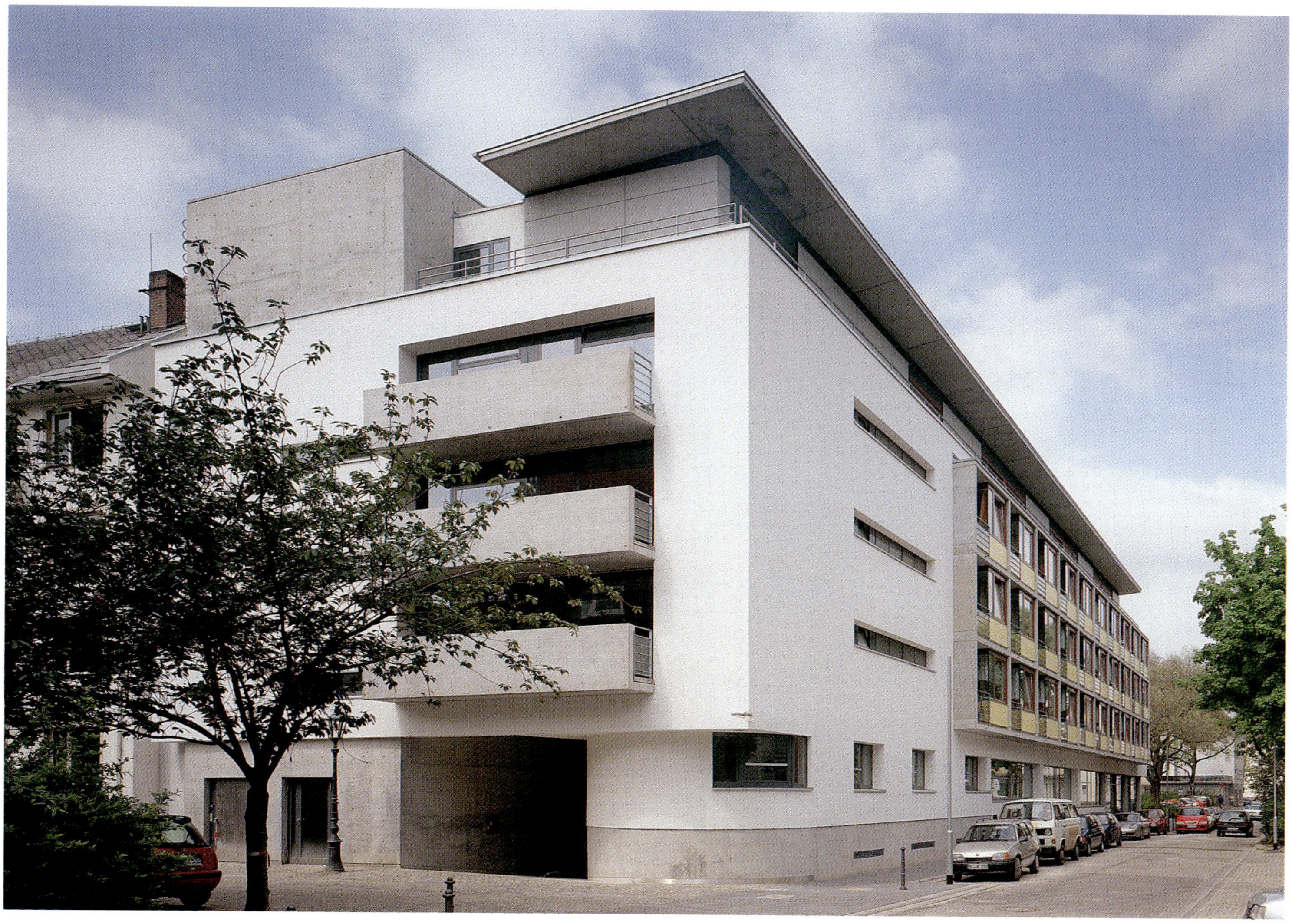

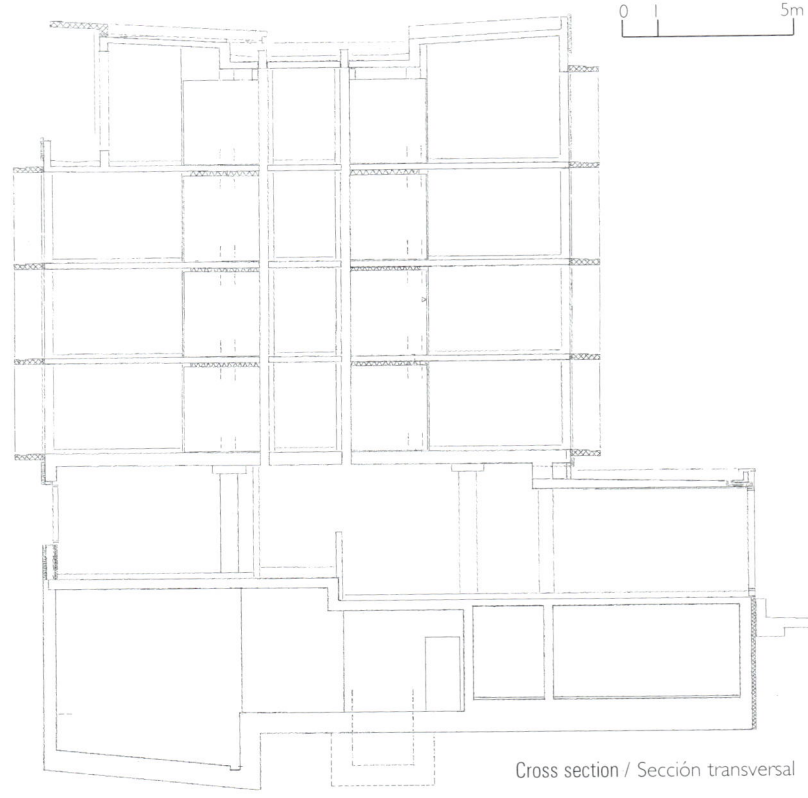

Cross section / Sección transversal

Helin & Co Architects

Sandels, housing for senior citizens

Helsinki, Finland

Photographs: Titta Lumio

A site bordering the outskirts of the Hesperia Hospital grounds in Helsinki has proven to be an excellent location for senior citizen housing. A variety of services are in the nearby vicinity, a park lies adjacent to the site, and the street environment is peaceful. An additional unique feature of the setting is the row of architectonically valuable buildings, built at the beginning of the 1930's, lining the east side of the street.

The new building, consisting of 88 dwellings, most of which are two- or one-room flats, has been inserted into the streetscape to form a dialogue: it is lower than the multi-story buildings opposite and set back somewhat from the street line. The architectural expression is a conscious representation of modern-day design, while also taking the valuable setting into account. Extensive use of wide expanses of glass brings abundant natural light into the living quarters. The solid parts of the facades are comprised of rendered and painted insulating building blocks. Simple steel details converse across the street with the horizontal bands and simplified decorative motifs of the transition period between classicism and functionalism.

Service and club spaces and exercise, sauna and swimming pool facilities intended primarily for the residents have all been included. Although the overall look of the complex is more reminiscent of a modern apartment building than a residence for the elderly, all internal components have been designed for the needs of physically challenged people, and allowance has been made for the gradual introduction of specialized equipment, depending on the individual needs of the residents.

La localización de este proyecto, en los alrededores del Hospital Hesperia de Helsinki, se ha revelado inmejorable para la construcción de viviendas para las personas de más edad. En sus proximidades se encuentran una gran variedad de servicios, hay un parque junto al emplazamiento de las viviendas y las calles de esta zona urbana resultan tranquilas. Otra característica adicional del emplazamiento es sin duda el conjunto de edificios de gran valor arquitectónico de principios de los años 30 que bordea el lado este de la calle.

El nuevo edificio de 88 viviendas -la mayoría pisos de una o dos habitaciones- establece un diálogo con en el paisaje urbano que lo rodea: tiene menos altura que los edificios de varias plantas situados enfrente, y se encuentra un poco retirado del alineamiento de la calle. Su expresión arquitectónica consiste en una representación consciente de diseño moderno que tiene en cuenta el elevado valor del emplazamiento.

El uso de grandes hojas de vidrio permite la penetración de abundante luz natural en los espacios de vivienda. Los elementos macizos de las fachadas están constituidos por bloques de ladrillo hueco tratados superficialmente y pintados. Los sencillos detalles en acero establecen un diálogo con las líneas horizontales y los motivos decorativos simples que se encuentran al otro lado de la calle, propios del período de transición entre el clasicismo y el funcionalismo.

En el proyecto se han incluido espacios de servicios y club deportivo, así como zonas de ejercicios, una sauna y una piscina destinados básicamente a los residentes del edificio. Aunque el aspecto global del complejo parece más propio de un bloque de apartamentos moderno que de viviendas para gente mayor, todos los elementos interiores han sido diseñados según las necesidades propias de personas con dificultades de movimiento y para permitir la entrada del eventual equipamiento médico especial requerido por cada residente.

Site plan / Plano de situación

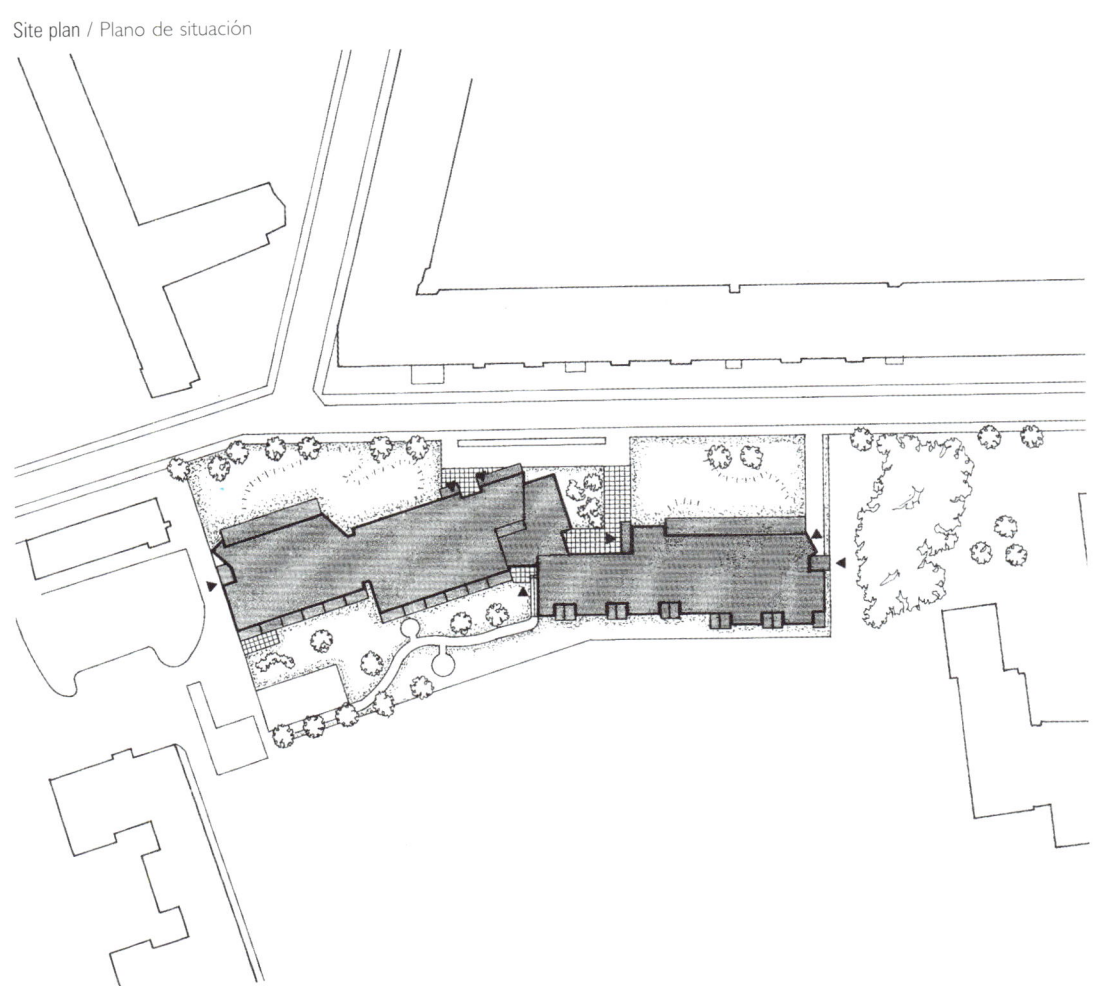

The site, located on a quiet street next to a park with walking paths, has proven to be especially suitable for a residence for the elderly. Wide expanses of glass bring abundant natural light into the homes, while also granting the complex an elegant, modern air - a look heightened by simple steel details on the facades.

La localización de este proyecto, en una calle tranquila situada junto a un parque con caminos para pasear, se ha revelado inmejorable para la construcción de viviendas para las personas de más edad. El uso de grandes hojas de vidrio permite la penetración de abundante luz natural en las viviendas, confiriendo al complejo un aire moderno y elegante a la vez; esta imagen se realza gracias a los sencillos detalles en acero de las fachadas.

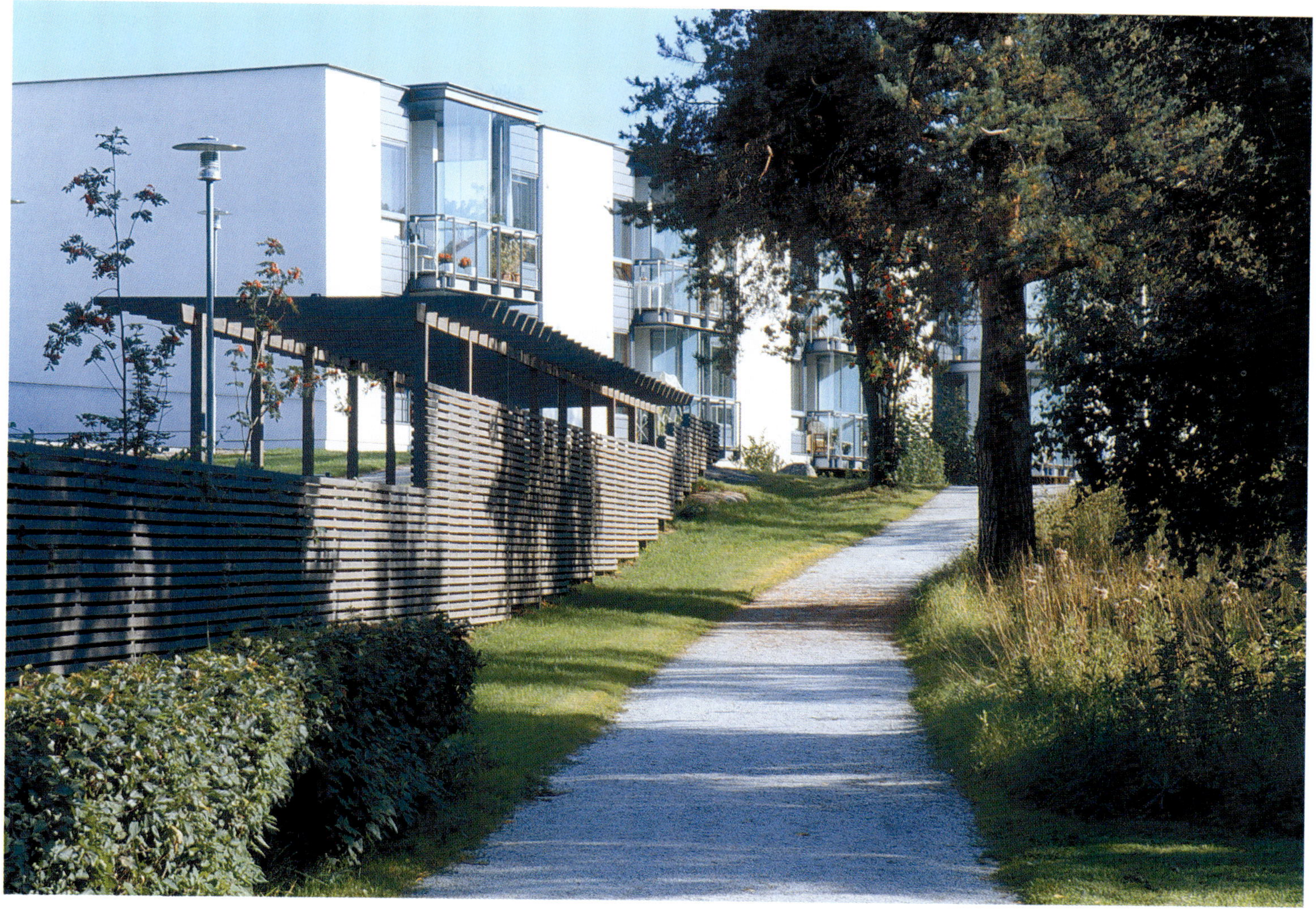

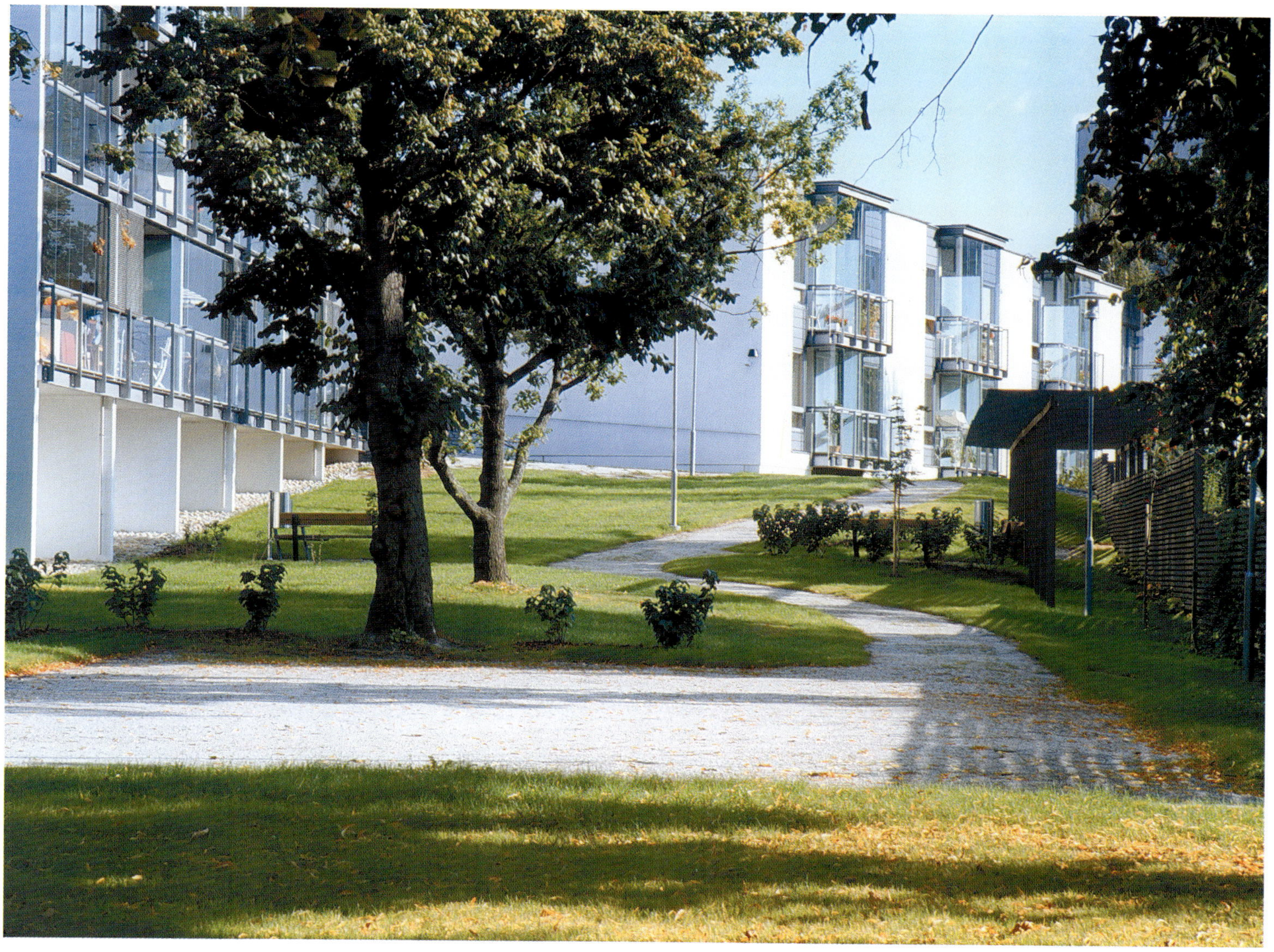

The solid parts of the facades are comprised of rendered and painted insulating building blocks. The complex is made up of 88 dwellings, most of which are two- or one-room flats, and all of which have been especially designed with the needs of physically challenged people in mind.

Los elementos macizos de las fachadas están constituidos por bloques de ladrillo hueco tratados superficialmente y pintados. El complejo consta de 88 viviendas, la mayoría pisos de una o dos habitaciones, diseñadas todas ellas teniendo en cuenta las necesidades de las personas con dificultades de movimiento.

Basement floor plan / Planta sótano

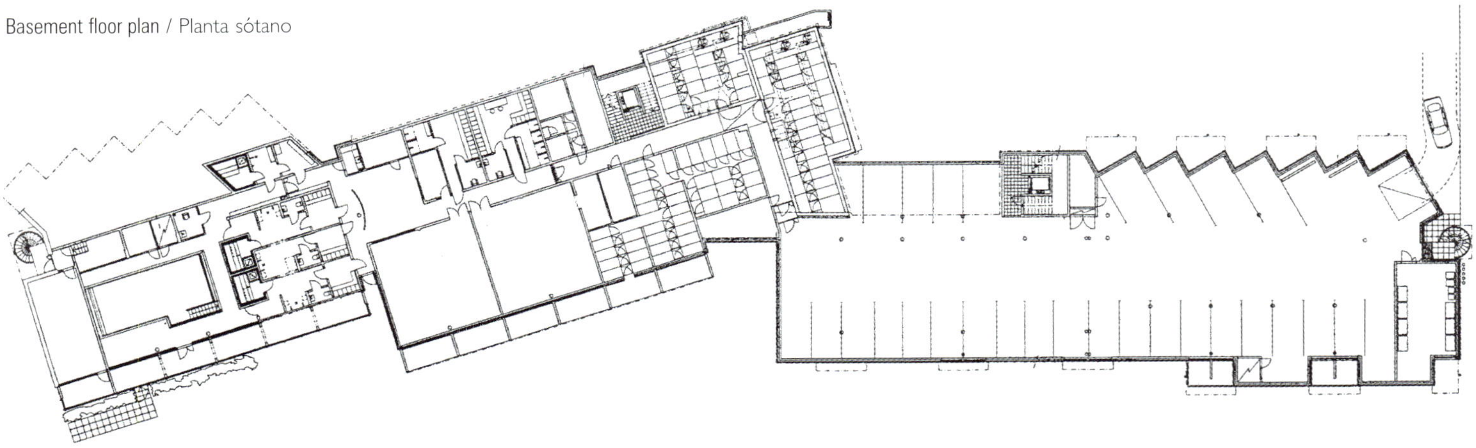

Ground floor plan / Planta baja

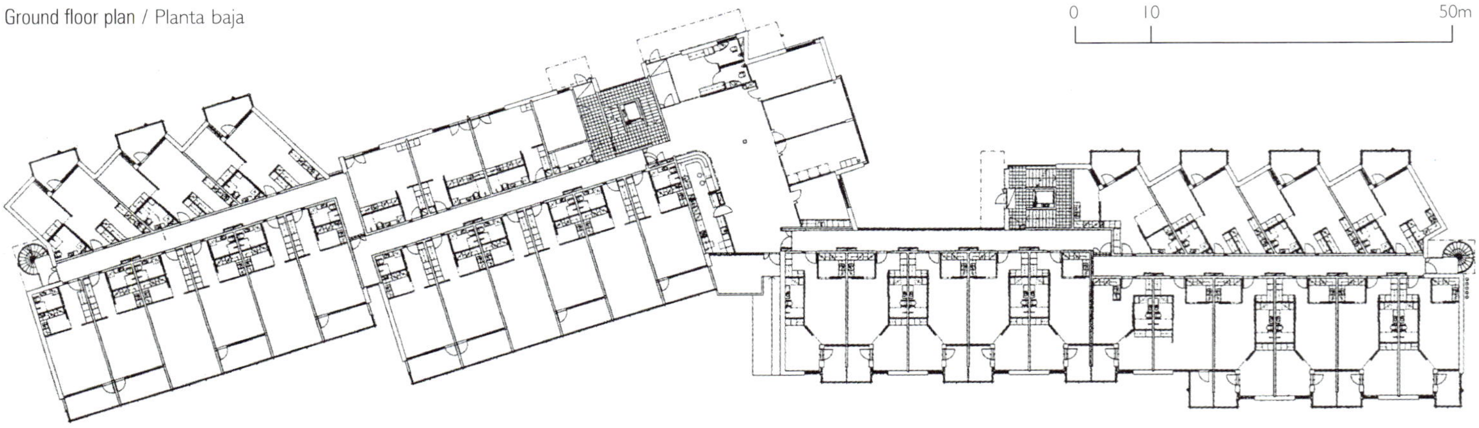

0   10   50m

Second floor plan / Planta segunda

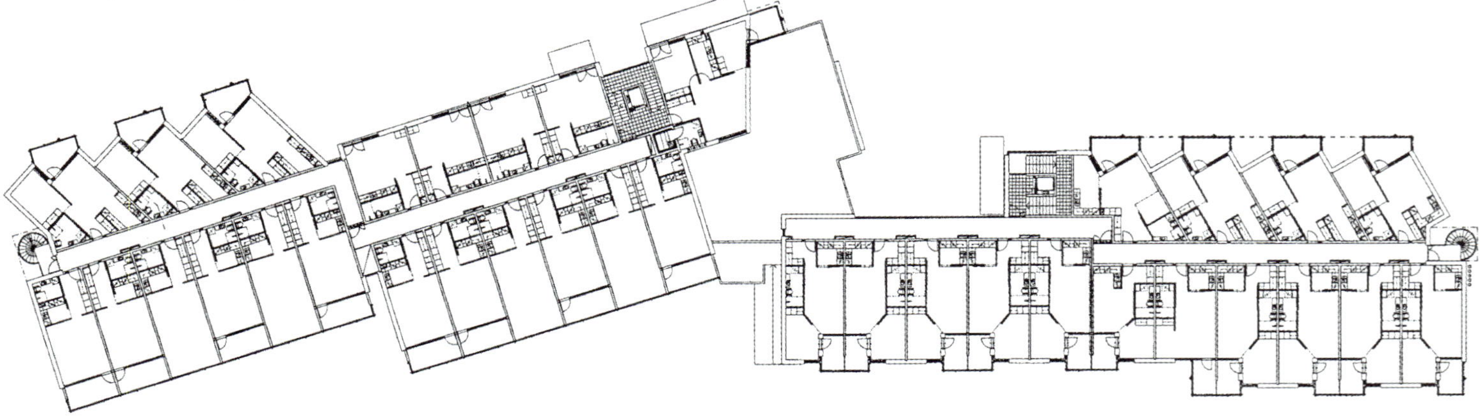

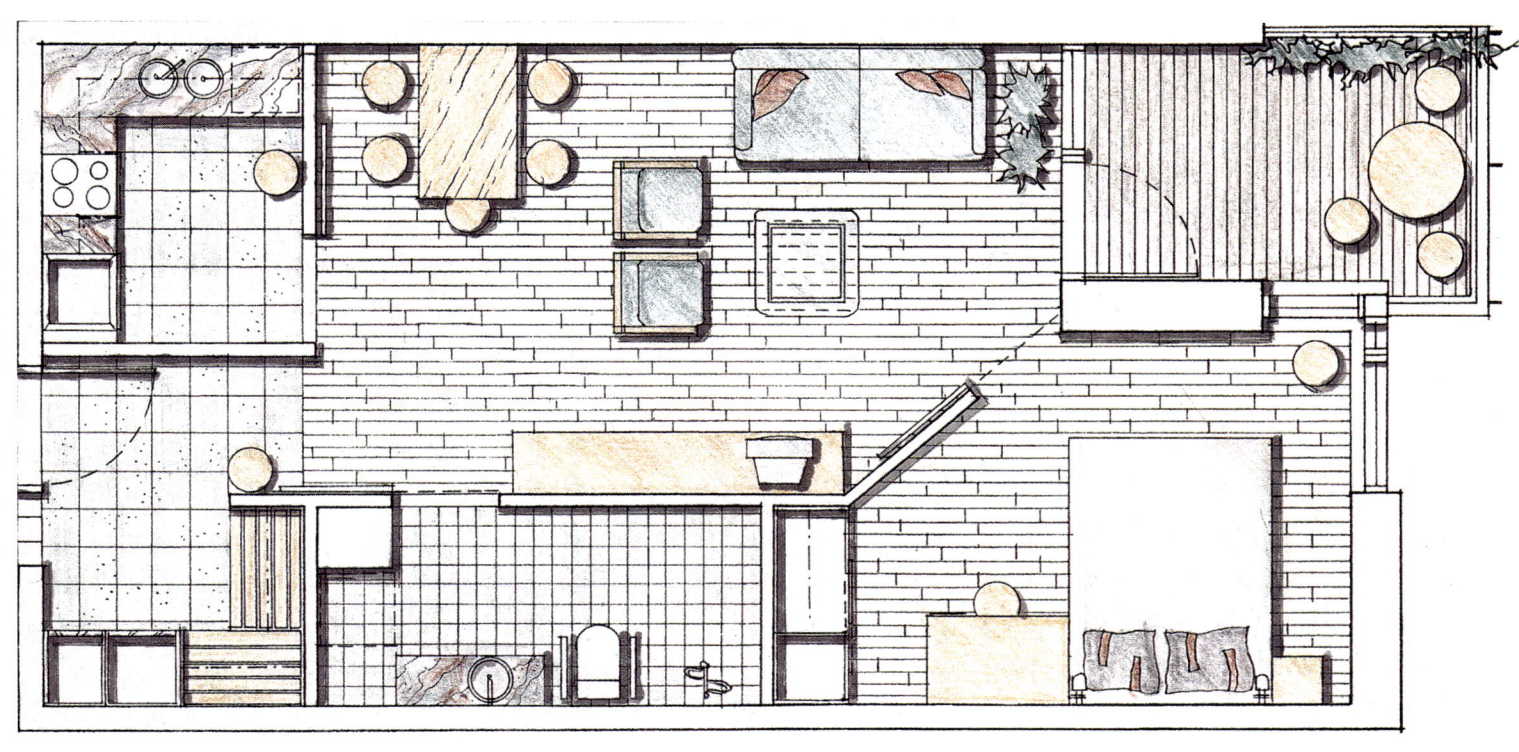

Apartments module / Módulos de apartamento

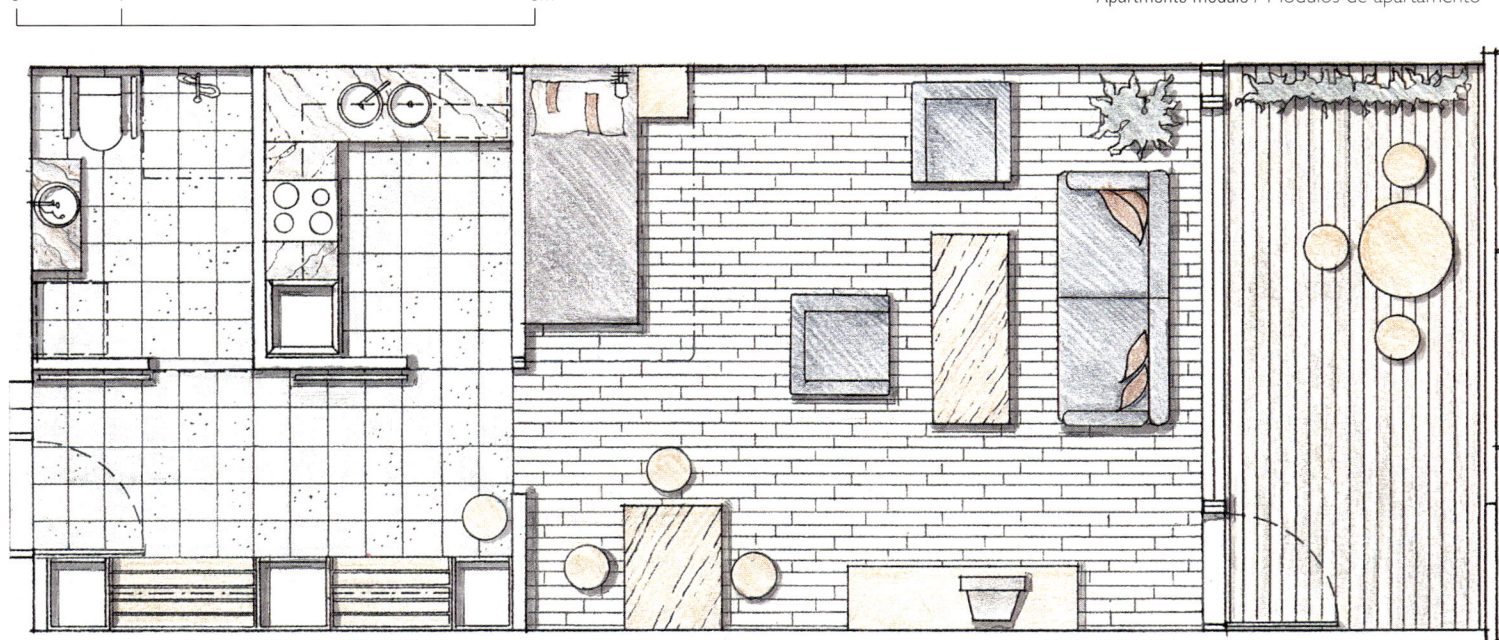

Elevations / Alzados

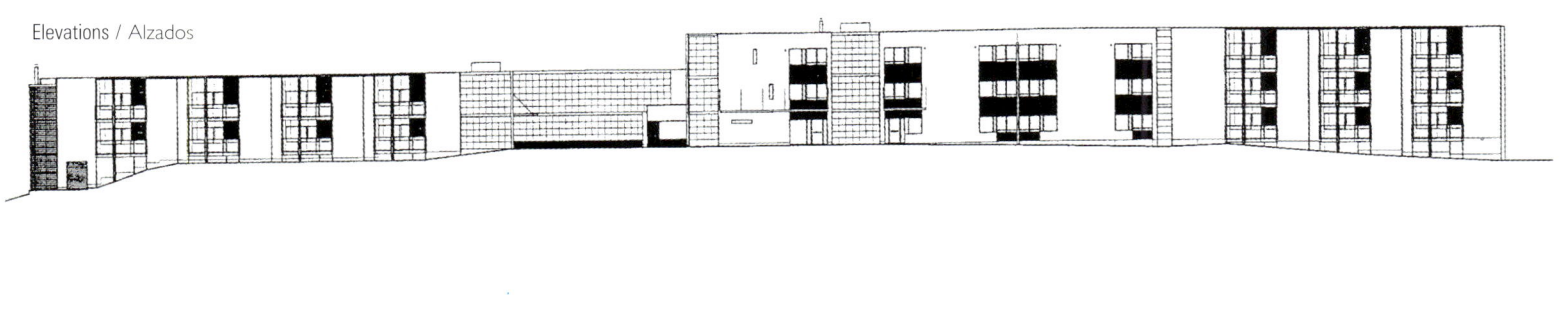

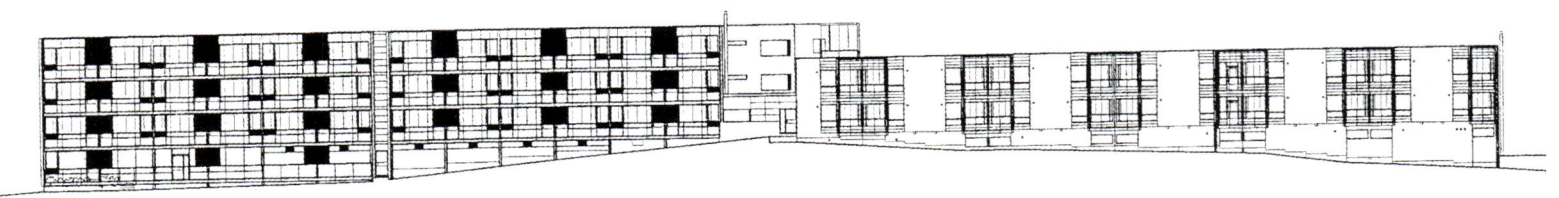

Longitudinal section / Sección longitudinal

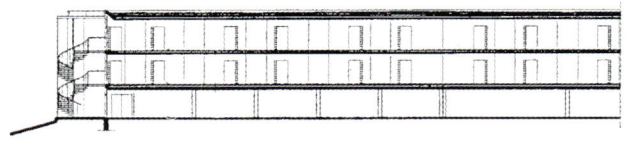

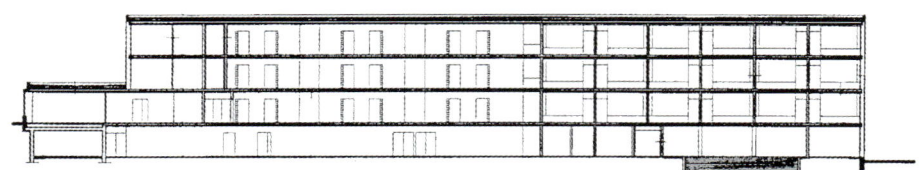

Cross section / Sección transversal

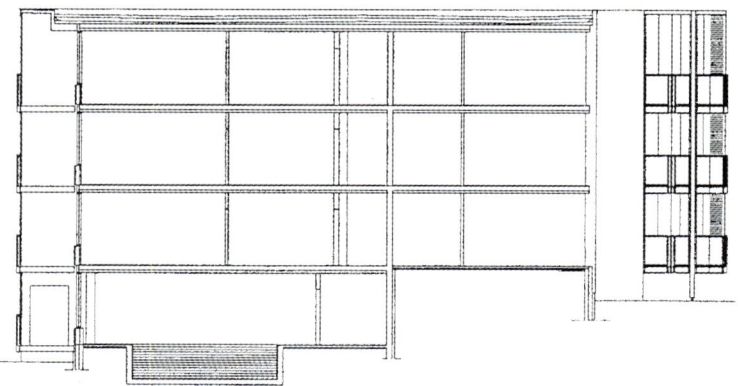

Gerald Deutschmann

Logistics Centre Geriatrie Graz

Graz, Austria

Photographs: Paul Ott

The program brief called for the design of a logistic center, which would include storage facilities and a kitchen, for a nearby old age home in the city center. The site's urban context determined the orientation of the building, which is bordered on two sides and abuts another existing building along half the length of one side. A one-way street provides access to the loading/unloading area. The Logistic Center consists of two joined modules, one of which is a two-floor unit (with an additional basement level), the other a single-story volume. Nonetheless, these two volumes read from the exterior as a single, coherent volume, due to the gradual ascension of the line of the side curtain walls from the roof of the first floor, connecting seamlessly with the second floor roof of the contiguous volume.

The kitchen, some service areas, storage facilities and a washing up room are all located on the ground level, while the upper floor has been reserved for offices, changing rooms, a medical depot, stockroom, kitchenette and bathrooms. The electrical installations and heating facilities are located in the basement. Reinforced concrete construction clad in sheet aluminum cladding comprise the structure of the building. The aluminum curtain wall includes a ventilated 4 cm cavity system for energy conservation. A ballasted system is used for the roof, which consists of a 25 cm concrete slab with a top layer of gravel. Cantilevered glass canopies on the south and west sides of the building provide sun shading and also serve to visually break up the volume's sleek body.

El proyecto consistía en el diseño de un centro logístico en el centro de la ciudad que debía incluir almacenes y una cocina para una cercana residencia de ancianos. El entorno urbano del emplazamiento determinó la orientación del edificio, flanqueado por dos lados y colindante con otro edificio ya existente a lo largo de la mitad de uno de sus lados. Se accede a la zona de carga y descarga por una calle de sentido único.

El centro logístico se compone de dos módulos unidos, uno de ellos de dos plantas (con un sótano adicional) y el otro de una sola planta. Sin embargo, desde el exterior el conjunto aparece como un volumen único y coherente gracias a la elevación gradual de los muros laterales en la cubierta de la primera planta, que se funde finalmente con la cubierta de la segunda planta del volumen contiguo.

La cocina, algunas zonas de servicio, los almacenes y una sala para lavar los platos se alojan en la planta baja, mientras que la planta superior se reserva a las oficinas, los vestuarios, un depósito de material médico, un trastero, una pequeña cocina y los servicios. Las instalaciones eléctrica y de calefacción están situadas en el sótano.

La estructura del edificio se compone de hormigón armado con revestimiento de hojas de aluminio. El muro lateral de aluminio integra un sistema ventilado de cavidad de 4 cm que permite ahorrar energía. Para la cubierta se ha empleado un sistema de lastrado consistente en una losa de hormigón de 25 cm cubierto por una capa de grava. Unas marquesinas vidriadas en voladizo en las fachadas sur y oeste del edificio protegen de la luz solar a la vez que rompen la uniformidad exterior del edificio.

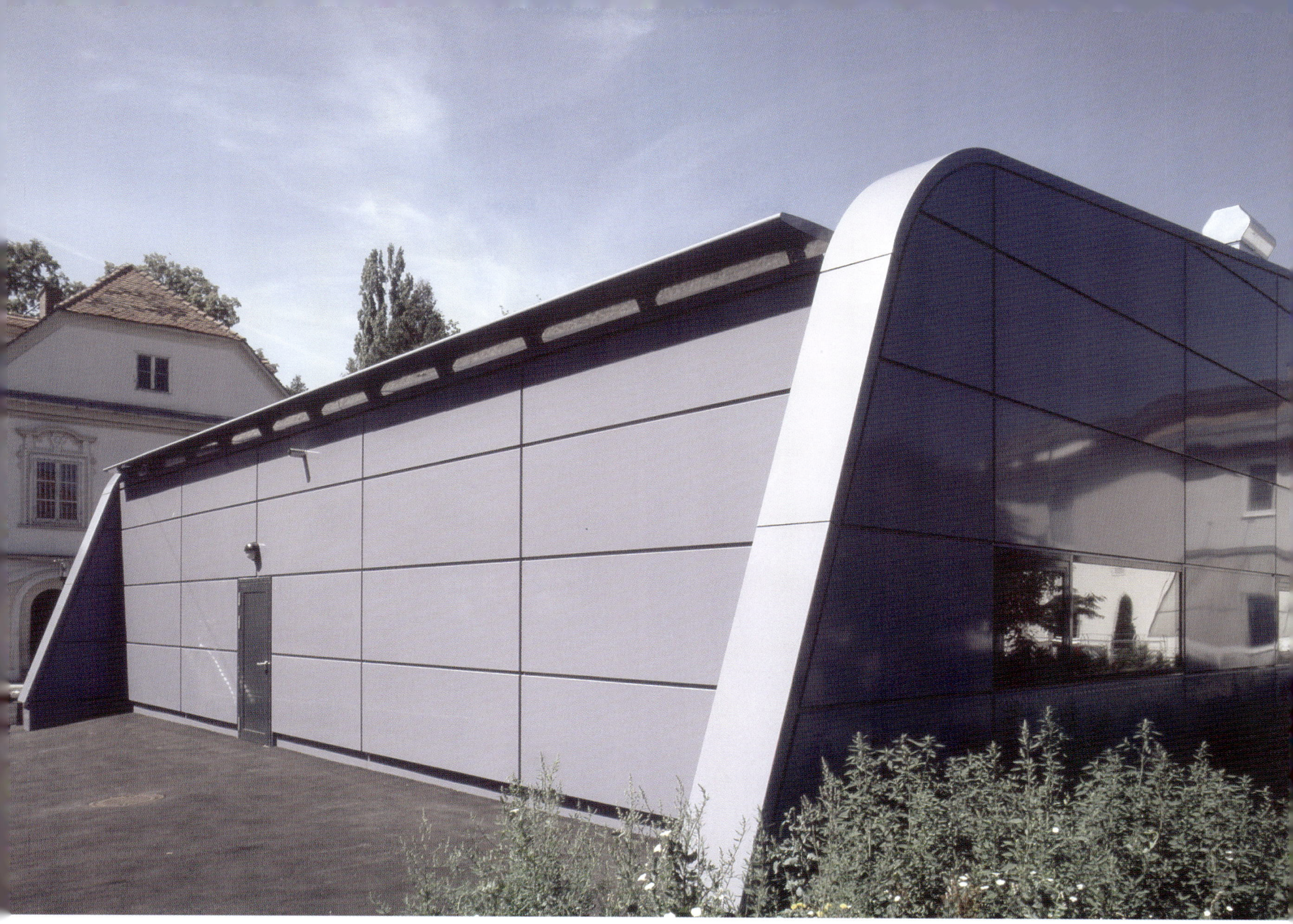

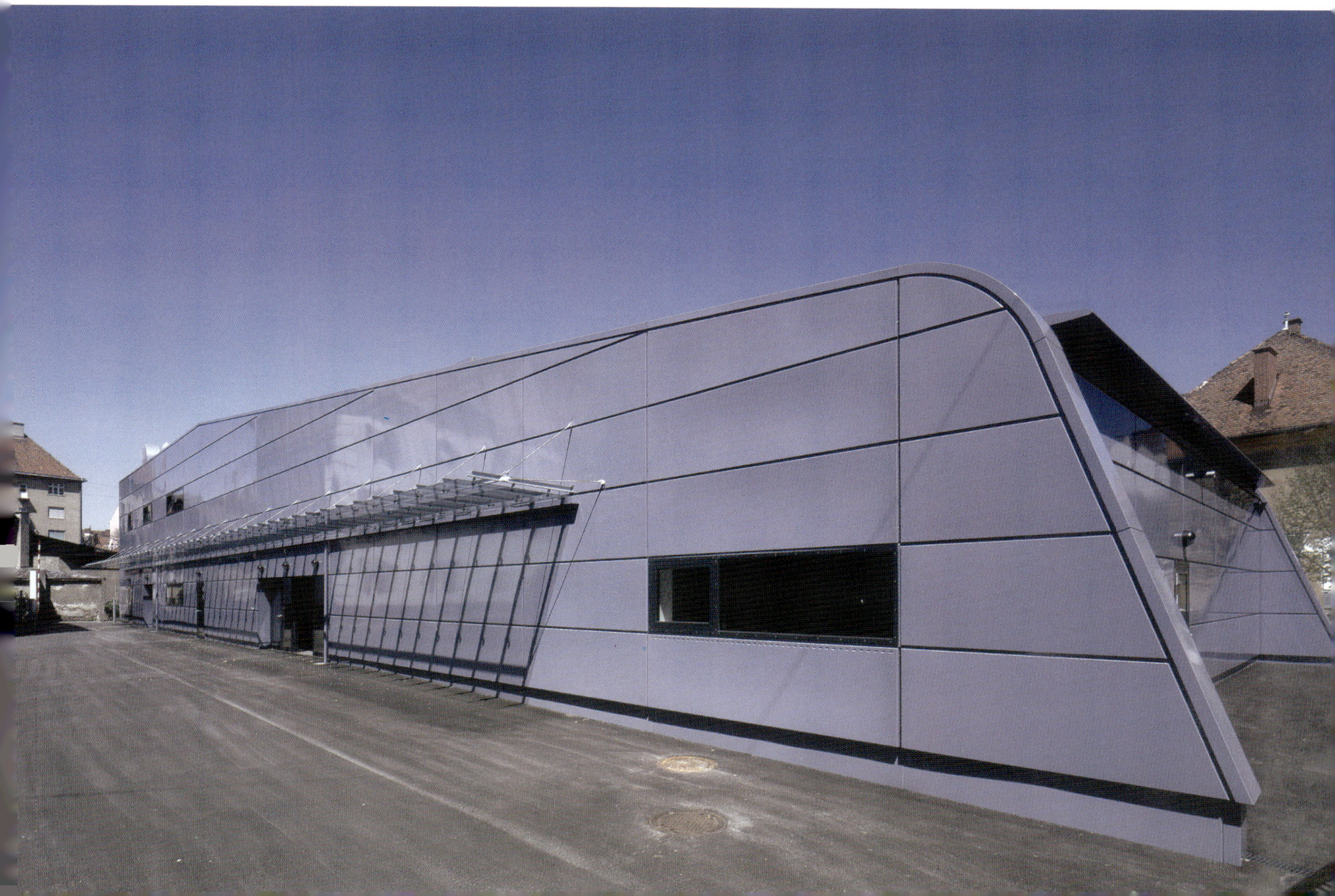

Although the building essentially consists of two adjoined, yet independent, volumes, it is conceived as a single body from the exterior. The uppermost line of the side curtain walls gradually ascends from the roof of the first floor, connecting seamlessly with that of the second floor of the contiguous volume.

Aunque el edificio está formado por dos volúmenes contiguos pero independientes, desde el exterior parece un único volumen. El extremo superior de los muros laterales se eleva gradualmente desde la cubierta de la primera planta hasta fundirse con la de la segunda planta del volumen contiguo.

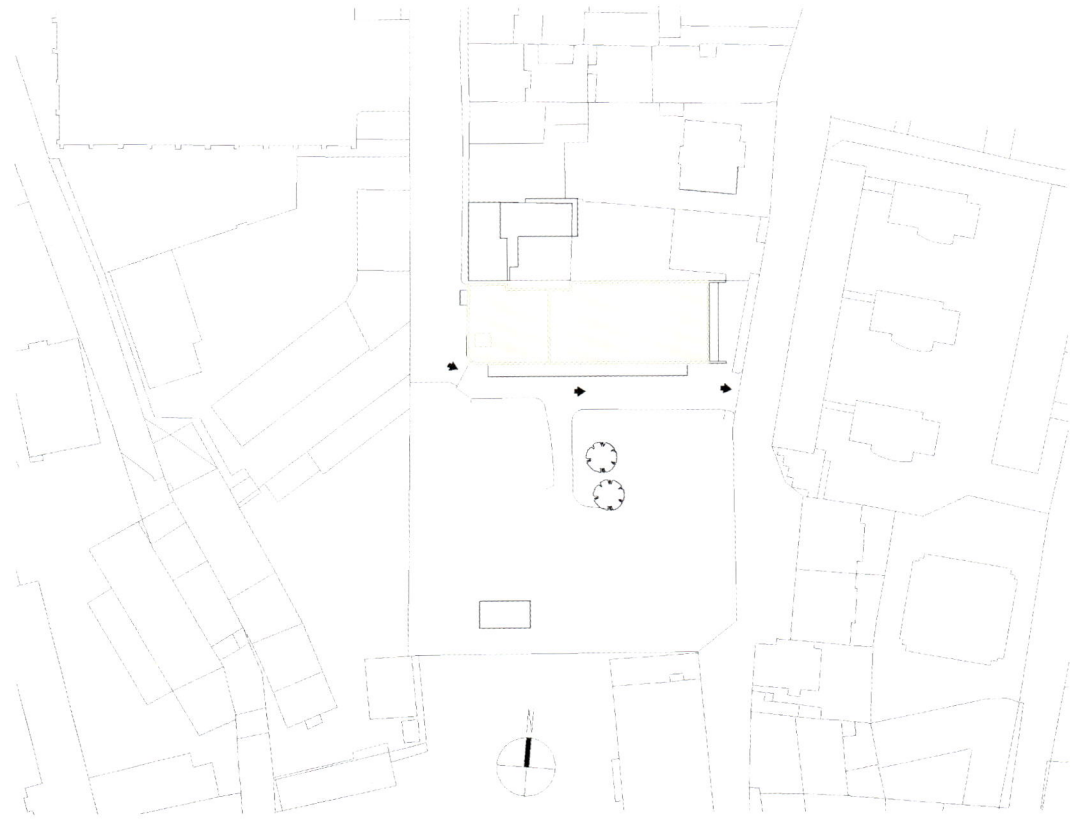

Site plan / Plano de situación

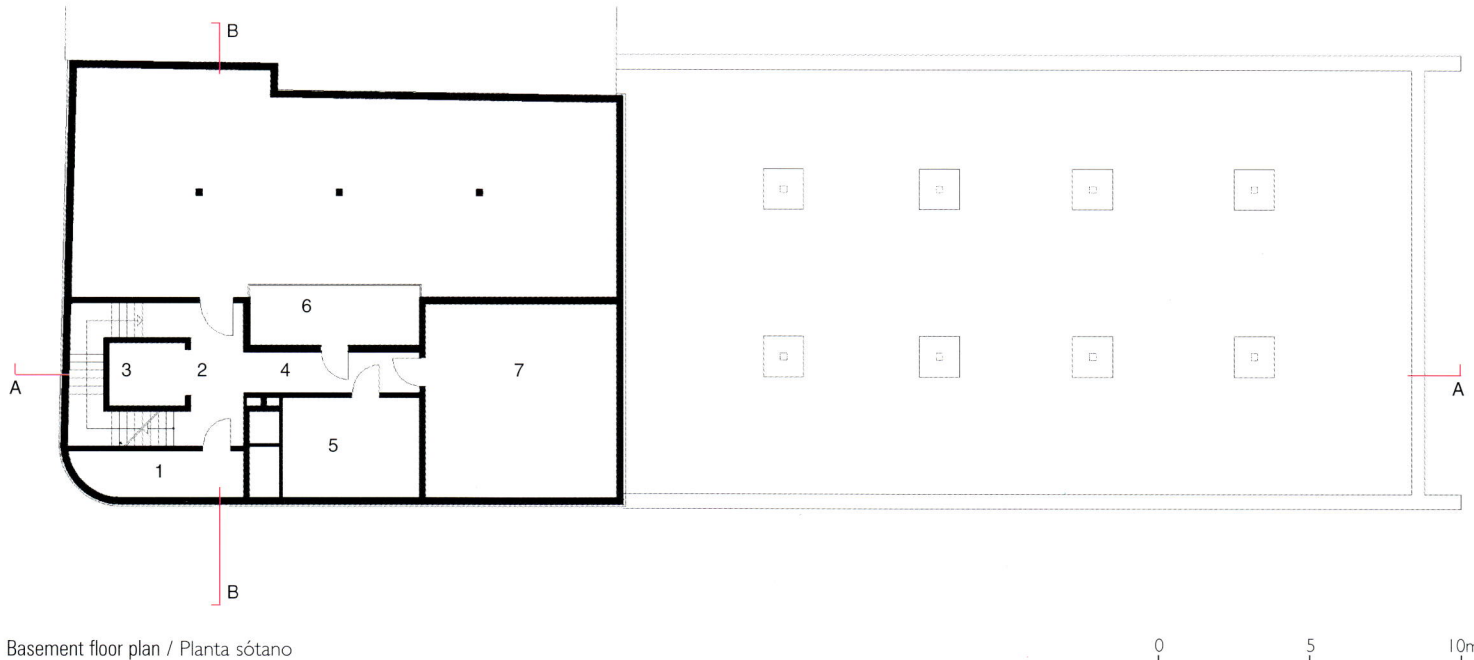

Basement floor plan / Planta sótano

1. Server / Servidor
2. Staircase / Escalera
3. Elevator / Ascensor
4. Hall / Distribuidor
5. Electrical engineering / Sala de máquinas
6. Storage / Almacén
7. Heating system room / Caldera

0   5   10m

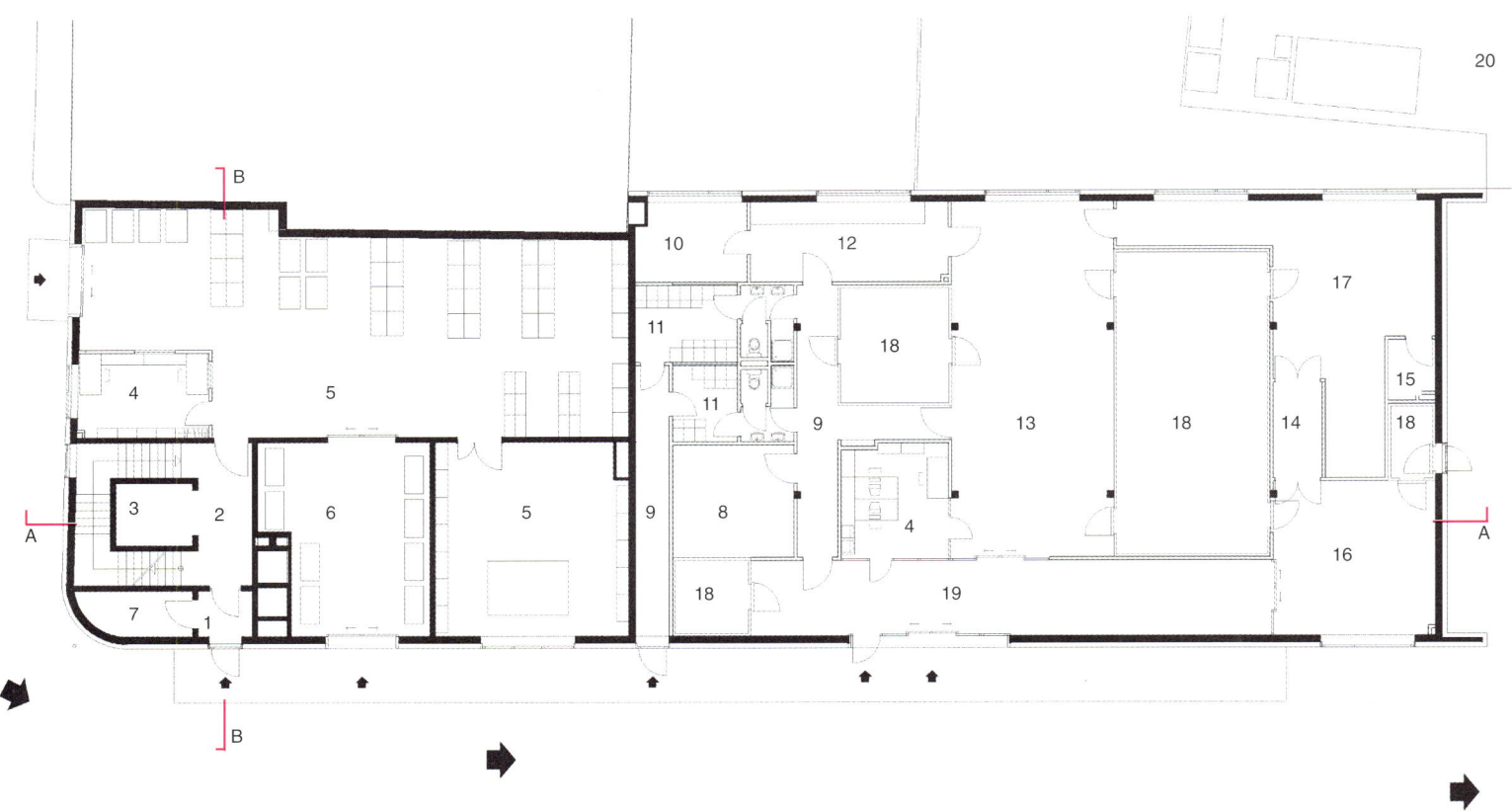

Ground floor plan / Planta baja

1. Vestibule / Vestíbulo
2. Staircase / Escalera
3. Elevator / Ascensor
4. Office / Oficina
5. Store / Almacén

6. Goods distribution / Sala de reparto
7. Store / Almacén
8. Inventory / Inventario
9. Hall / Distribuidor
10. Staff / Personal

11. Changing room / Vestuario
12. Production / Producción
13. Servings / Servicios
14. Lavatory / Aseos
15. Service room / Mantenimiento

16. Dirty dishes / Platos sucios
17. Clean dishes / Platos limpios
18. Cold storage room / Cámara frigorífica
19. Loading / Carga
20. Dump / Basurero

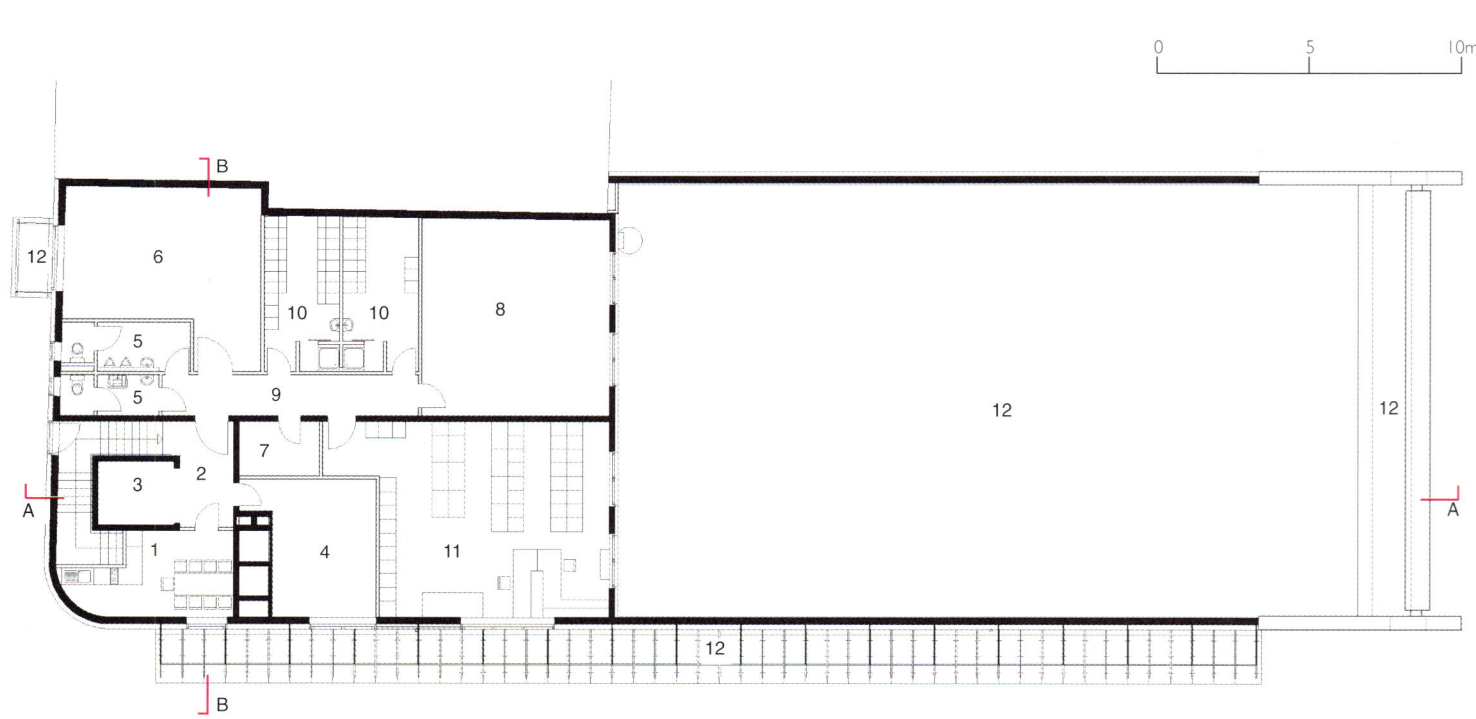

First floor plan / Planta primera

1. Kitchenette / Cocina
2. Staircase / Escalera
3. Elevator / Ascensor

4. Offices / Oficinas
5. Rest room / Aseos
6. Garage / Garaje

7. Storeroom / Almacén
8. Sewing room / Sala de costura
9. Hall / Distribuidor

10. Changing room / Vestuario
11. Medical depot / Depósito médico
12. View of roof / Cubierta

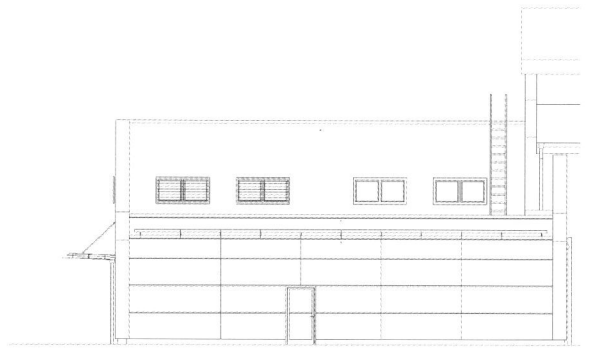

East elevation / Alzado este

West elevation / Alzado oeste

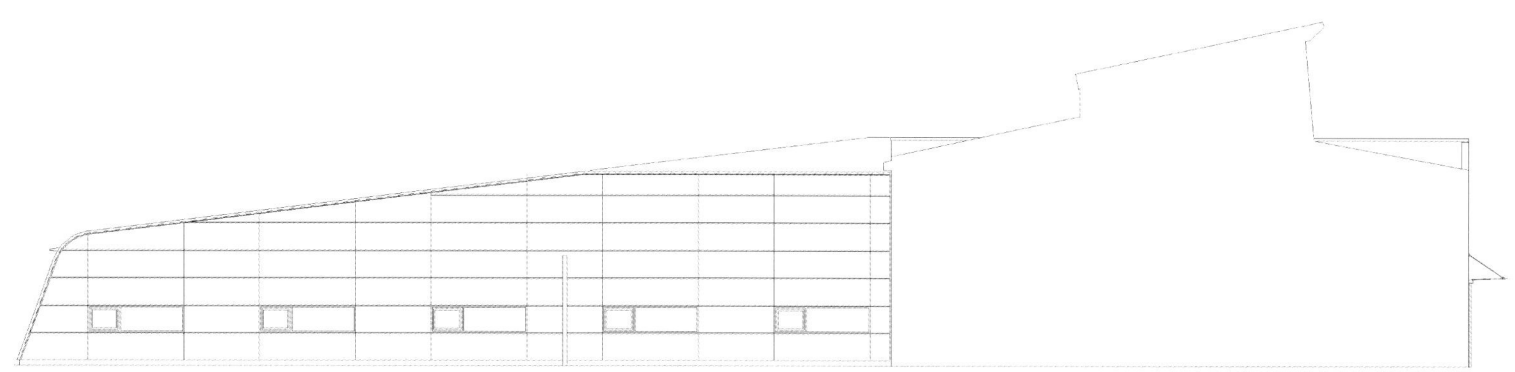

North elevation / Alzado norte

0   5   10m

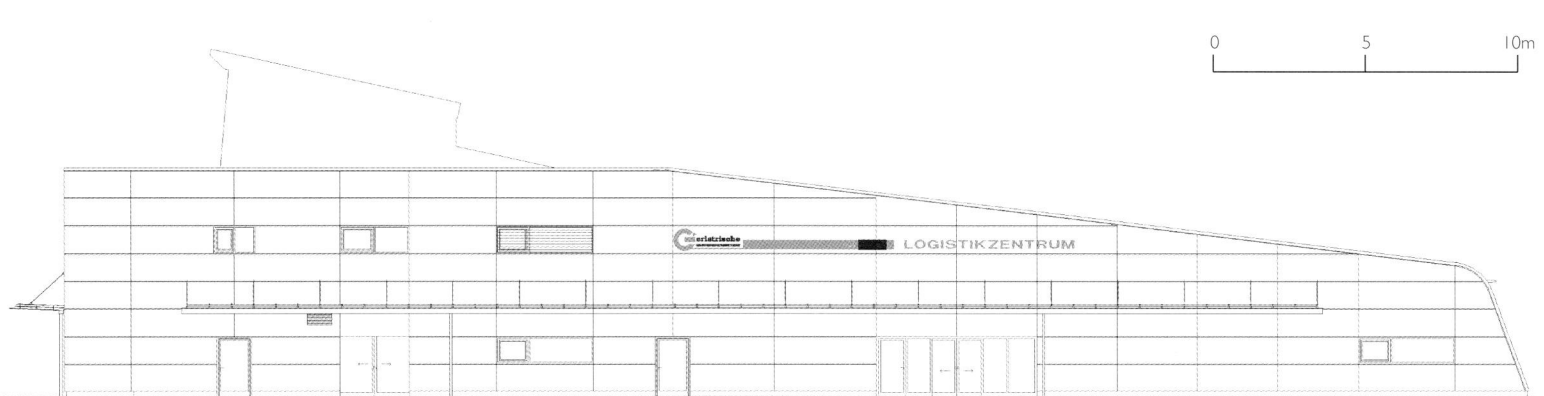

South elevation / Alzado sur

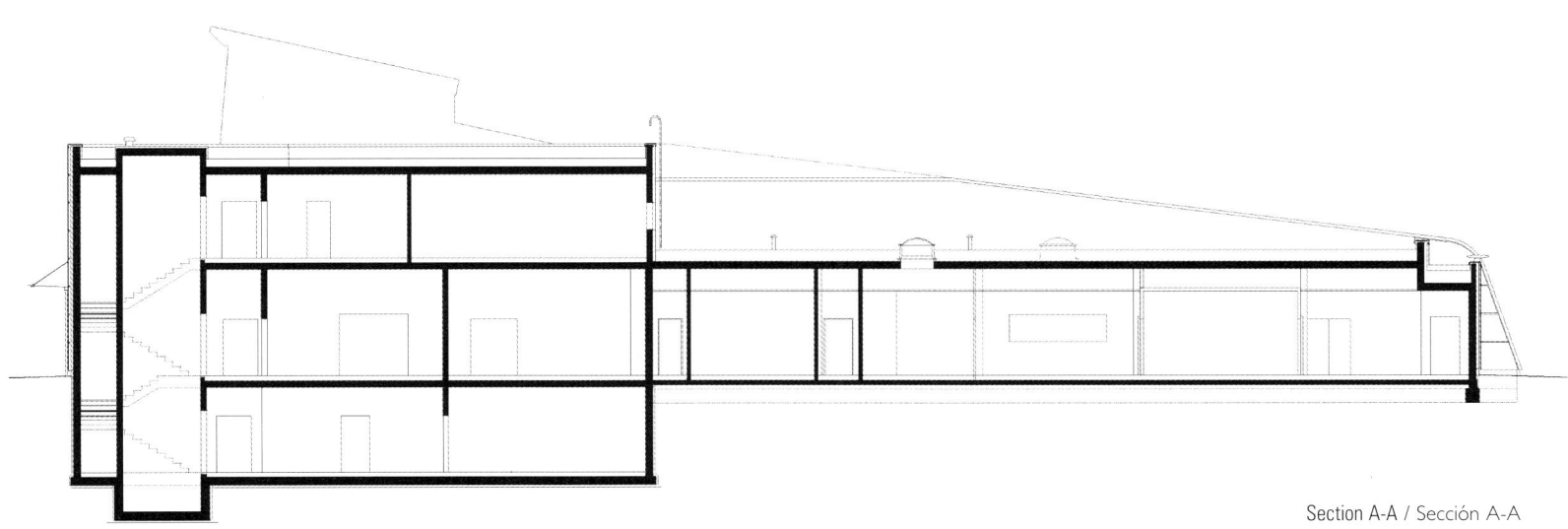

Section A-A / Sección A-A

147

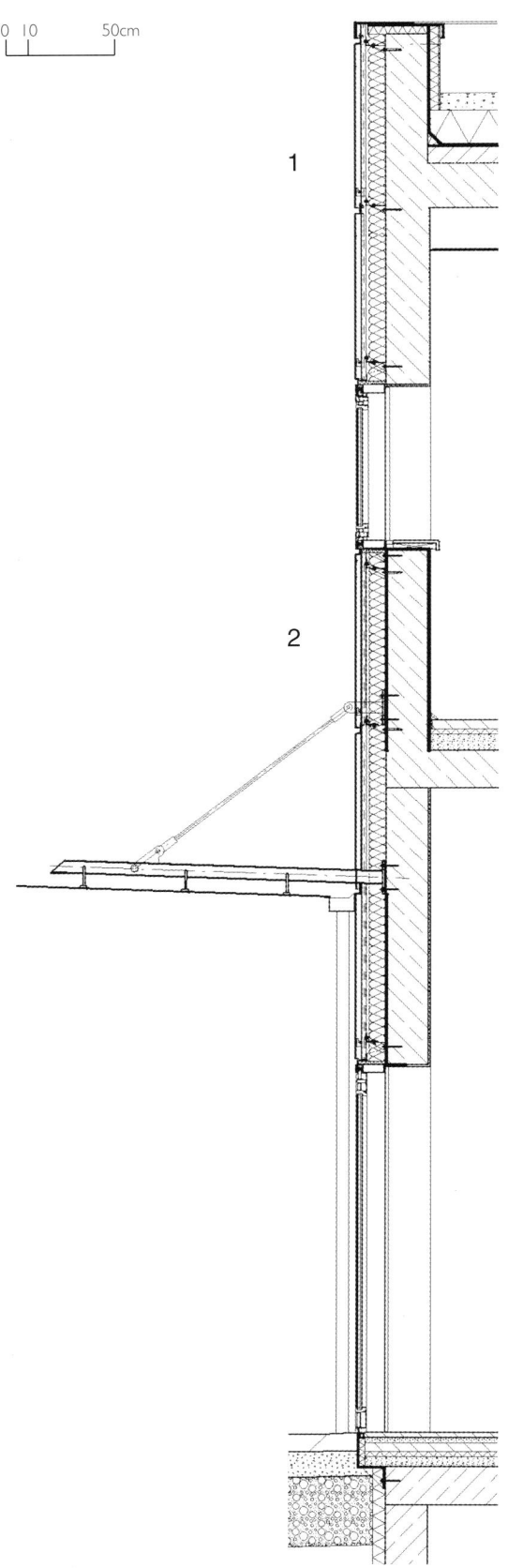

0 10   50cm

1

2

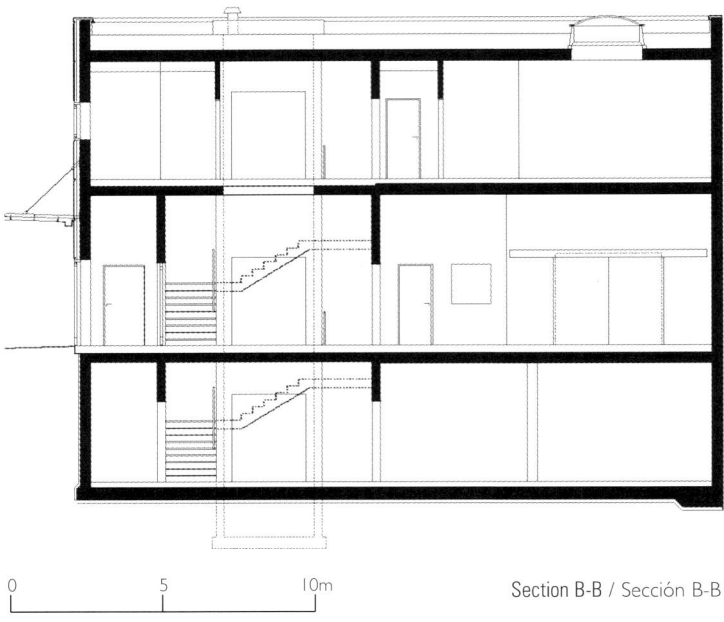

0   5   10m

Section B-B / Sección B-B

Reinforced concrete construction clad in sheet aluminum cladding comprise the structure of the building. The aluminum curtain wall includes a ventilated 4 cm cavity system for energy conservation. A ballasted system is used for the roof, which consists of a 25 cm concrete slab with a top layer of gravel.

La estructura del edificio se compone de hormigón armado con revestimiento de hojas de aluminio. El muro lateral de aluminio integra un sistema ventilado de cavidad de 4 cm que permite ahorrar energía. Para la cubierta se ha empleado un sistema de lastrado consistente en una losa de hormigón de 25 cm cubierto por una capa de grava.

Construction section / Sección constructiva

1. Roof construction / Construcción de la cubierta
    10 cm layer of gravel / 10 cm de capa de grava
    Protective matting / Tela protectora
    20.0 cm rigid-foam thermal insulation
    Aislamiento térmico de espuma rígida, 20 cm
    1.2 cm bituminous sealing layer / Lámina bituminosa sellada 1.2 cm
    Adjustment layer / Capa de regularización
    Primer coat / Capa de protección
    Tapered concrete / Hormigón de pendiente
    25.0 cm reinforced concrete slab
    Forjado de hormigón armado, 25 cm

2. Wall construction / Construcción del muro
    10.3 cm sheet aluminium construction
    Chapa de aluminio, 10.3 cm
    4.0 cm ventilated cavity / Cámara de aire, 4 cm
    10.0 cm mineral-fiber thermal insulation
    Aislamiento térmico de fibra mineral, 10 cm
    25.0 cm reinforced concrete wall
    Muro de hormigón armado, 25 cm
    1.5 cm plaster / Enlucido, 1.5 cm

Drei Architekten, Haag, Haffner und Stroheker

Generationenhaus Heslach

Stuttgart, Germany   Photographs: Roland Halbe / Artur

On one of this city's busiest thoroughfares, it seemed that a sad row of little temporary post-war shops would last forever. Since July of 2001, however, they have been replaced by a building complex with a bold presence: The Generationenhaus (House of Generations).

The project consists of the preserved buildings of a former brewery, the large L-shaped main building lying adjacent to it and -most prominently and facing the public square- a long building along Böblinger Strasse. With three floors, this building is linked to the rest of the complex by a bridge over a narrow public street.

The Generationenhaus contains 74 nursing apartments for senior citizens, as well as younger patients, although there are also five 2-3 room apartments for an inter-generational living project and a center for local clubs and projects. This program is completed by shops, a bank, doctors' offices and a day-care center along the busy Böblinger Strasse.

As the central theme of the program, the dialogue between generations finds its correspondence in architecture by the integration of the preserved brewery building. The former banquet hall, which had to be completely remodeled, now serves as the nursing home's cafeteria. On one side, together with the new adjacent building, it forms a private, sunny courtyard. On the other side, it opens onto a spacious garden with old trees used for parties and community activities. The new buildings of the Generationenhaus are organized floor by floor; there are shops and doctors' offices on the two lower floors, as well as the main entrance and administrative offices. The following three floors are occupied by the nursing home, while the smaller top floor consists of the five independent apartments comprising the experimental living project.

The buildings of the former brewery primarily house the more public functions. In addition to the central cafeteria, the neighborhood center and several clubs are also located here.

Empezaba a parecer que las pequeñas tiendas provisionales de posguerra de una de las calles más transitadas de la ciudad iban a durar toda la vida. Sin embargo, en julio del 2001 se remplazaron por un complejo de imponente presencia: el Generationenhaus (Casa de las Generaciones).

El proyecto integra los edificios conservados de una antigua fábrica de cerveza, con el edificio principal, en forma de L, junto a él y un largo edificio en la Böblinger Strasse que da a la plaza pública y sobresale por encima de los otros. Este edificio de tres plantas está conectado con los demás por medio de un puente que pasa por encima de una callejuela de uso público.

La Generationenhaus posee 74 apartamentos de residencia para ancianos y enfermos más jóvenes, aunque también existen cinco apartamentos de dos o tres habitaciones destinados a un proyecto de convivencia intergeneracional y un centro destinado a clubes y proyectos locales. El proyecto se completa con tiendas, un banco, las consultas de los médicos y un centro de atención geriátrica de día situado en la transitada Böblinger Strasse.

El motivo central del proyecto, el diálogo entre generaciones, se corresponde en el plano arquitectónico con la integración de la antigua fábrica de cerveza. En la antigua sala de banquetes, que hubo que remodelar por completo, se encuentra ahora la cafetería de la residencia. Por uno de sus lados, junto con el nuevo edificio adyacente, forma un patio soleado; por el otro, se abre a un espacioso jardín de viejos árboles utilizado para fiestas y actividades comunitarias.

Los nuevos edificios de la Generationenhaus se organizan planta por planta: en las dos inferiores se encuentran las consultas de los médicos y las tiendas, así como el acceso principal y las oficinas administrativas; en las tres plantas siguientes se encuentra la residencia geriátrica, mientras que el último piso, menor que los demás, aloja los cinco apartamentos independientes destinados al proyecto experimental de convivencia.

Los edificios de la antigua fábrica de cerveza alojan las funciones más públicas. Además de la cafetería principal, aquí se encuentran el centro cívico y varios clubes.

In reference to the existing brewery and its urban context, brick was chosen as the main material for the facades, to which concrete, stone and wood are added. An expanse of concrete and glass emphasizes the end of the building facing the public square and also serves to shield the apartments from traffic noise and pollution.

En referencia a la fábrica de cerveza y al contexto urbano, se escogió el ladrillo como material principal para las fachadas, al que se añaden el hormigón, la piedra y la madera. Una extensión de hormigón y vidrio marca el extremo del edificio que da a la plaza, protegiendo a la vez los apartamentos del ruido y la polución del trafico.

Site plan / Plano de situación

152

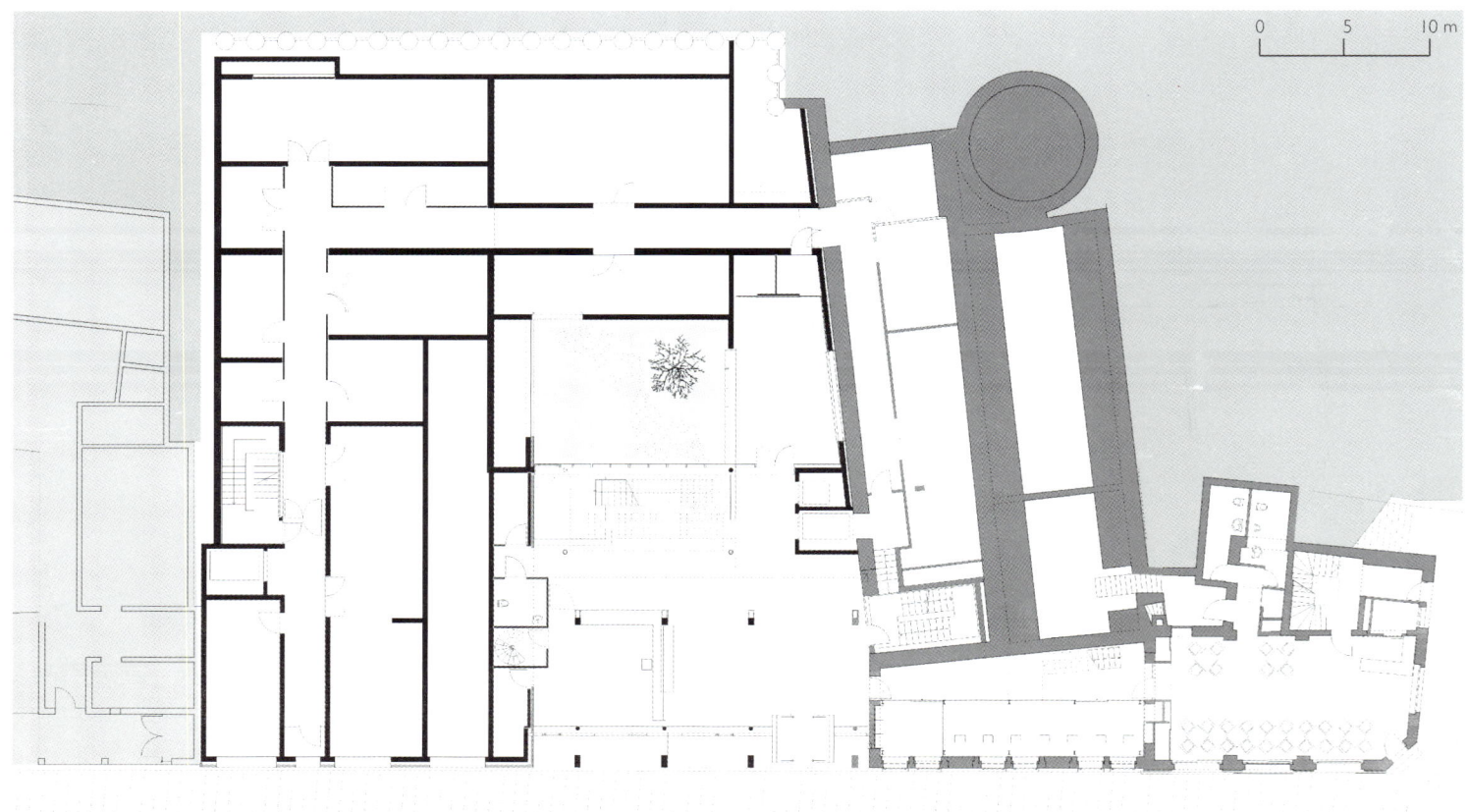

Unterer Wannenweg

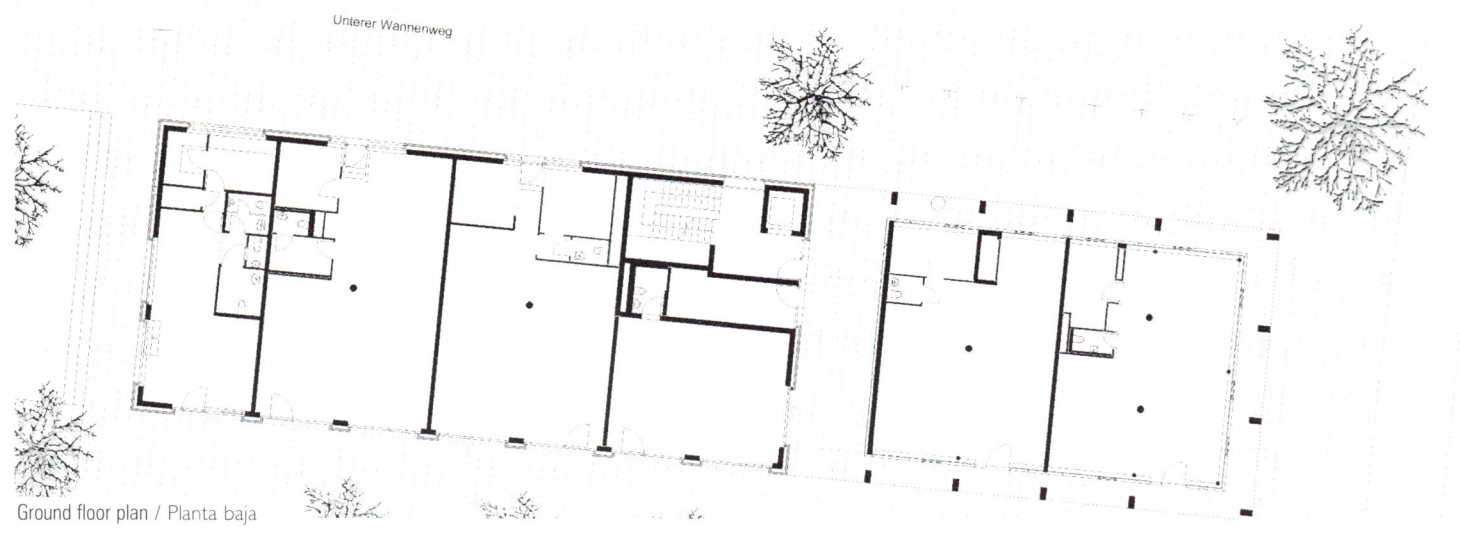

Ground floor plan / Planta baja

0 5 10 m

Second floor plan / Planta segunda

Apartment module / Módulo de apartamento

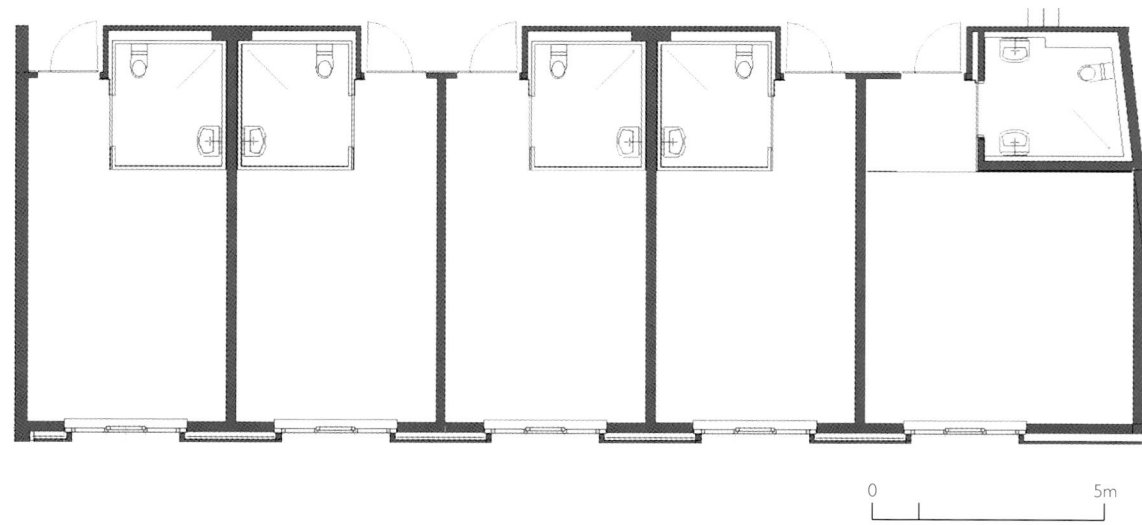

0   5m

Third floor plan / Planta tercera

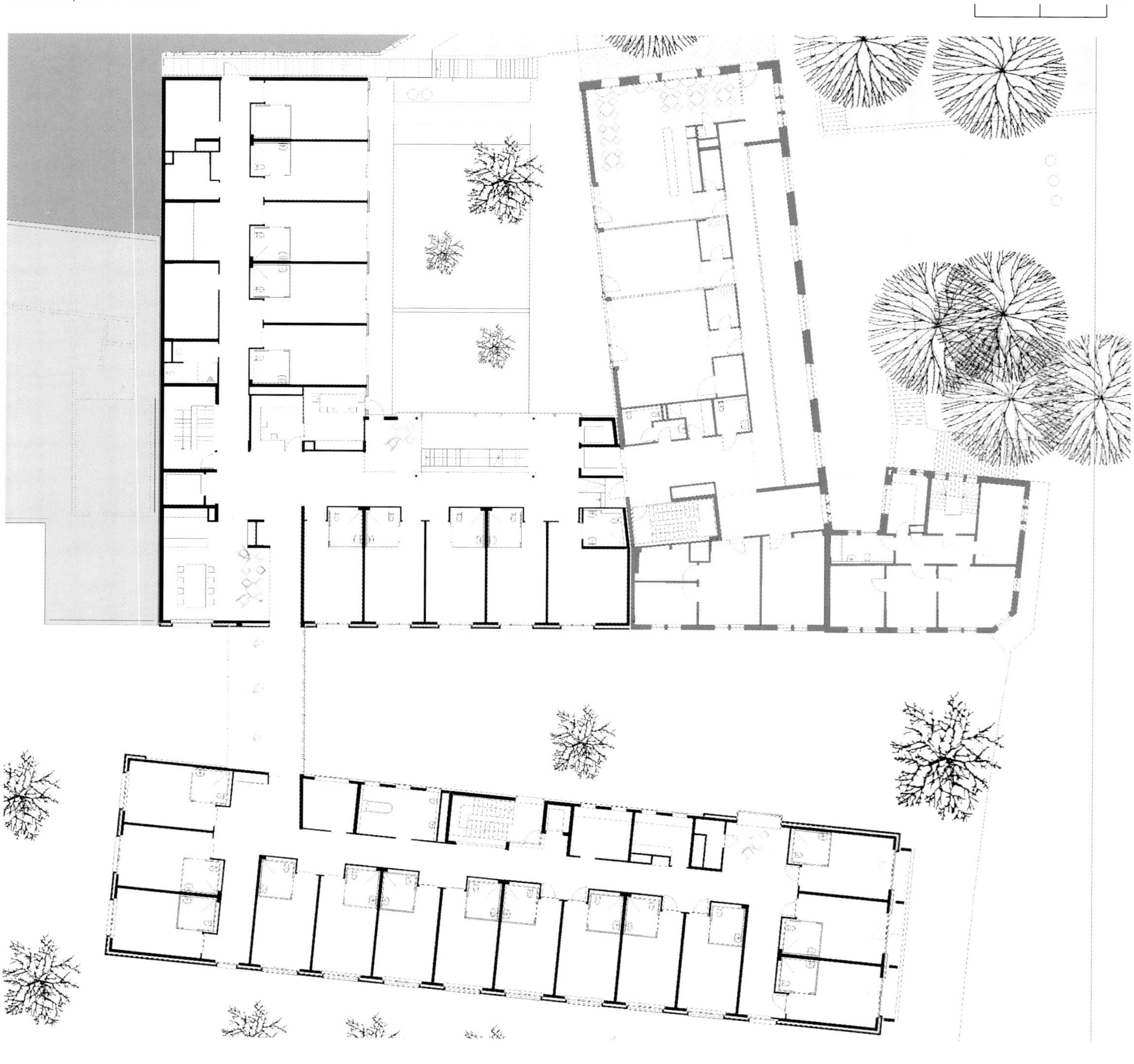

0   5   10 m

In order to reduce energy consumption and to avoid the need to open the street-facing windows, a controlled ventilation system was installed in the nursing apartments. Fresh air is taken in from the garden, warmed or cooled by the ground temperature, and channeled into the apartments. Even so, the windows can be manually opened or closed as desired.

Para reducir el consumo de energía y evitar tener que abrir las ventanas que dan a la calle, se instaló un sistema controlado de ventilación. El sistema toma aire fresco del jardín, lo calienta o enfría según la temperatura del suelo y lo canaliza hasta los apartamentos. Aún así, las ventanas pueden abrirse y cerrarse manualmente a voluntad.

0   5   10m

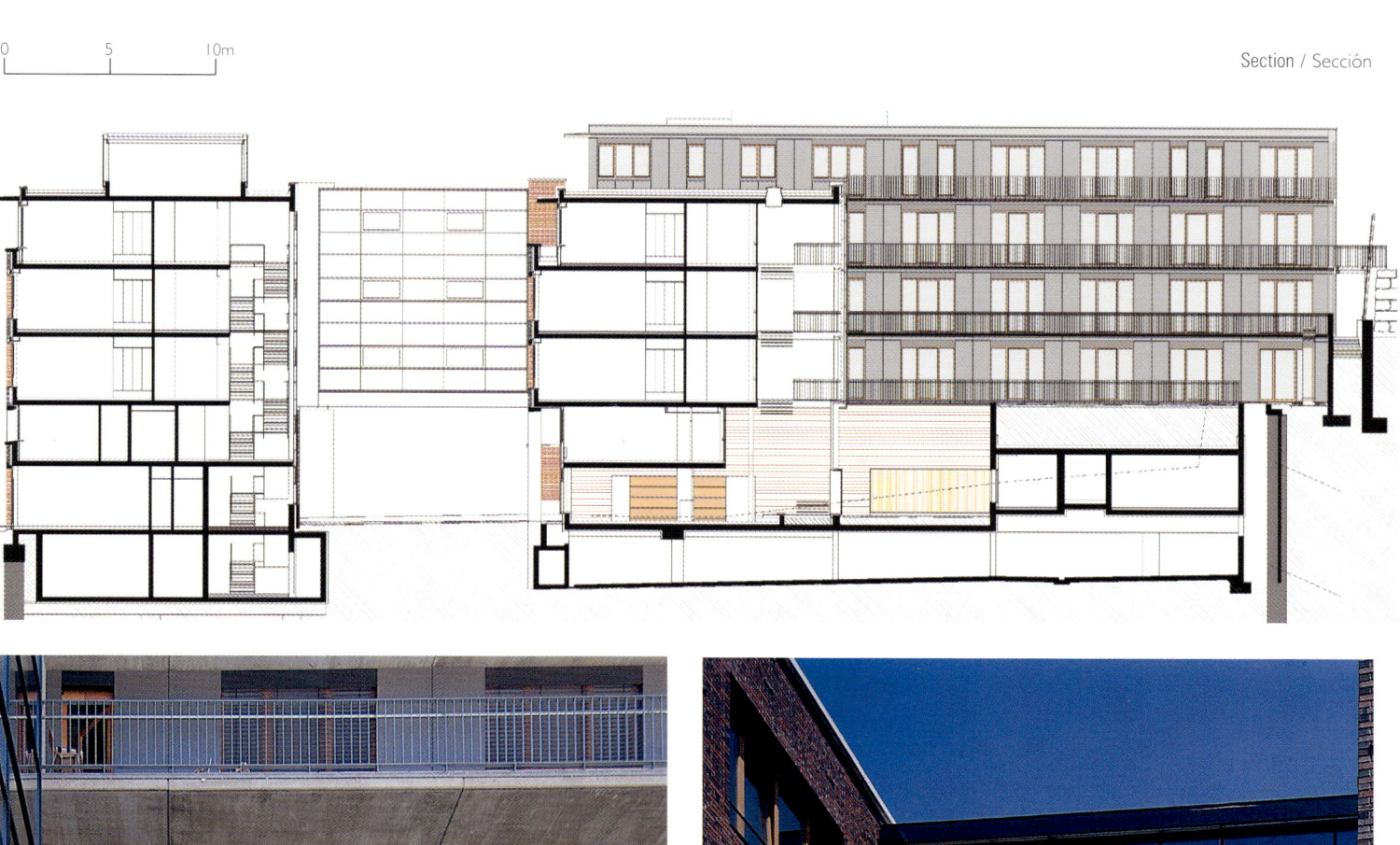

Claus & Kaan Architecten

081 Housing Vier Ambachten

Spijkenisse, The Netherlands   Photographs: Ger van der Vlugt

A street-side location defines the orientation of these 138, three-room pensioner dwellings built in two sizeable volumes: enclosed loggias on the south are oriented towards the quiet and more private side of the building. The entrances, on the other hand, are positioned on the north side, facing the busy traffic and pedestrian flow. As this side faces a public area, special attention has been given to the design of the facade, acknowledging its representative aspects.

There is therefore a clear and purposeful contrast between the front and back elevations. While the front is decidedly horizontal, the rear elevation is a balance of horizontal and vertical elements. Relief and depth give a kind of contemporary rustic expression to the front elevation, as opposed to the flat, neutral backside, which forms a detached backdrop to the low-rise neighborhood lying opposite the two apartment buildings.

At the ends of both blocks are generous entrance lobbies with semi-circular rear walls and communal recreation rooms.

The design scheme emphasizes overall architectural form rather than the individual dwelling as a constituent element. Glass balustrades on the internal verandas and expansive glass screens enclosing the galleries to three-quarter height accentuate the volume as a whole. The slightly angled front wall of each of the dwellings and the absence of brackets supporting the floor of the gallery above make for spacious, visually interesting walkways.

The impression created by this architecture differs by day and night. The glass that envelops the buildings like a suit of shining armor during the day is at night transformed into a transparent screen illuminated from behind by the lights in the galleries and dwellings.

La ubicación junto a la calle de estas 138 viviendas de tres habitaciones para pensionistas construidas en dos volúmenes de grandes dimensiones determina su orientación: las galerías exteriores cerradas, al sur, se orientan hacia la parte más tranquila y privada del edificio; los accesos, en cambio, se sitúan en la parte norte, frente al tráfico continuo de coches y peatones. Como esta parte da a una zona pública, se puso una especial atención en el diseño de la fachada, destacando sus aspectos representativos.

Por lo tanto, se establece un contraste claro y deliberado entre la pared frontal y la trasera. Mientras que la frontal es decididamente horizontal, la trasera presenta un conjunto equilibrado de elementos horizontales y verticales. Los relieves y la profundidad confieren a la fachada frontal un cierto aspecto rústico contemporáneo, en contraste con la parte trasera, llana y neutra, que constituye un telón de fondo para los edificios vecinos, de poca altura, situados enfrente de los dos bloques de apartamentos.

En los extremos de ambos bloques se han dispuesto espaciosos vestíbulos con paredes semicirculares y espacios comunes para actividades lúdicas.

El diseño del proyecto da prioridad a la forma arquitectónica global como elemento constituyente frente a las viviendas individuales. La unidad del volumen se ve reforzada por la disposición de balaustradas de vidrio en las verandas interiores y de unas inmensas pantallas de vidrio que cubren las galerías a tres cuartos de altura. El muro frontal, ligeramente inclinado, de cada una de las viviendas y la ausencia de apoyos en voladizo para el suelo de la galería situada encima dan lugar a unos pasillos amplios y vistosos.

El aspecto que ofrece esta arquitectura es distinto durante el día y durante la noche. El vidrio, que durante el día cubre los edificios a modo de reluciente armadura, se transforma por la noche en una pantalla transparente, iluminada desde el interior por las luces de galerías y viviendas.

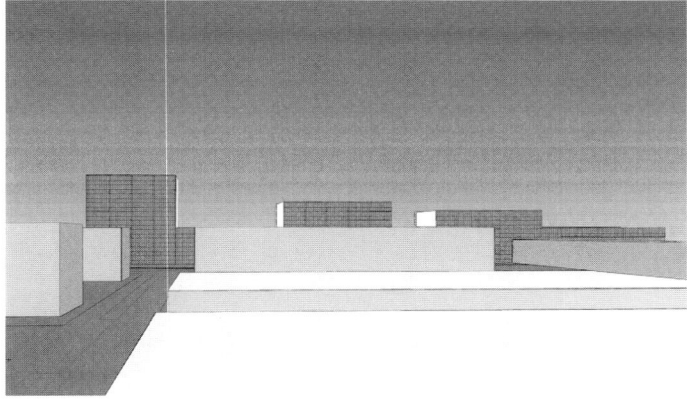

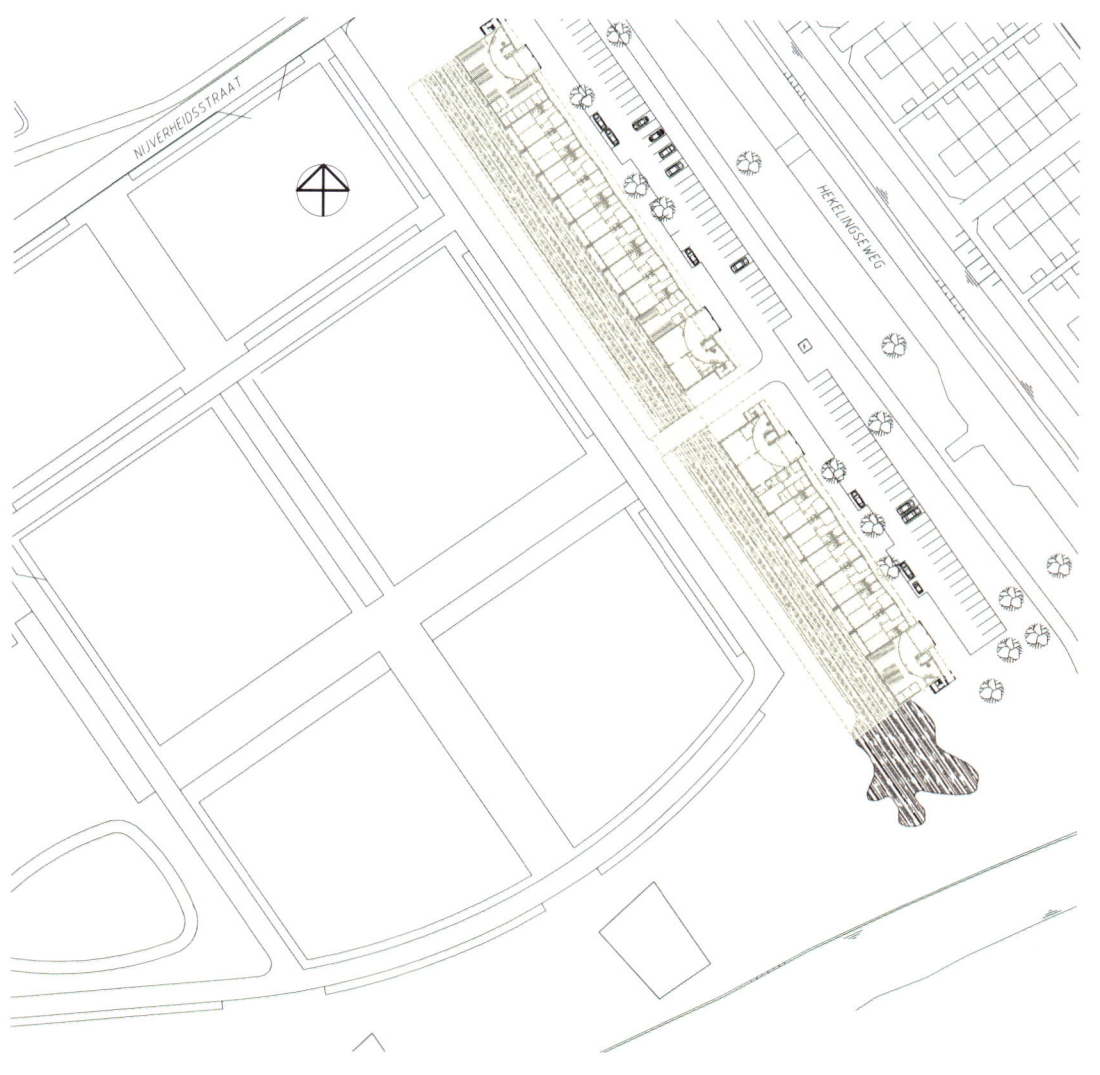

Ranging in height from four to nine stories, the two buildings' L- and U-shaped silhouettes make them recognizable landmarks in the urban landscape. While enclosed loggias are oriented towards the back, more private side of the building, the entrances have been positioned on the public street-side.

Las siluetas en L y en U de los edificios, que van de las cuatro a las nueve plantas de altura, los convierten en puntos de referencia del paisaje urbano. Las galerías cerradas están orientadas hacia la parte trasera, la más recogida del edificio, mientras que los accesos se han dispuesto dando a la calle.

Site plan / Plano de situación

163

Ground floor plan / Planta baja

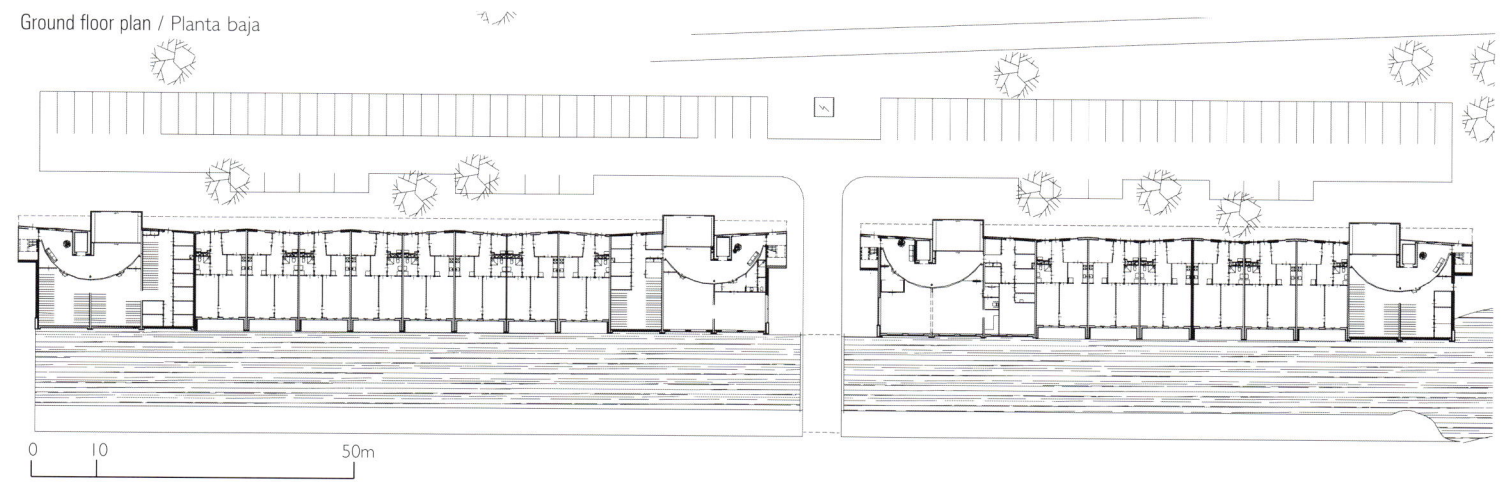

0   10   50m

First floor plan / Planta primera

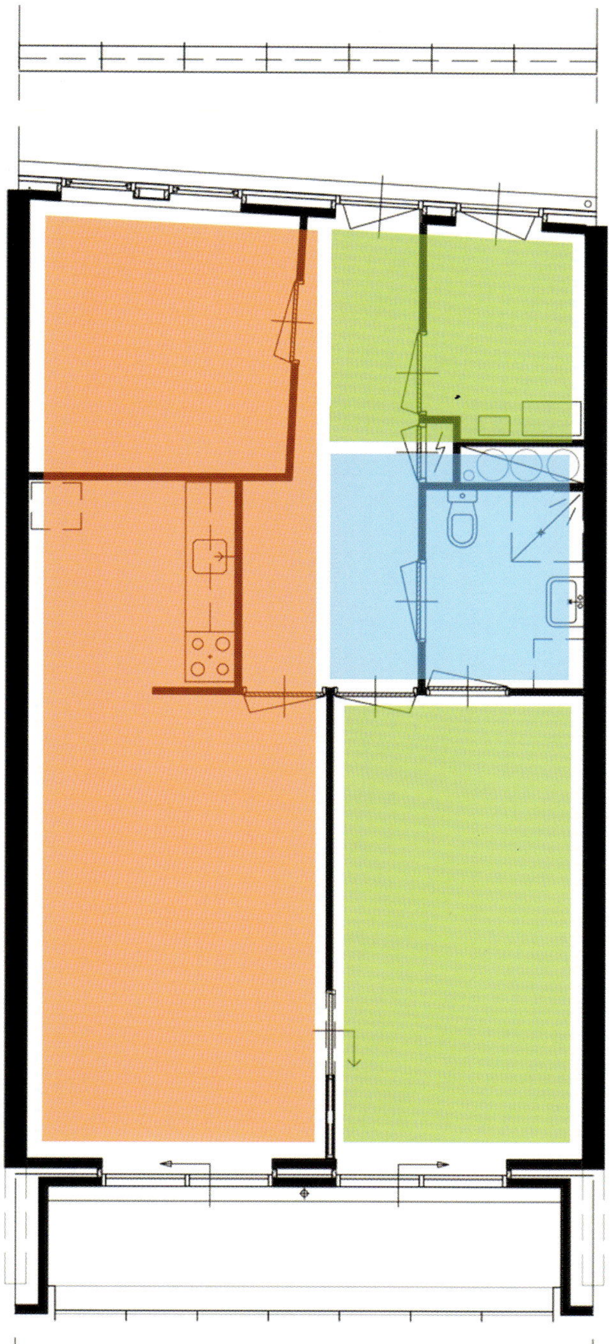

Second floor plan / Planta segunda

0   1   5m

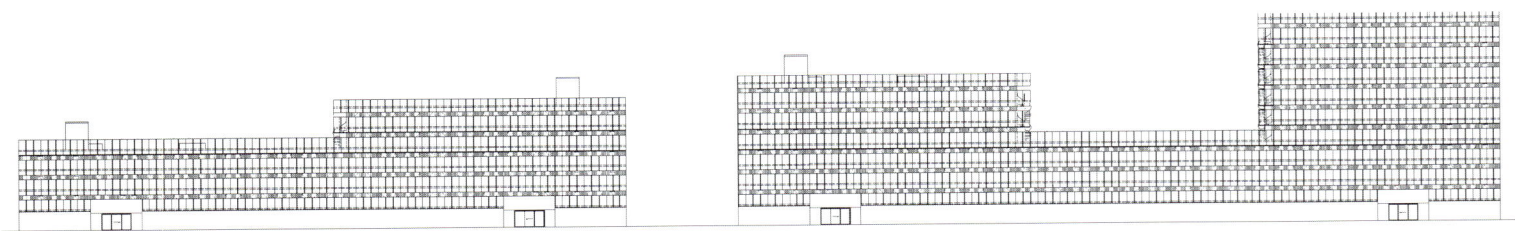

Front elevation / Alzado principal

Front elevation / Alzado principal

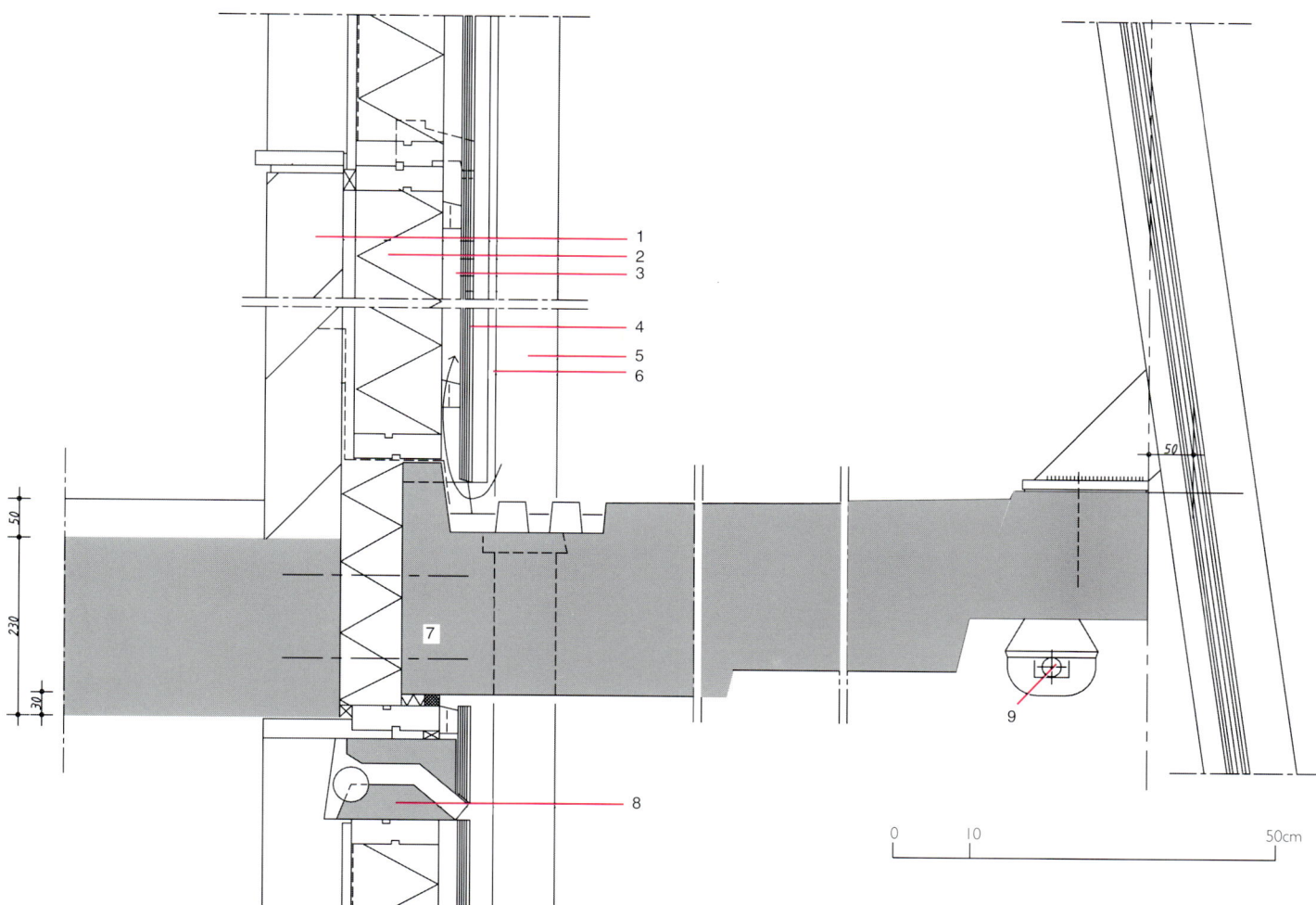

Constructive detail / Detalle constructivo

1. Calcium-silicate brick, inner liner, 100 mm
   Ladrillo sílico calcáreo inner liner, 100 mm
2. Prefabricated conduit
   Canal prefabricado
3. Horizontal guides, 40x22
   Guías horizontales, 40x22
4. Thin, squared strips of vertically-placed western red cedar, 80x18 mm, blind shutter, unbevelled pieces with Olympic chrome, S44 layer
   Piezas finas y escuadradas de madera de cedro rojo dispuestas verticalmente, 80x18mm, contraventana ciega, piezas no biseladas con cromado Olympic, capa S44
5. H.W.A. profile, Ø80, layer ntb
   Perfil H.W.A. Ø80, capa ntb
6. Inclined T profile
   Perfil en T nivel inclinado
7. Prefab gallery slab
   Forjado prefabricado de la galería
8. Acoustic aluminum blind
   Persiana acústica de aluminio
9. Fluorescent lamp
   Lámpara fluorescente

m.a.a.s.t. architects

Maison pour Personnes Agées Dépendantes

Tremblay-En-France, France

Photographs: Hervé Abbadie
Jean-Marie Monthiers

Architectonically and urbanistically speaking, two factors made this project a delicate operation. On the one hand was the requirement to build a residence for dependent elderly persons which would be open toward the neighborhood and compatible with the surrounding apartment buildings. And on the other was the need to create a building which would dignify the neighborhood and the city.

The plot of land was remarkable for its location in the heart of the Vert-Galant quarter, which is close to a train station, medical clinic, post office and other services.

The project's capacity for knitting various elements together lies as much in its proposal of a mixed, intermediate and conciliatory contrivance to scale, as in its location in the middle of the neighborhood.

The horizontal dimension (that of the strip containing the multi-purpose room, the small dwellings module with its overhanging roof, and the building framed by the structure of the neighborhood) finds its vertical counterpart in the volume where activities and services are located. The latter serves as a point of reference and recuperates these constructions. Likewise, the length of the garden is scaled to the size of the surrounding pavilions.

The proposed architectural scheme was based on an economy of means and carried out using simple combined elements and a voluntary restraint in avoiding any overly emphatic gesture - all effects except scale.

The residence is composed of two generating elements. The first is the multi-purpose room: a lengthened space with direct views of the garden, which serves at once as vestibule, reception or meeting hall and restaurant. The second, organized on three levels above the inner walkway, is the residence proper, which has space for 73 beds, services and diverse activities. Facing the gardens and collective spaces, with an outer skin of strips of wood, it has a welcoming, light-filled lobby. The glazing on the top floor heightens the effect of natural light in the inner walkway.

Facilitating orientation, and nullifying any colorist effects, the 73 bedrooms are asymmetrically distributed along the inner walkway. Most of the rooms face the Avenida Antonie Cusino, creating a partially glazed facade of wooden sandwich panels, which is lengthened via a series of connected balconies overlooking the private garden located at ground level.

El proyecto aquí expuesto era, desde el punto de vista arquitectónico y urbanista, una operación delicada al menos por dos razones. Por un lado se requería construir una casa de acogida para personas ancianas dependientes, abierta al barrio y compatible con el tejido compuesto por los pabellones de viviendas. Por otro lado, era también necesario realizar una edificación que dignificara el barrio y la ciudad.

El terreno destinado a la construcción de este equipamiento es remarcable por su situación en el corazón del barrio de Vert-Galant, cercana a la estación, la clínica, correos y otros equipamientos.

La capacidad de sutura del proyecto radica tanto en la facultad de proponer un dispositivo mixto, intermediario y conciliador de las escalas, como en la posibilidad de articularlas en el centro del barrio.

A una dimensión horizontal, la de la franja que contiene la sala polivalente y la pequeña construcción de viviendas que sobresale por la cubierta, así como la del edificio que enmarca la estructura del barrio; se responde con una dimensión vertical, la del cuerpo que acoge las actividades y servicios, emergiendo como una referencia y una recuperación de estas construcciones. Asimismo, la longitud del jardín tiene una escala muy cercana a la de los pabellones de los alrededores.

El proyecto es también, por la arquitectura que propone, fundada en la economía de medios y hecha de elementos simples combinados, la búsqueda de una sobriedad voluntaria que quiere evitar cualquier gesto enfatizado, todo efecto excepto la escala.

La casa de acogida está compuesta por dos elementos generadores. El primero es la sala "polivalente": un espacio alargado con vistas directas sobre el jardín que hace tanto de vestíbulo como de sala de fiestas y reuniones o de restaurante. El segundo, organizado en tres niveles sobre una calle interior, es el edificio de alojamientos. Éste dispone de espacio para 73 camas, servicios y actividades diversas. Al estar abierto sobre los jardines frutales y los espacios colectivos, y estar recubierto por lamas de madera, se convierte en un luminoso espacio con un amplio vestíbulo de acogida. En el último piso las vidrieras refuerzan la luz natural de la calle interior.

Facilitando su localización, y anulando todo efecto colorista, la repartición de las 73 habitaciones se organiza de un modo asimétrico a lo largo de la calle interior. La mayoría de las habitaciones dan a la Avenida Antonie Cusino, creando una fachada de paneles sándwich de madera, en parte acristalada, que se prolonga a través de los balcones corridos que dan sobre el jardín privado que se encuentra en planta baja.

0 5 10m

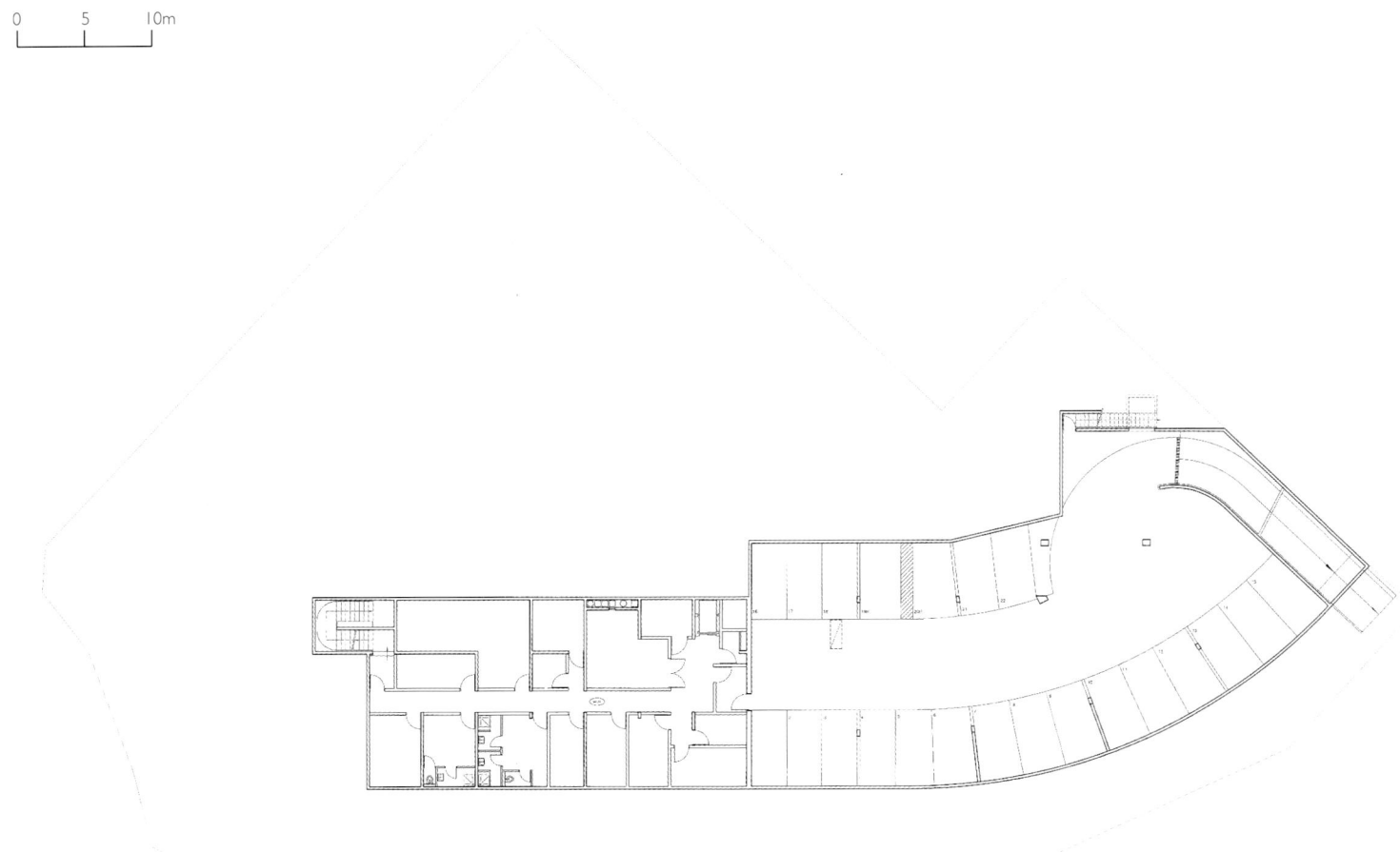

Basement floor plan / Planta sótano

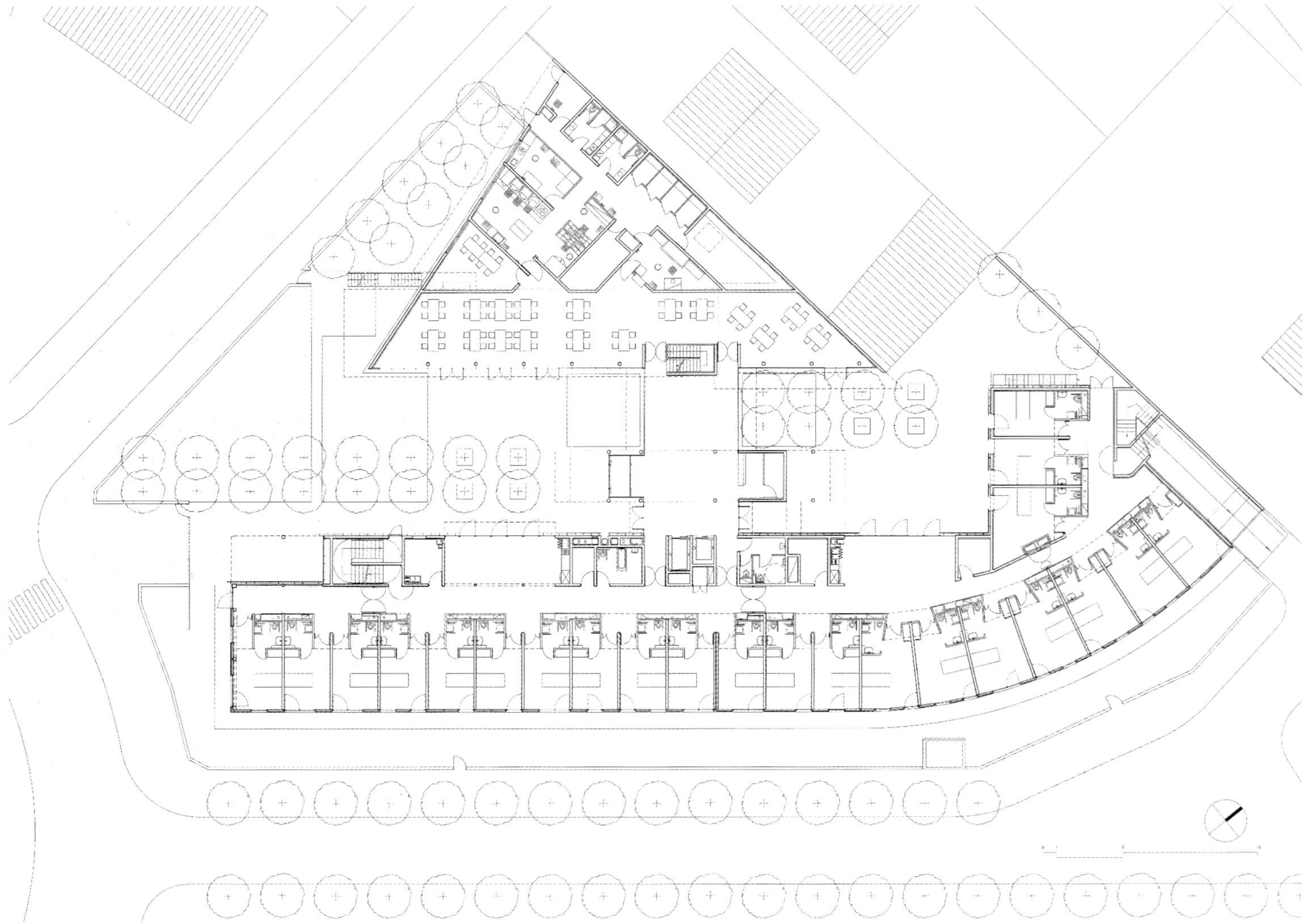

Ground floor plan / Planta baja

In adhering to deadlines and respecting costs, part of the building is prefabricated. Thus, for example, the horizontal wooden sandwich panels along the façade were put together in a workshop and built using dry construction.

Para cumplir los plazos y respetar los costes, una parte del edificio es prefabricada. Así por ejemplo, los paneles sándwich horizontales de madera de la fachada fueron realizados en taller y colocados "en seco".

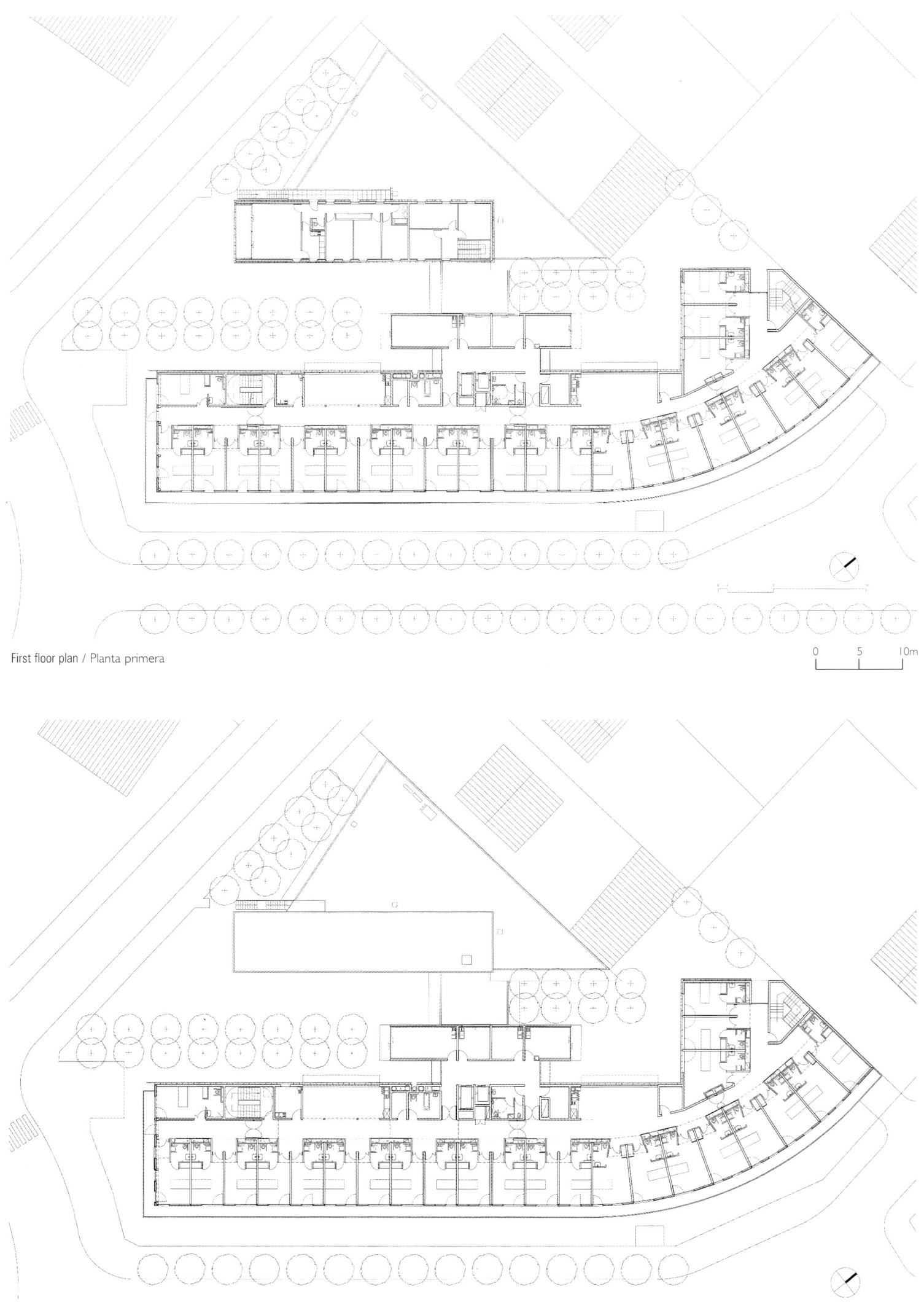

First floor plan / Planta primera

0   5   10m

Second floor plan / Planta segunda

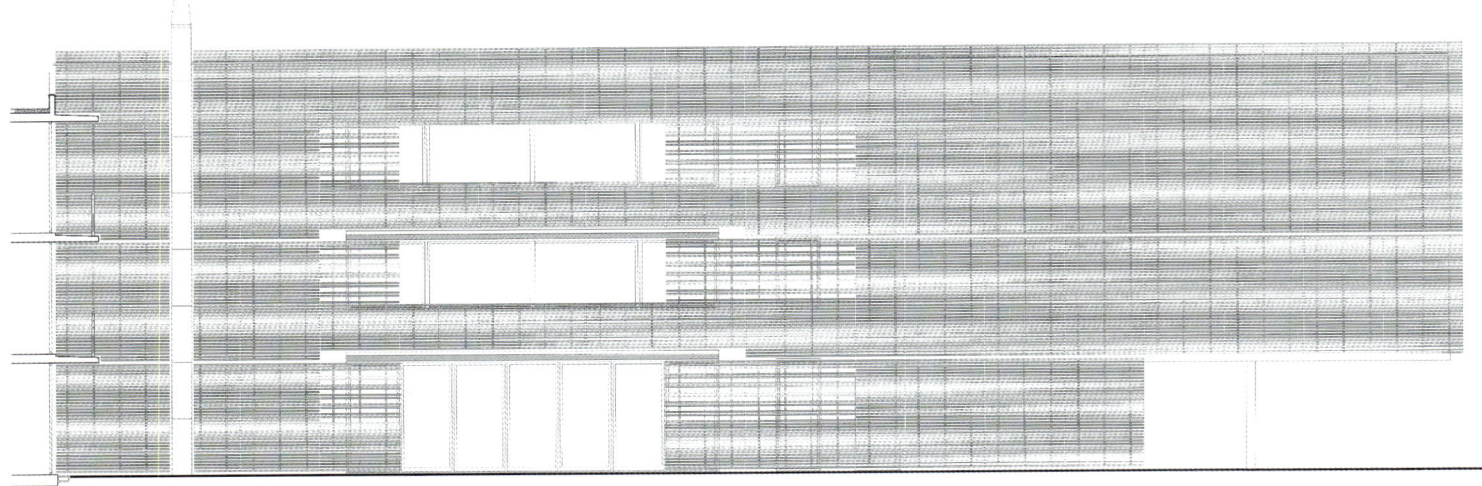

Elevation / Alzado

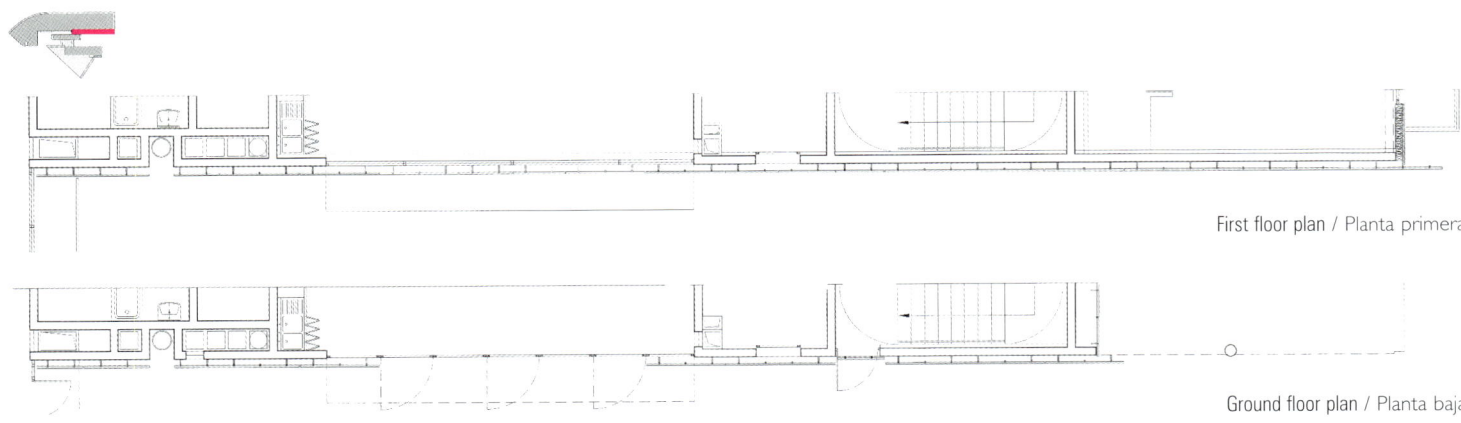

First floor plan / Planta primera

Ground floor plan / Planta baja

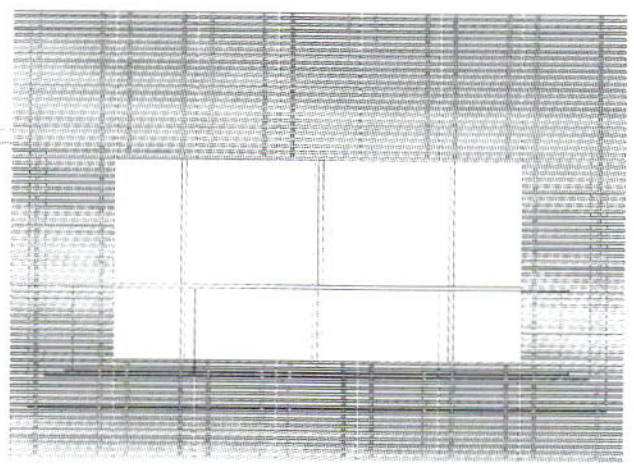

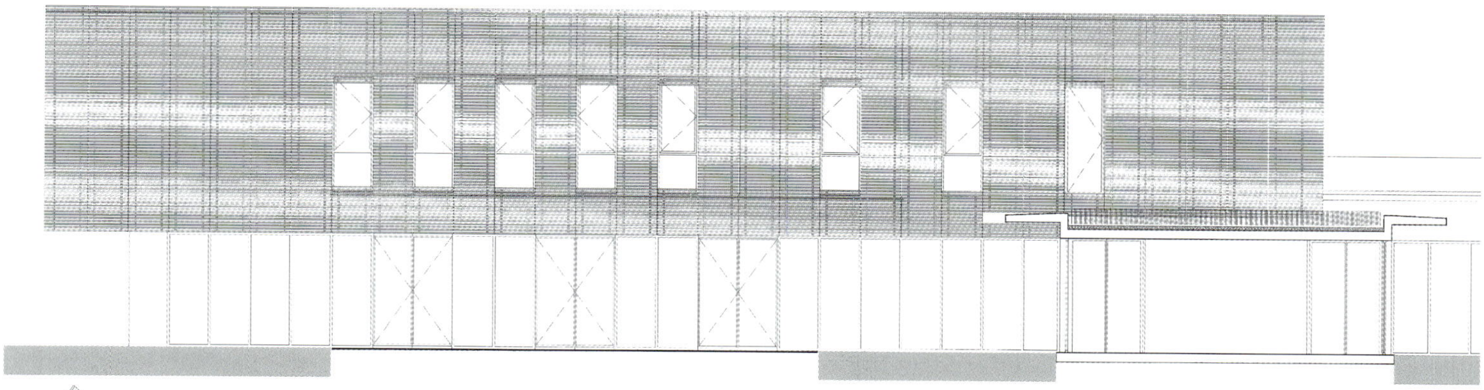

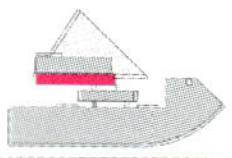

Elevation / Alzado

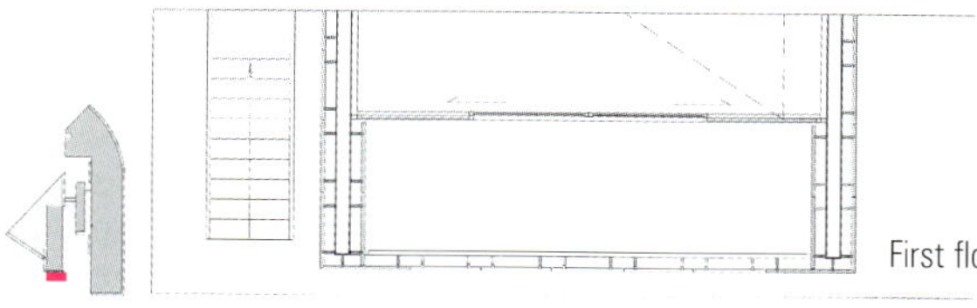

First floor plan / Planta primera

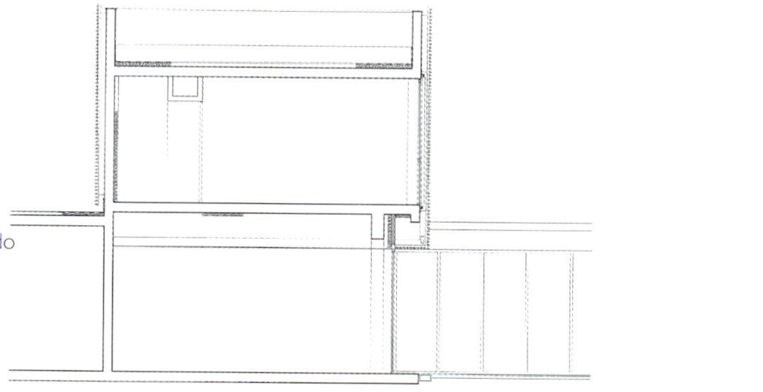

Cross section / Sección transversal

Elevation / Alzado

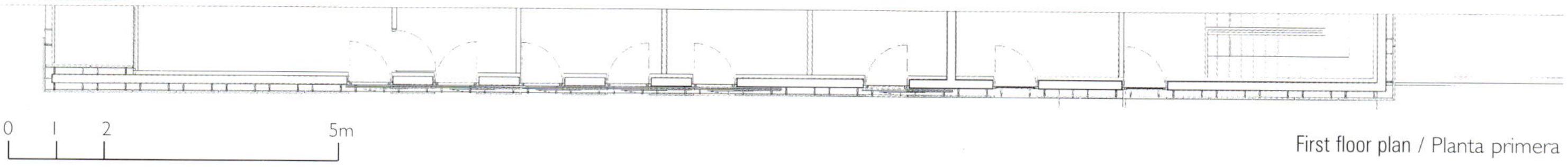

0   1   2   5m

First floor plan / Planta primera

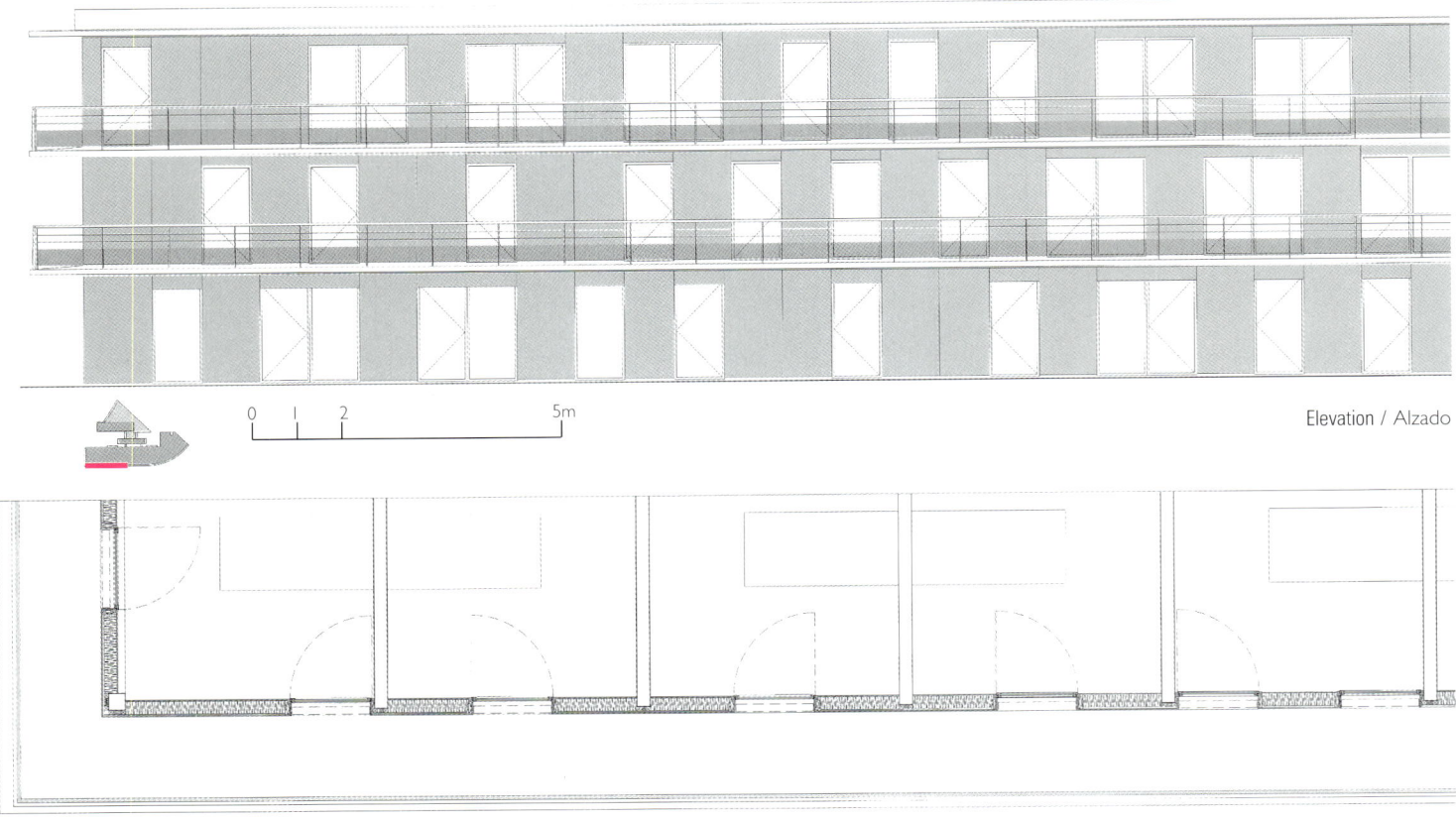

0 1 2   5m

Elevation / Alzado

First and second floor plan / Planta primera y segunda

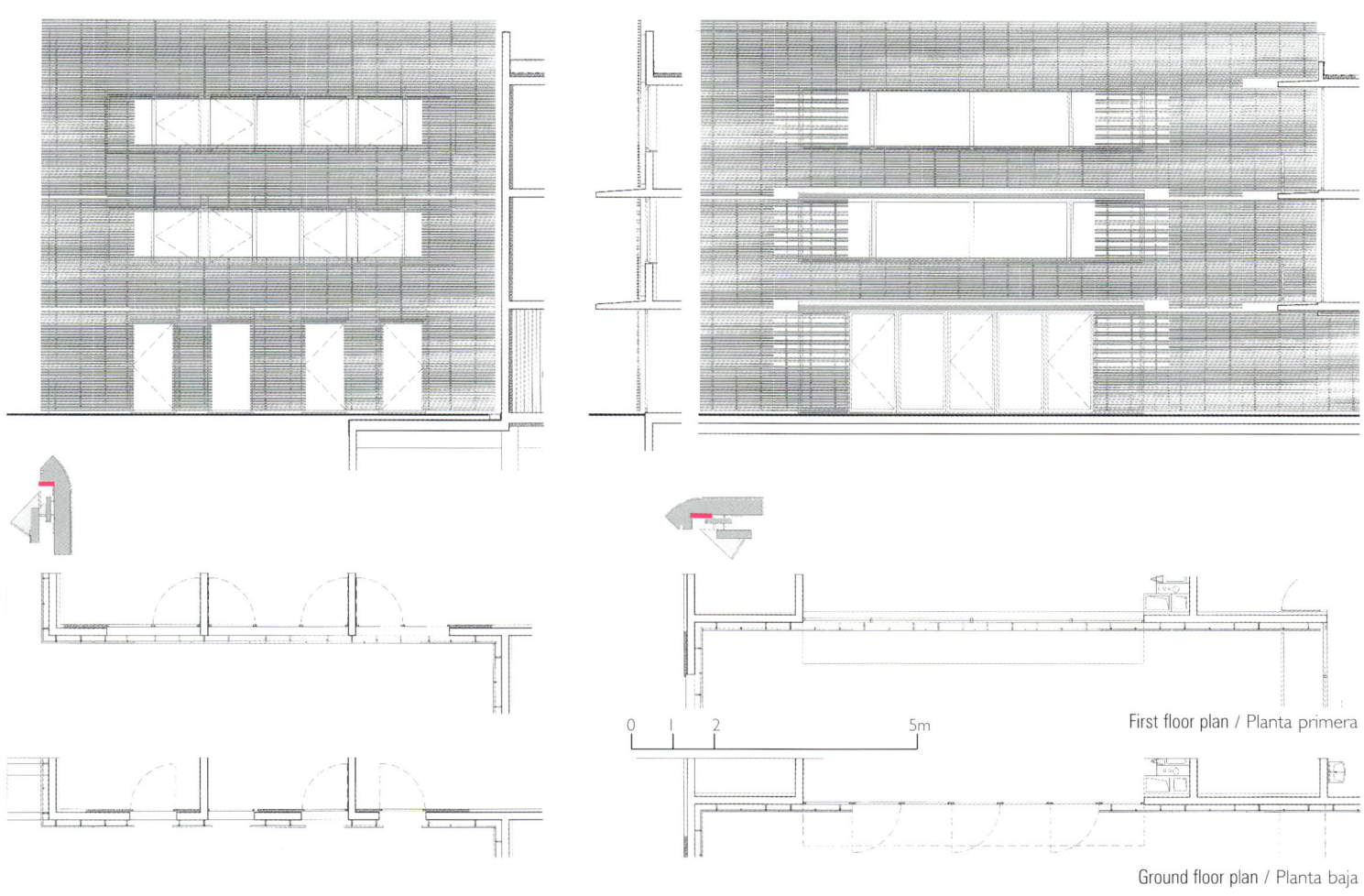

First floor plan / Planta primera

0 1 2   5m

Ground floor plan / Planta baja

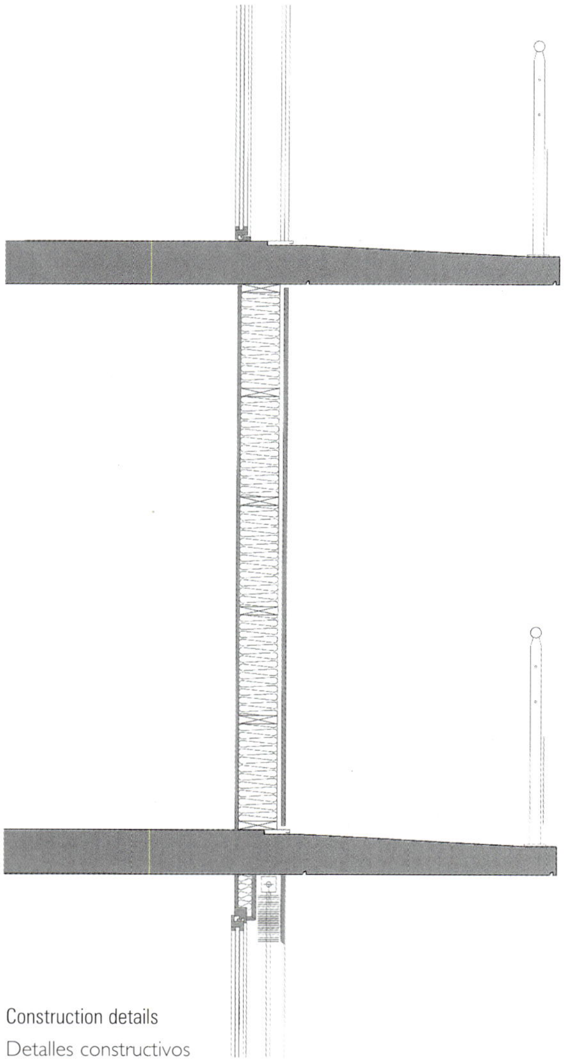

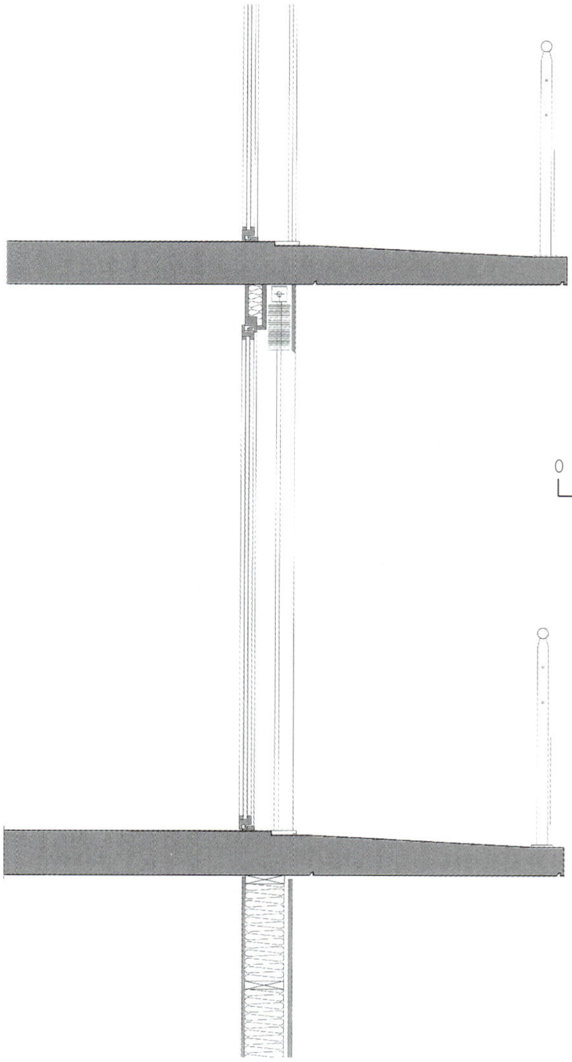

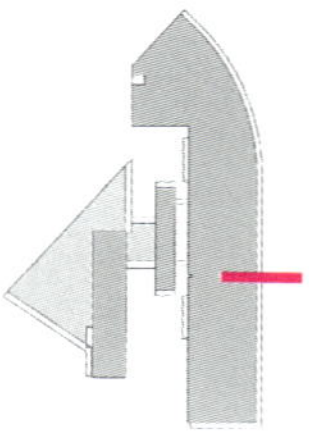

Construction details
Detalles constructivos

The placement of the residence overlooking Albert Thomas Square creates a long garden, which is open to the square, turning it into another element of the complex. A volume inserted above the inner walkway, in the garden, houses most of the services.

La orientación de la residencia, sobre la plaza Albert Thomas, crea un jardín alargado que se abre sobre ella, convirtiéndolo en un elemento de este dispositivo. En la cota del jardín, un cuerpo insertado sobre la calle interior integra la mayoría de servicios.

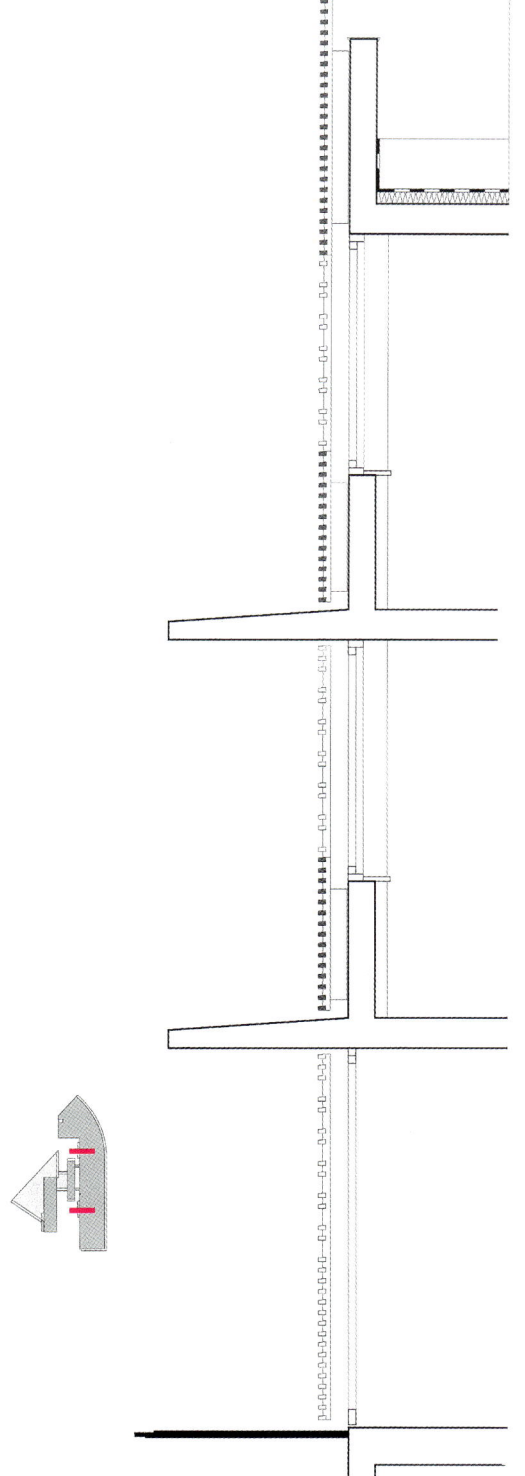

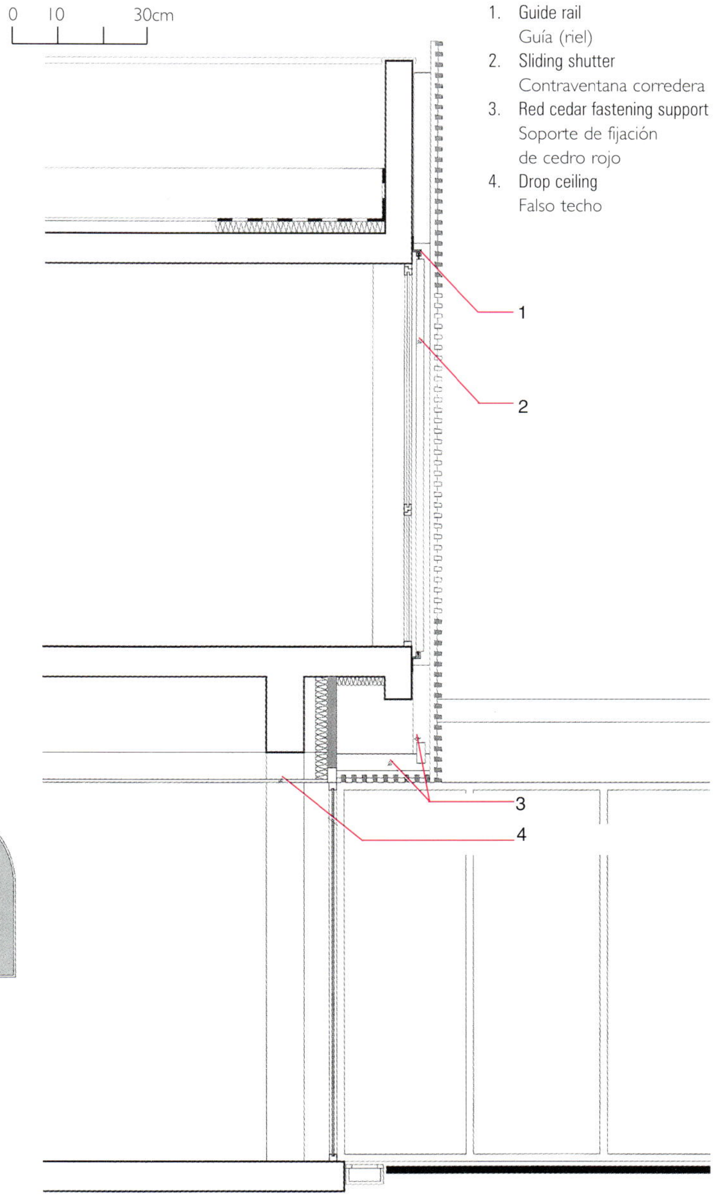

0   10   30cm

1. Guide rail
   Guía (riel)
2. Sliding shutter
   Contraventana corredera
3. Red cedar fastening support
   Soporte de fijación
   de cedro rojo
4. Drop ceiling
   Falso techo

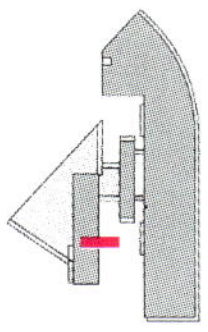

1

2

3

4

Construction detail / Detalle constructivo

Alexandra Czerner
Multavitahof Bremen

Bremen, Germany

Photographs: Klaus Frahm / Artur

Multilava is Germany's largest women's shelter to date. Its goal is summarized in the creation of a safe, inhabitable multi-purpose space of high quality for women. In adapting the surroundings to their needs, residents are offered the opportunity to realize their full potential. This affects not only the residence, but it also adheres to the principle of mixing leisure activities with elderly accommodation. Thus, in addition to the dwelling units, there are places for work and entertainment as well as childcare facilities, all of which is especially important for mothers. According to the architect, "the concept of integration gives way to a dynamic architecture, creating an urban space with multiple spatial situations. The segments of the building are laid out in spiral form, establishing a dialogue amongst them. They include communal spaces, from public and semipublic to semiprivate: the inner courtyard, lobby, square and garden. The permeability of the building's elements joins the surroundings and the people in it. Thanks to the placement of the buildings, an inner courtyard, which is shielded from outside noise, has been created. The construction's south wall protects it from the noise of the day and night-time loading and unloading of products at the adjacent market".

The center was the winner of the prize awarded by the United Nations Centre of Human Settlement (UNCHS) for outstanding projects from around the world which bring improvements to the field of human urbanization. Only eight other projects in the world have been awarded this prize. The prize, a bronze plaque set on a 30x25cm mahogany base, surrounded by a laurel wreath, bears the inscription: "For improving shelter conditions, safety and quality of life of single women through innovative housing solutions".

Multilava es el mayor centro de acogida para la mujer construido en Alemania hasta la fecha. Su objetivo se resume en la creación de un espacio para mujeres habitable de calidad, seguro y de múltiples usos. Adaptando el entorno a sus necesidades, se les ofrece la oportunidad de autorrealizarse. Esto no afecta sólo a la vivienda, sino que además sigue el principio de mezclar los espacios de ocio con los espacios para ancianos. Así, aparte de las unidades de vivienda se han dispuesto lugares para trabajar y ofertas lúdicas especialmente importantes para las madres, así como facilidades para el cuidado de los niños.

La arquitecta Alexandra Czerner comenta: "El concepto de integración se materializa en una arquitectura dinámica, creando un espacio urbano con múltiples situaciones espaciales. Los segmentos del edificio se articulan en espiral estableciendo un diálogo entre ellos. Éstos incluyen espacios comunitarios, desde públicos y semipúblicos a semiprivados: el patio interior, el vestíbulo, la plaza y el jardín. La permeabilidad de los elementos del edificio integra el entorno y a sus usuarios. Gracias a la disposición del edificio, se ha creado un patio interior protegido de los ruidos del exterior. El muro sur de la construcción la protege del alboroto producido de día y de noche durante la carga y descarga de productos en el mercado contiguo".

Este centro resultó ganador del premio que concede El United Nations Centre of Human Settlement (UNCHS) a destacados proyectos de todo el mundo que realicen aportaciones en el campo de las formas de urbanización humana. En todo el mundo se han premiado únicamente ocho proyectos además de éste.

El premio, una placa de bronce sobre caoba de 30 x 25 cm, rodeada por una corona de laurel, lleva la inscripción: "For improving shelter conditions, safety and quality of life of single women through innovative housing solutions.", que traducido sería: "Por la mejora de las condiciones de alojamiento, seguridad y la calidad de vida de las mujeres solteras mediante soluciones arquitectónicas innovadoras".

Site plan / Plano de situación

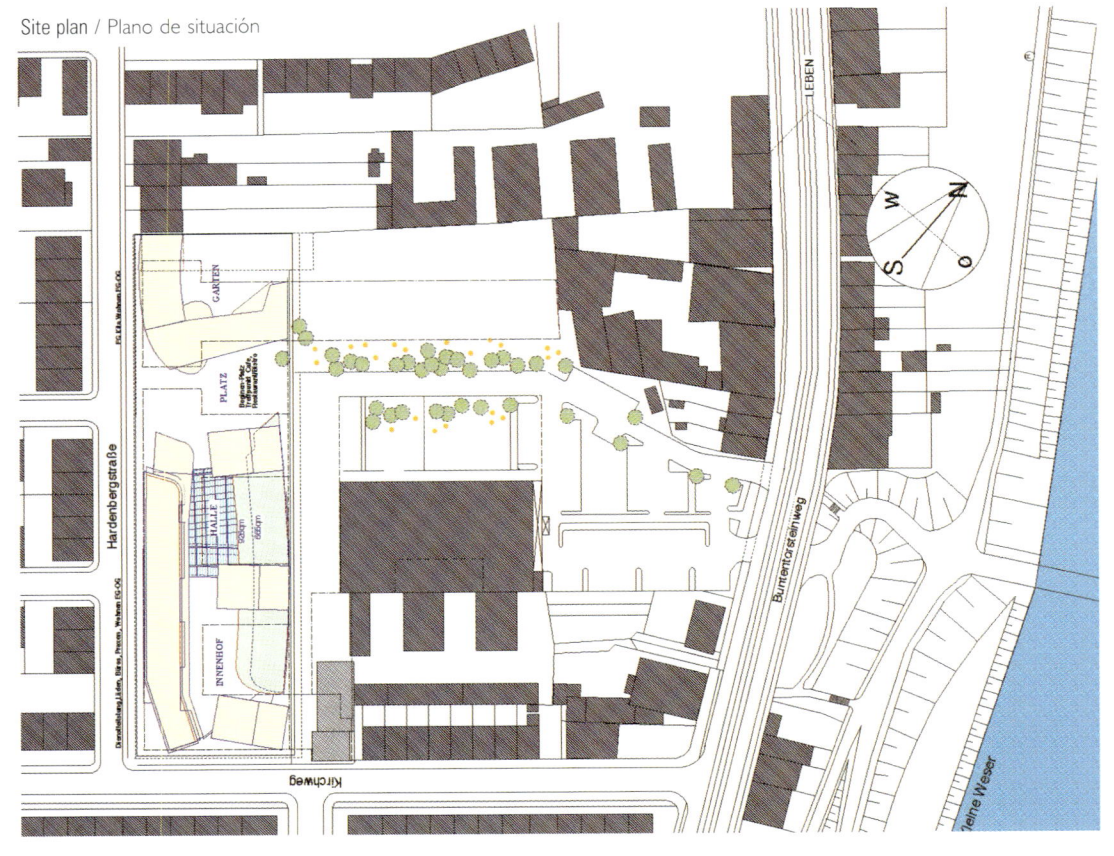

The center was designed as a small community, alternating private spaces with communal and gardened areas where inhabitants and visitors can socialize. Thus, for example, the placement of the building enables an inner courtyard which is shielded from outside noise.

Este centro se proyectó como si fuera una pequeña comunidad, alternando los espacios privados con zonas comunitarias y ajardinadas que invitan a los usuarios a relacionarse. Así por ejemplo, la disposición del edificio crea un patio interior que queda protegido de los ruidos del exterior.

Ground floor plan / Planta baja

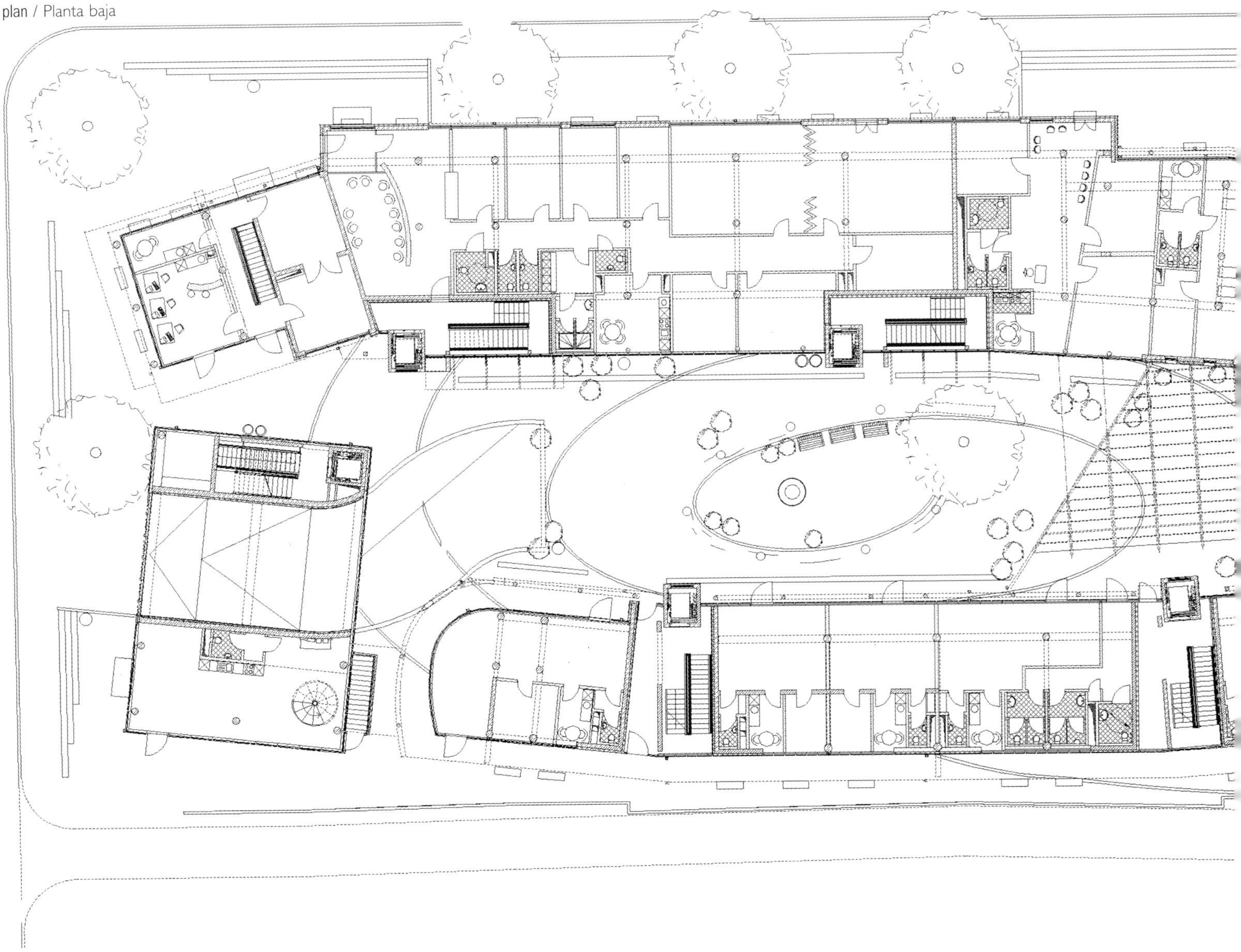

First floor plan / Planta primera

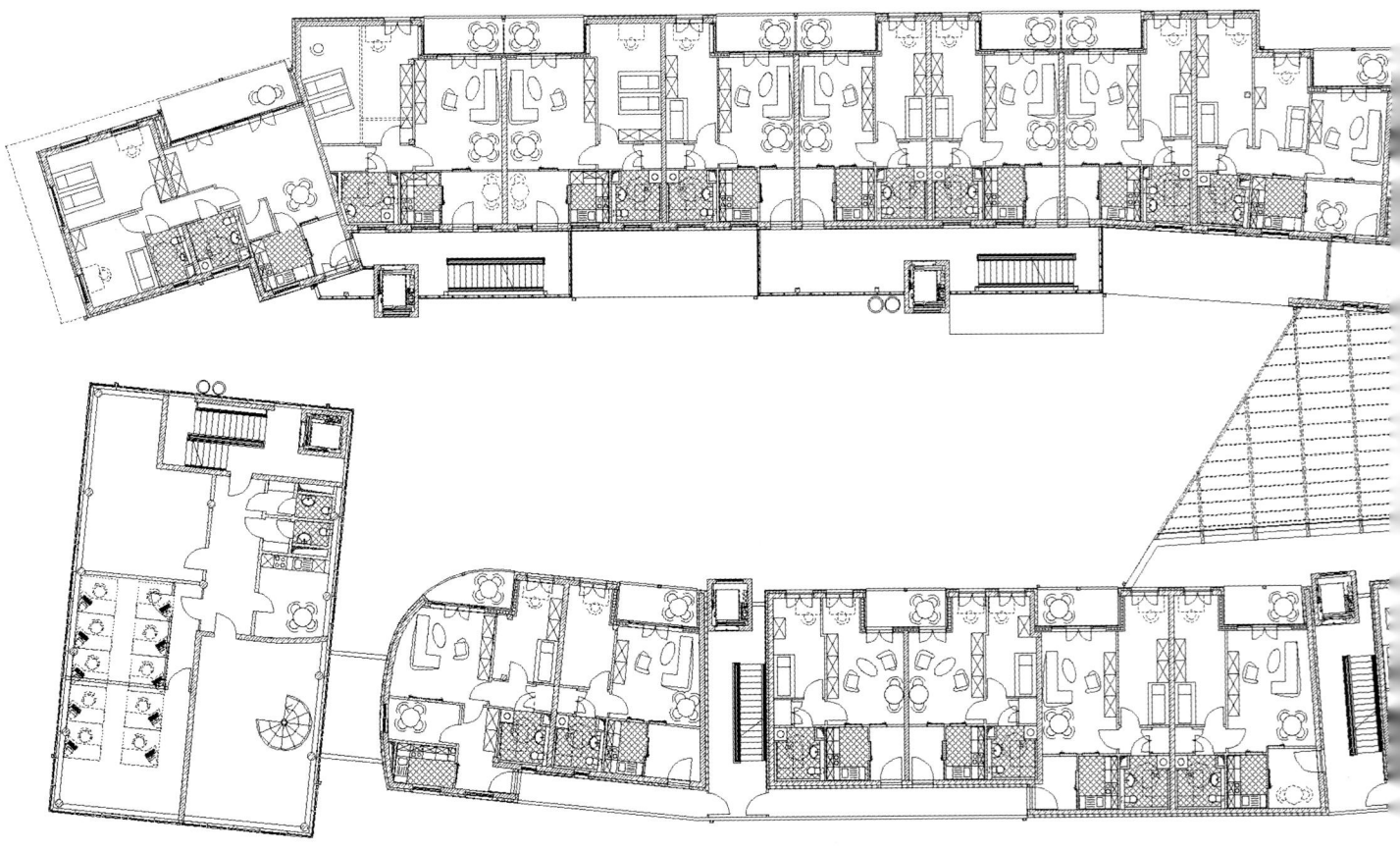

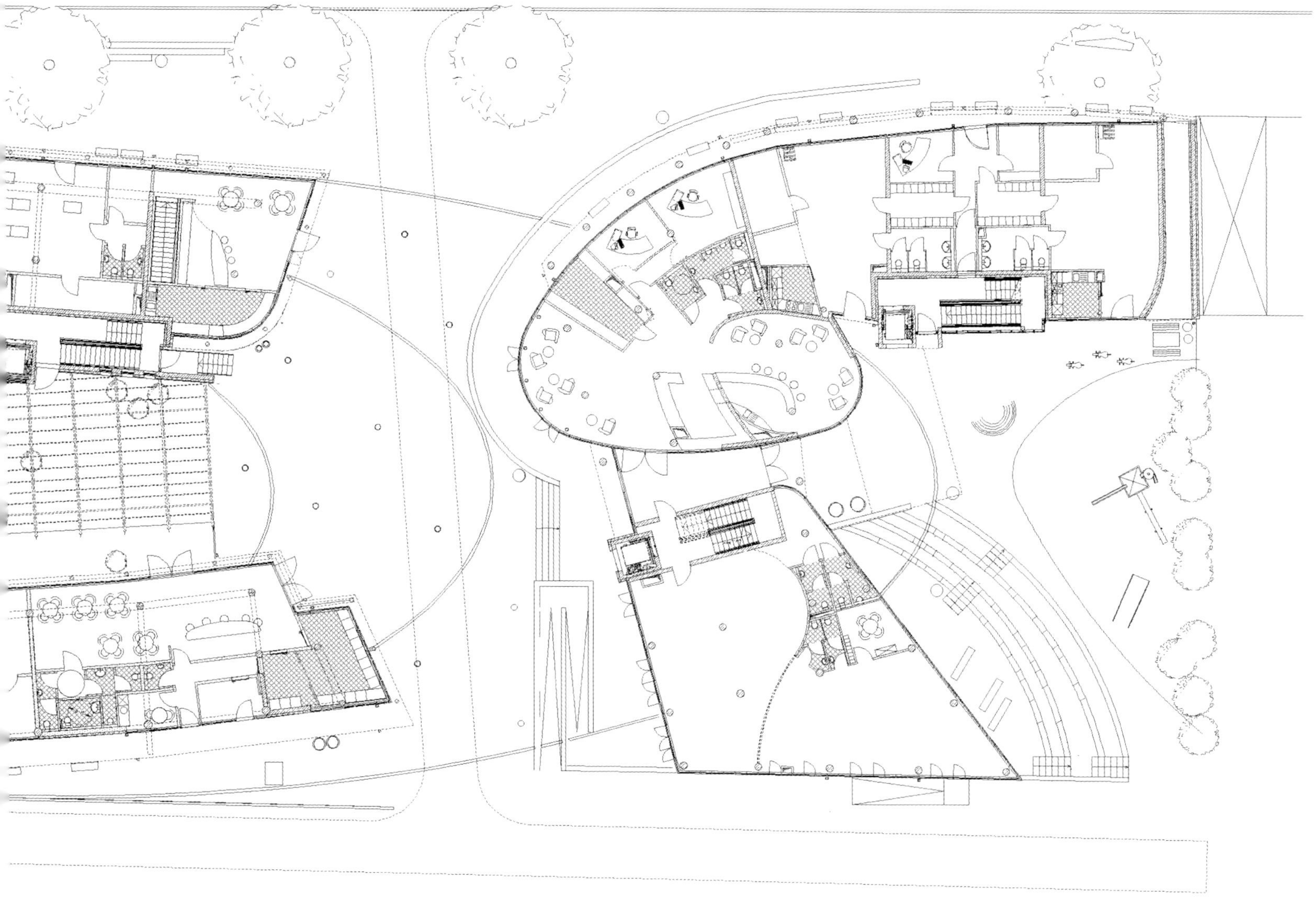

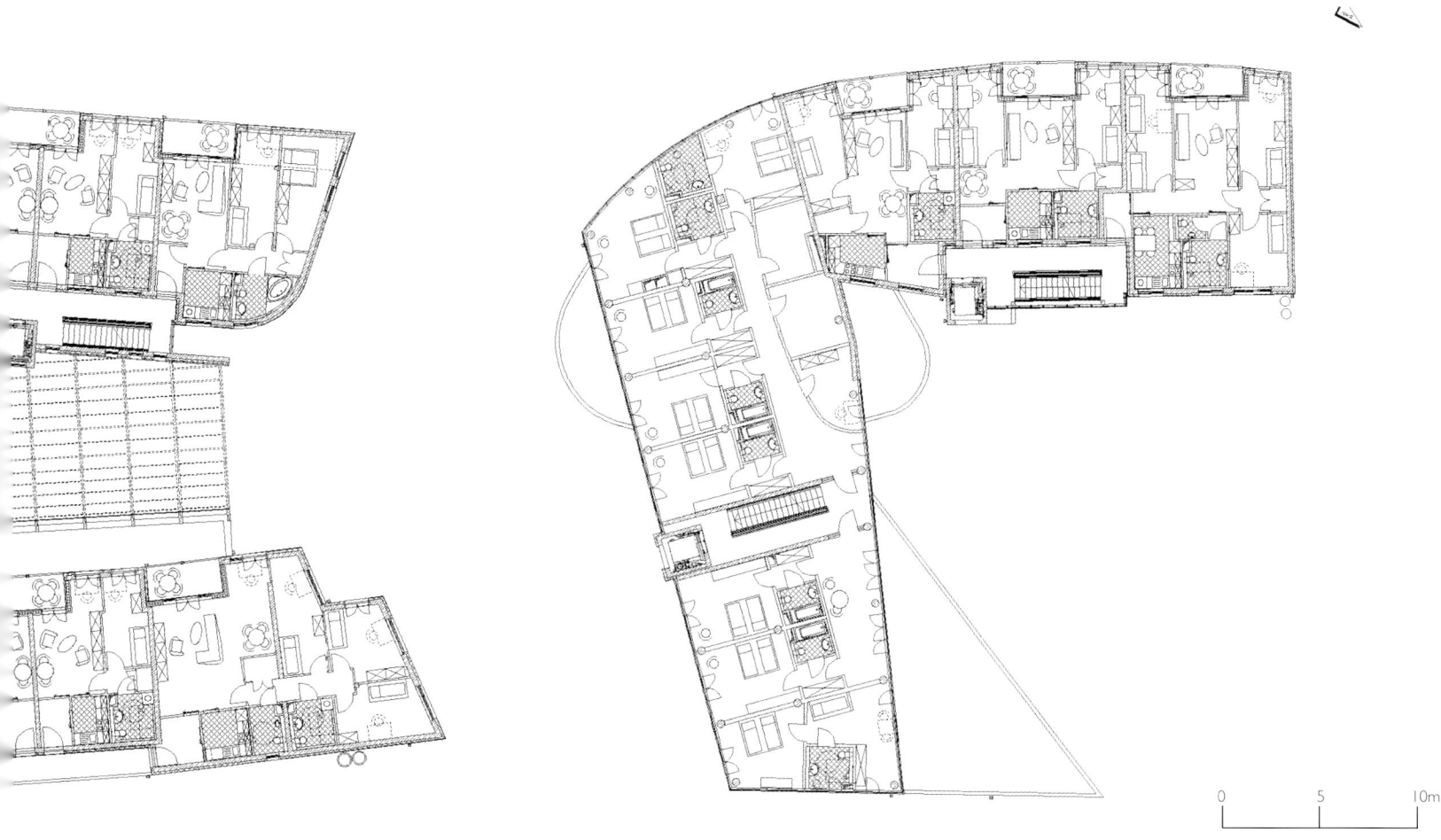

The concept of integration has given way to a dynamic architecture, creating an urban space with multiple spatial situations. The segments of the buildings have been laid out in spiral form, establishing a dialogue amongst them.

El concepto de integración se materializa en una arquitectura dinámica, creando un espacio urbano con múltiples situaciones espaciales. Los segmentos del edificio se articulan en espiral estableciendo un diálogo entre ellos.

Hardenbergstrasse elevation, house II / Alzado a la calle Hardenberg, casa II

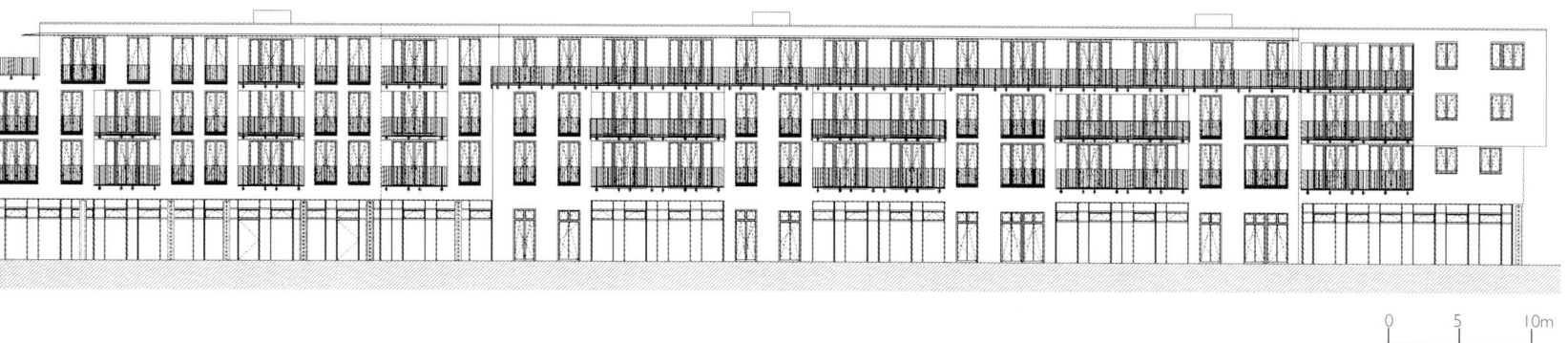

Hardenbergstrasse elevation, house I / Alzado a la calle Hardenberg, casa I

0   5   10m

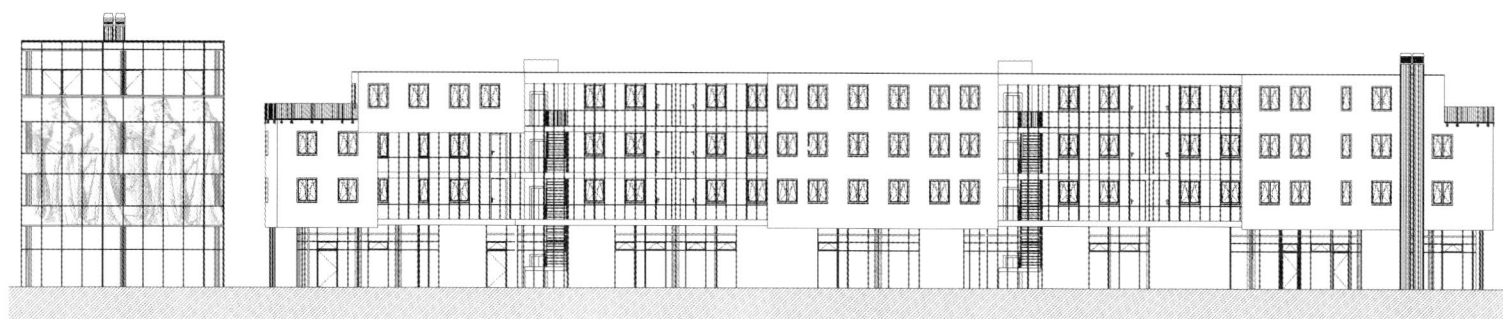

North-east elevation, house III / Alzado Noreste, casa III

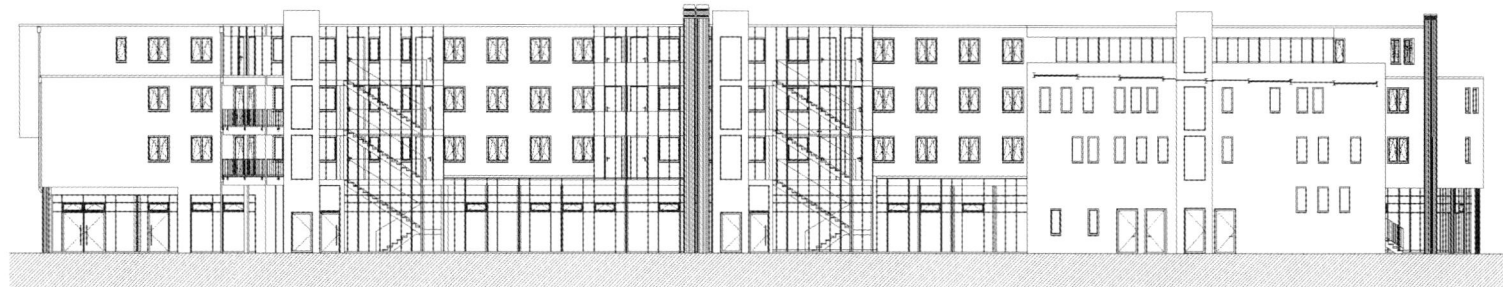

North-east elevation, house I / Alzado Noreste, casa I

South-west elevation, house III / Alzado Sudoeste, casa III

187

Elevation / Alzado

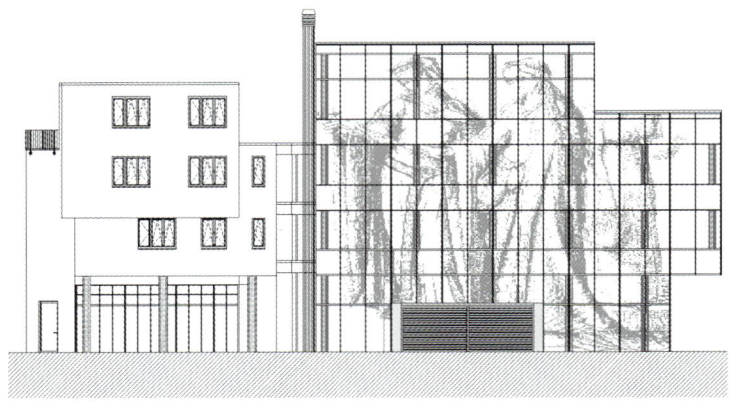

Section house II / Sección casa II

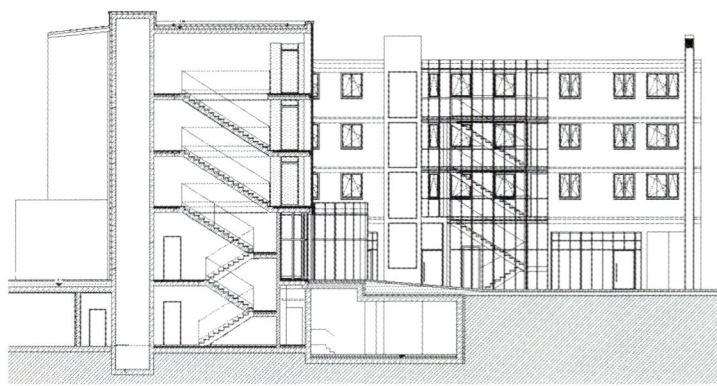

Section house I & III / Sección casa I y III

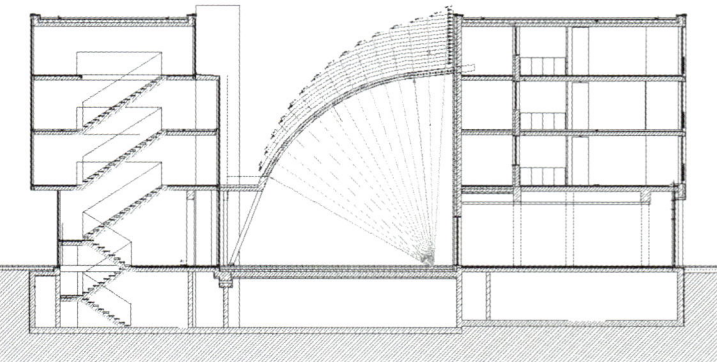

Joan Lluís Casajuana

Novallar de Cunit

Cunit, Tarragona, Spain   Photographs: Joan Argelés

This senior citizens residential center is located in the municipality of Cunit, in Tarragona's very sunny vacation area of the Costa Daurada. The building is located on a 87 m wide by 75 m long site, on a flat area surrounded by low, semi-detached houses.

The building is a free-standing, U-shaped rectangle, with its main façade and entrance facing south so that the afternoon sun reaches all the interior landscaped areas of the complex.

The initial plan is 60 sheltered apartments with services and 20 sheltered rooms with 30 beds for mobility-reduced elderly. The other areas comprise common lounges, a dining hall, living rooms, rehabilitation and occupational therapy areas, doctors' and administrative staff offices, a library, a physical exercise room and a therapeutic heated swimming pool. The staffed services are accommodated on the ground floor, including the kitchen, laundry, changing rooms and storage facilities.

This project consists of two buildings joined by a two-story, glazed passage where the services building is L-shaped, joined to the south façade. The apartment building composes the upper arm of the "U".

The sand-colored services building, with glazed enclosures and a steel-colored curtain, has a basement, ground level and upper floor. The residents' common lounges and activity areas are on the ground floor, with direct access to the garden. The upper floor houses the sheltered rooms each with their living room, dining room, and private occupational therapy room, as well as the staff lounge and connected services.

The upper arm of the "U" comprises the apartment building, which is sienna-colored with the exterior woodwork in white. Two different types of adapted apartments are contained on the ground level and upper floor. Half of the apartments are bed-sitting rooms, with a kitchen concealed within a cupboard and a bathroom, and the rest of the apartments have a separate double bedroom, living room, kitchen and a bathroom specially adapted for the elderly. As is typical of the Mediterranean area, the enclosures of this section are "Majorcan-style" adjustable folding shutters, with a wide, floor-length opening, to allow a complete view of outside and capture the most sunlight.

Este centro residencial y de servicios para la tercera edad está situado en el municipio de Cunit, en la Costa Daurada de Tarragona, zona de veraneo y muy soleada. El edificio, ubicado en un solar de 87 m de ancho por 75 m de profundidad, se encuentra en una zona llana rodeada de viviendas adosadas de poca altura.

El edificio es exento y está organizado en forma de "U" apaisada, abierta hacia poniente, con su fachada principal y de acceso orientada al sur, consiguiendo con ello que el sol de tarde llene todos los espacios ajardinados interiores del conjunto.

El programa inicial es de 60 apartamentos tutelados con servicios y 20 habitaciones con 30 camas asistidas para personas de edad avanzada y con movilidad reducida. El resto de espacios corresponde a áreas de relación, comedor, salas de estar, rehabilitación, terapia ocupacional, despachos médicos y de administración, biblioteca, sala polivalente y piscina climatizada terapéutica. En la planta inferior se desarrollan los servicios de personal, tales como cocina, lavandería, vestuarios y almacenes.

El programa se desarrolla en dos edificios unidos por un paso acristalado a doble altura, donde el edificio de servicios tiene forma de "L", reclinada sobre la fachada sur. El brazo superior de la "U" corresponde al edificio de apartamentos.

El edificio de servicios, de color arena y cerramientos acristalados con muro cortina de color acero, se organiza en planta sótano, baja y piso. En la planta baja se encuentran los espacios de relación y actividades de los residentes del centro, en contacto y acceso directo al jardín. En la planta superior se organizan las habitaciones asistidas con su sala de estar, comedor, y sala de terapia ocupacional propia, así como el cuerpo de guardia y los servicios anexos.

El edificio de apartamentos, de color siena y carpintería exterior en blanco, corresponde al brazo superior de la "U" y se desarrolla en planta baja y piso, con dos tipologías de viviendas adaptadas diferenciadas. La mitad de los apartamentos son de un solo ambiente, con cocina-armario y baño, y el resto de apartamentos con habitación doble independiente, sala de estar, cocina y baño geriátrico. Los cerramientos de este cuerpo son mediante persianas correderas de librillo orientables tipo "mallorquinas", típicas de la zona mediterránea, con aberturas amplias, hasta el suelo, para permitir una visión completa hacia el exterior y captar el máximo de luz solar.

The free-standing building is a U-shaped rectangle, with its main façade and entrance facing south so that the afternoon sun reaches all the interior landscaped areas of the complex.

El edificio exento está organizado en forma de "U" apaisada, abierta hacia poniente, con su fachada principal y de acceso orientada al sur, consiguiendo con ello que el sol de tarde llene todos los espacios ajardinados interiores del conjunto.

Basement floor plan / Planta sótano

0 1   5   10   20m

carrer de La Pedrera

carrer de La Selva

carrer de Sant Antoni

carrer d'Osona

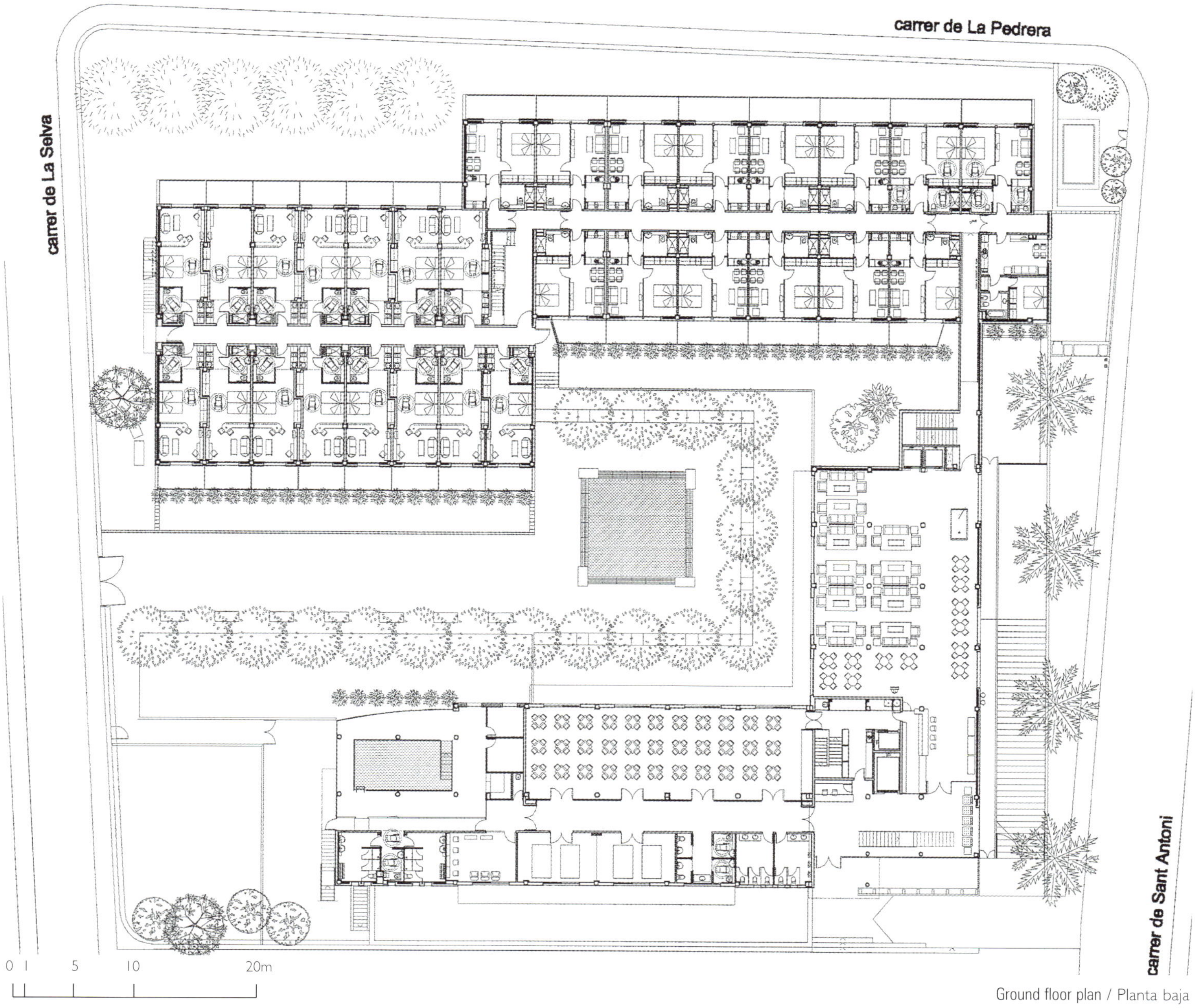
carrer de La Pedrera
carrer de La Selva
carrer de Sant Antoni
0 1 5 10 20m

Ground floor plan / Planta baja

SALIDA

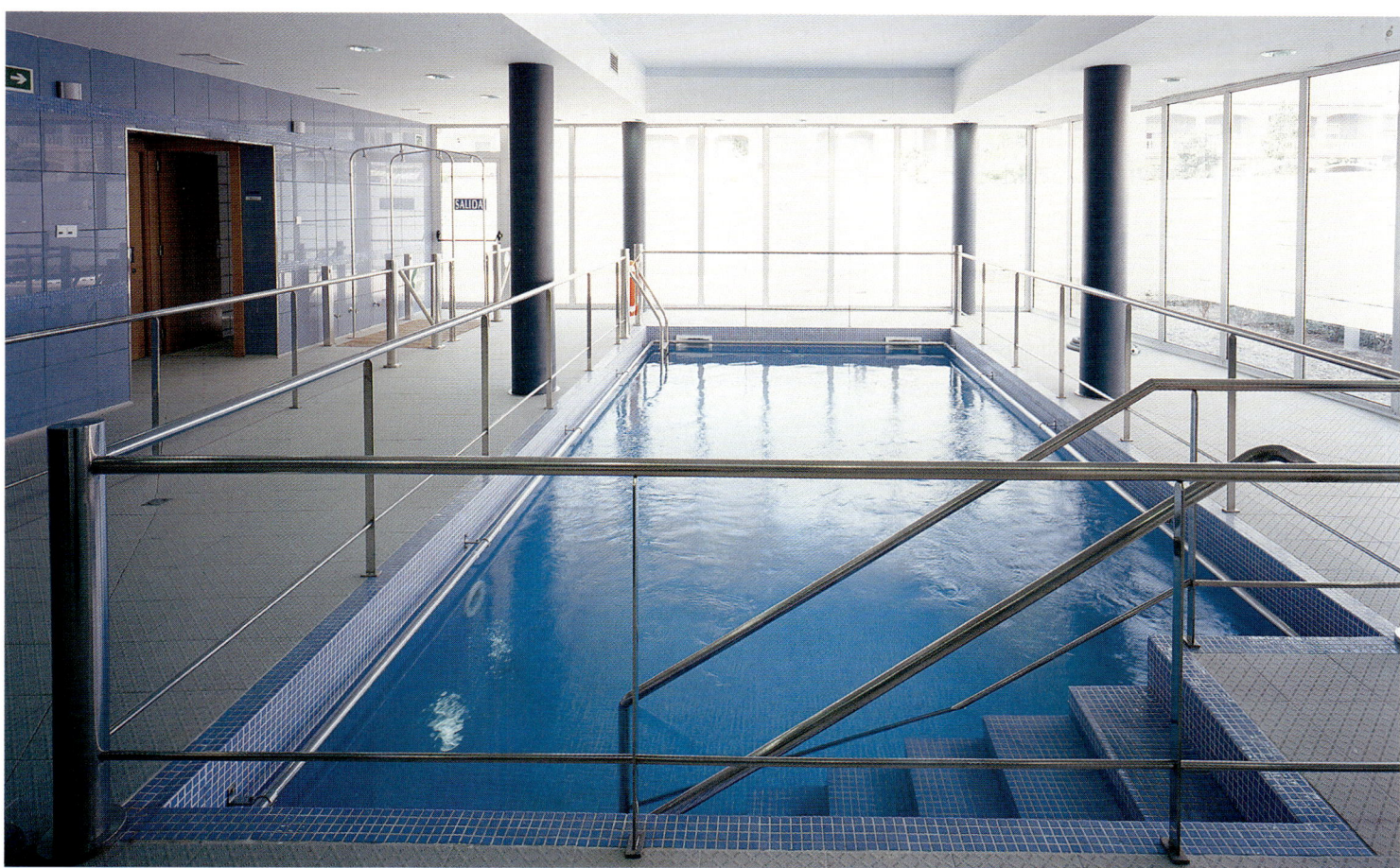

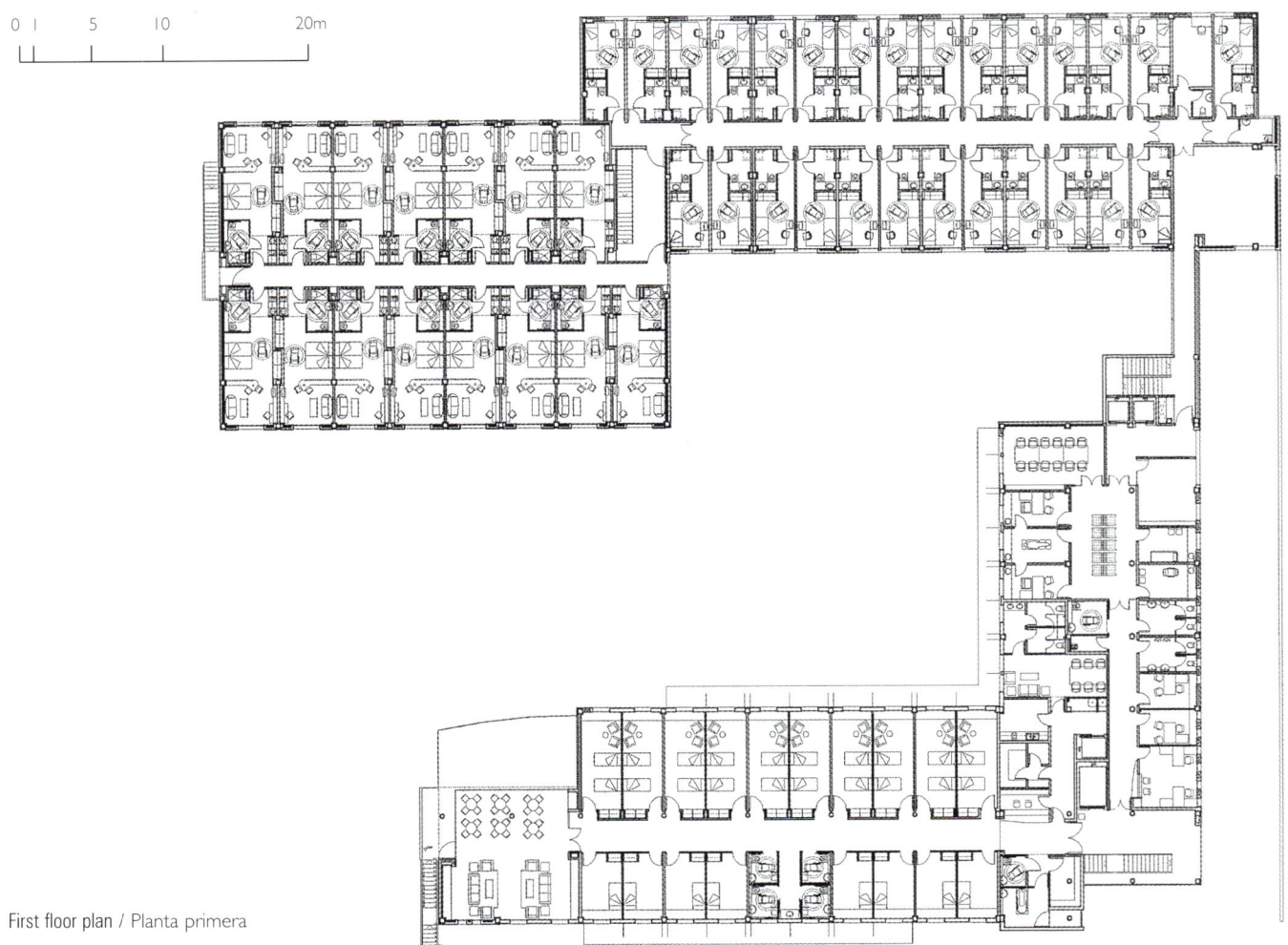

First floor plan / Planta primera

Roof floor plan / Planta cubierta

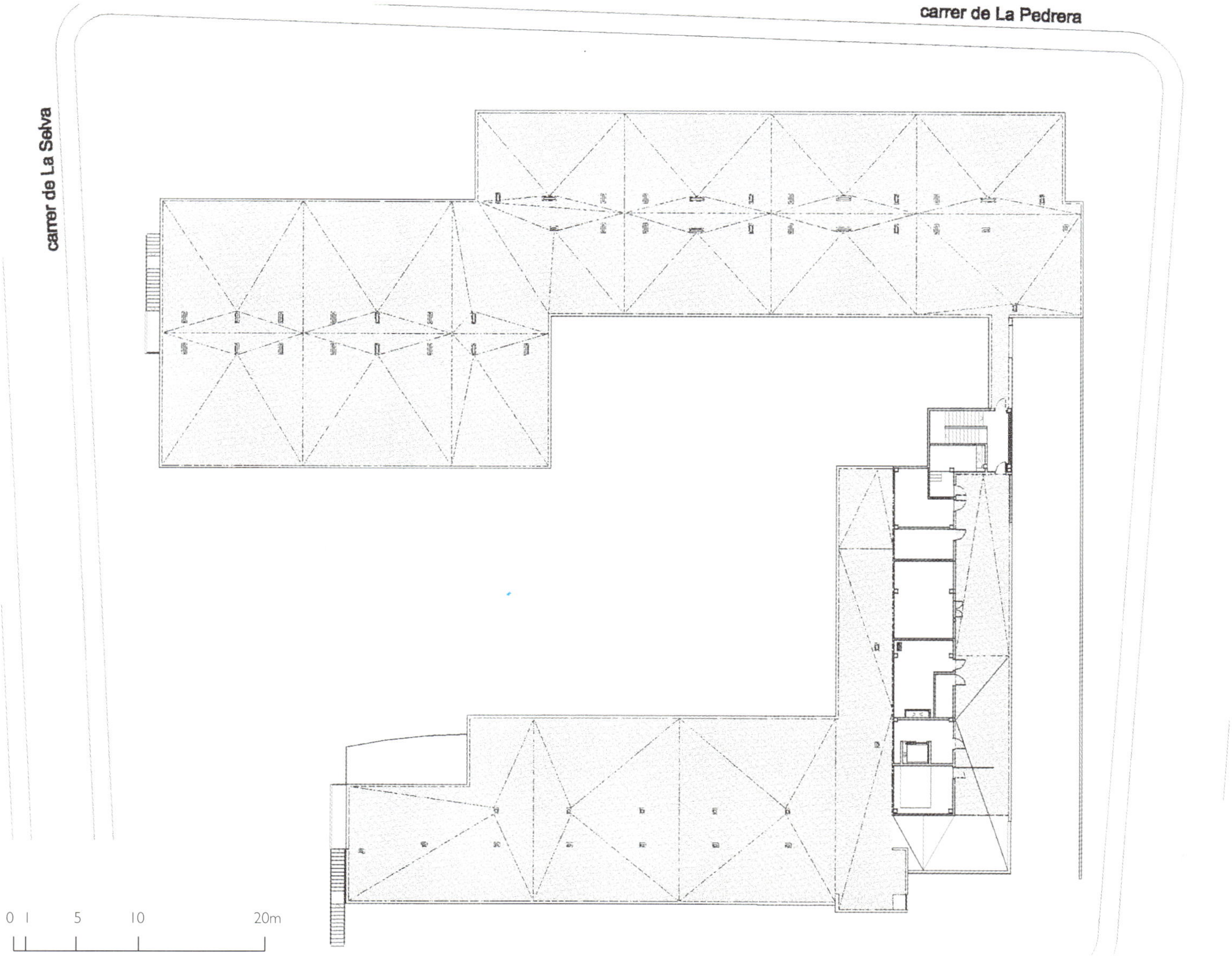

carrer de La Pedrera

carrer de La Selva

0 1   5   10   20m

Elevation 1 / Alzado 1

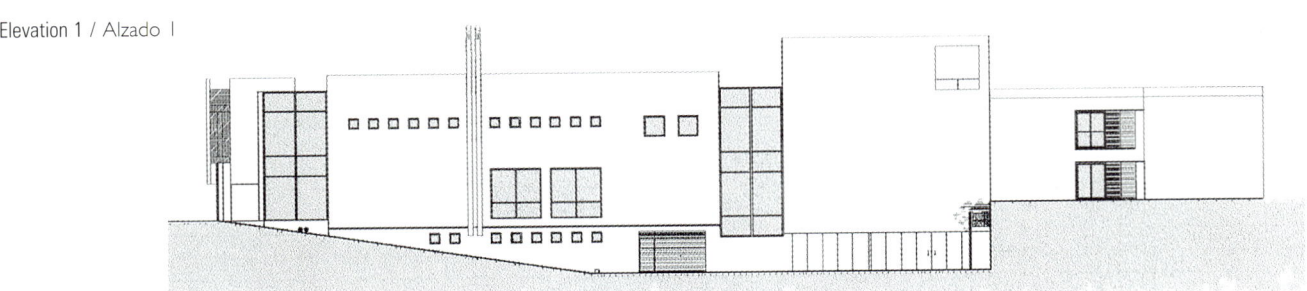

Elevation 2 / Alzado 2

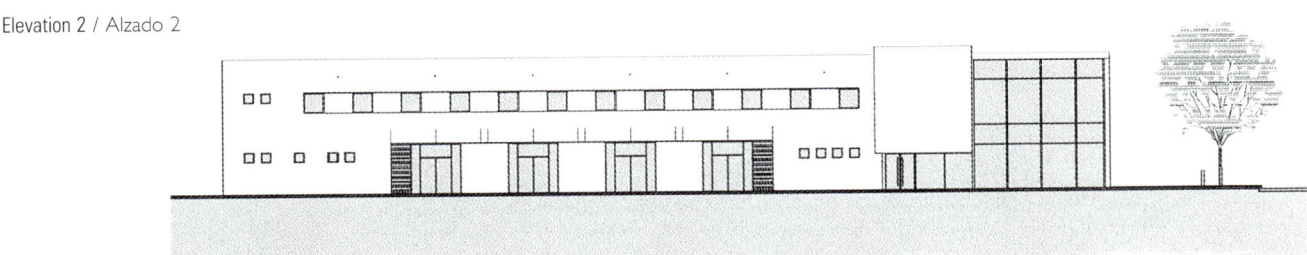

Elevation 3 / Alzado 3

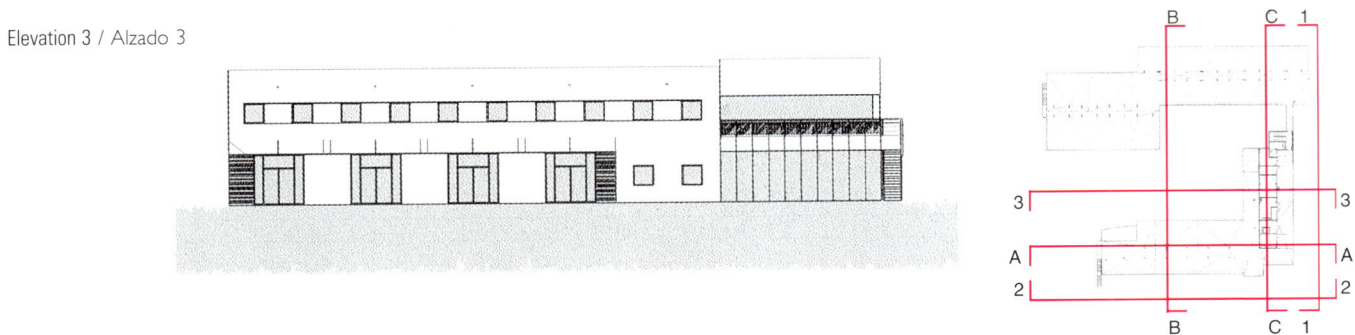

Section AA / Sección AA

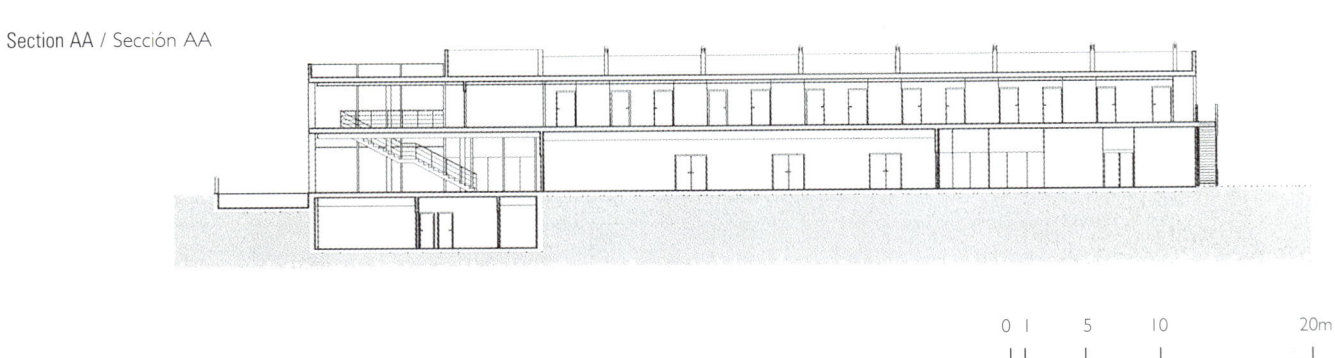

0 1   5   10   20m

Section BB / Sección BB

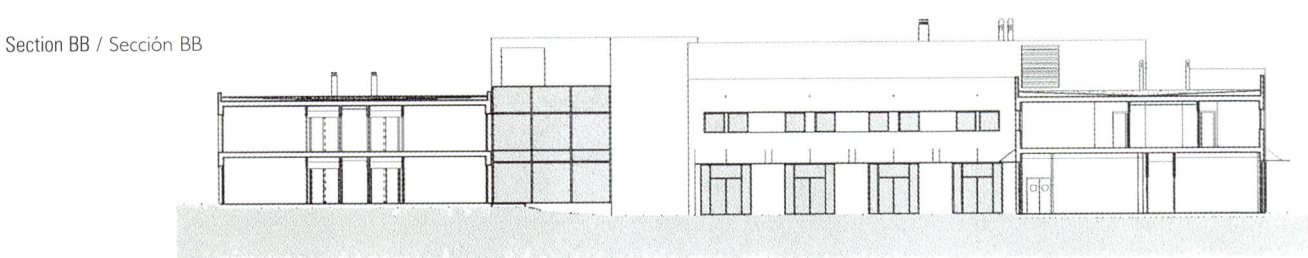

Section CC / Sección CC

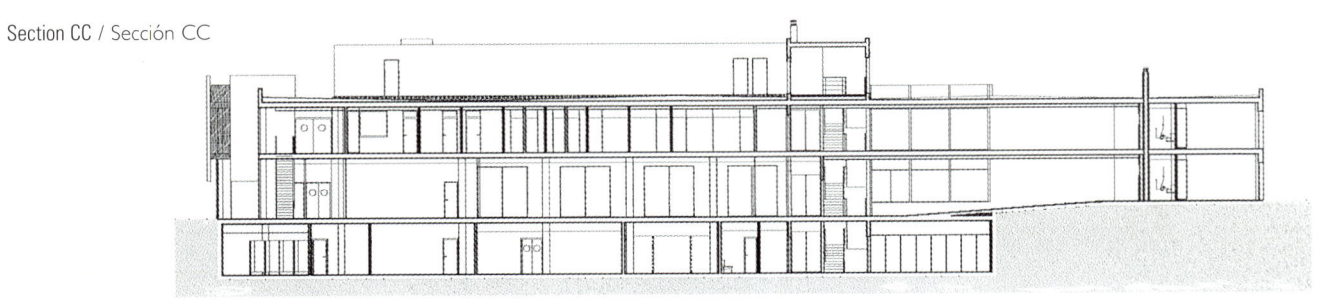

Typical of the Mediterranean area, the apartment building enclosures are "Majorcan-style" adjustable folding shutters, with a wide, floor-length opening, to allow a complete view of outside and capture the most sunlight.

Los cerramientos del edificio de apartamentos son mediante persianas correderas de librillo orientables tipo "mallorquinas", típicas de la zona mediterránea, con aberturas amplias, hasta el suelo, para permitir una visión completa hacia el exterior y captar el máximo de luz solar.

Kada + Wittfeld

Senior citizens home

Thalgau, Austria   Photographs: Willi Schnöll

The incorporation of an old peoples home and a nursery within the same location offers a unique possibility of integrating the elderly, separated from their family environment, into a new social context that is not exclusively made up of senior citizens. The contact of the elderly with children and parents brings them closer to the local community and helps them to fit in. On the other hand, the elderly can become persons of reference ("grandmother / grandfather") for some of the children during their stay in the nursery.

Contact between these two groups has evoked the architectural concept of the two buildings that extend from north to south, sharing some common functions and joined by a "pin" that runs from east to west. This "pin" is not only the functional union of the two buildings at the common dining hall, but also constitutes a succession of areas demonstrating the building's function as an interface between the place and the landscape. The areas follow on from one another under visual references from the residence's hallway to the church, extending to the dining hall and ending at the nursery entrance with broad views of the surrounding landscape. Any point of the "pin" offers the necessary orientation within the building, thanks to visual references of the place (the church) and the scenery.

The building is structured like a small city. The home spreads out from an entrance terrace that connects it to the nursery and that also is used by the dining hall, with a series of paths and areas that provide a variety of experiences (the entrance terrace, the hall with the café, the patio, the garden). The patio, with its paths for walking, forms the nerve center of the three-story residence. Situated around this patio, on the ground floor, are the administrative and medical care areas and the staff rooms, as well as accommodation for visitors. The two upper floors house the rooms facing from east to west with a medical care unit on each floor. On the one hand, this structure is a rational organizational model with short distances and a clear orientation and layout both for staff and residents. On the other hand, it provides a human environment with a great variety of areas, in which the residents can find their own space and face old age with the possibility of mixing with others.

La integración en un mismo espacio de una residencia geriátrica y una guardería ofrece la posibilidad única de integrar a los ancianos, separados de su entorno familiar, en un nuevo contexto social no constituido únicamente por personas de la tercera edad. El contacto de los ancianos con los niños y los padres los aproxima a la comunidad local y contribuye a su integración. Por otro lado, los ancianos pueden convertirse en personas de referencia ("abuelo/abuela") para algunos niños durante su estancia en la guardería.

El contacto entre los dos grupos de personas evoca el concepto arquitectónico de los dos edificios que se prolongan de norte a sur compartiendo algunas funciones comunes y unidos mediante una "horquilla" que discurre de este a oeste. Esta "horquilla" no constituye tan sólo una unión funcional de los dos edificios hacia el comedor común, sino que representa una sucesión de espacios que tematizan la función del edificio como interfase entre el lugar y el paisaje. Los espacios se suceden bajo referencias visuales desde el vestíbulo de la residencia hasta la iglesia, se prolongan hasta el comedor y terminan en la entrada a la guardería con amplias vistas sobre el paisaje circundante. En todos los puntos de la "horquilla" se proporciona la orientación necesaria dentro del edificio gracias a las referencias visuales al lugar (la iglesia) y al paisaje.

El edificio se estructura como una pequeña ciudad. La residencia se desarrolla sobre la terraza de entrada, que la comunica con la guardería y sirve también como terraza del comedor, en una sucesión de caminos y lugares que proporcionan una gran multiplicidad de vivencias (la terraza de entrada, el vestíbulo con la cafetería, el patio, el jardín). El centro neurálgico de la residencia, de tres plantas, lo constituye el patio, con caminos para pasear. Alrededor de este patio, en la planta baja, se disponen espacios administrativos, de cuidados médicos y las habitaciones del personal, así como los alojamientos para visitantes. Los dos pisos superiores alojan las habitaciones orientadas de este a oeste con una unidad de cuidados médicos por planta. Esta estructura proporciona, por un lado, un modelo organizativo racional con recorridos cortos y una orientación y disposición claras tanto para el personal como para los residentes. Por otro lado, proporciona un entorno humano con gran variedad de espacios, en el que los residentes pueden encontrar su propio sitio y enfrentarse a su vejez con la posibilidad de relacionarse con los demás.

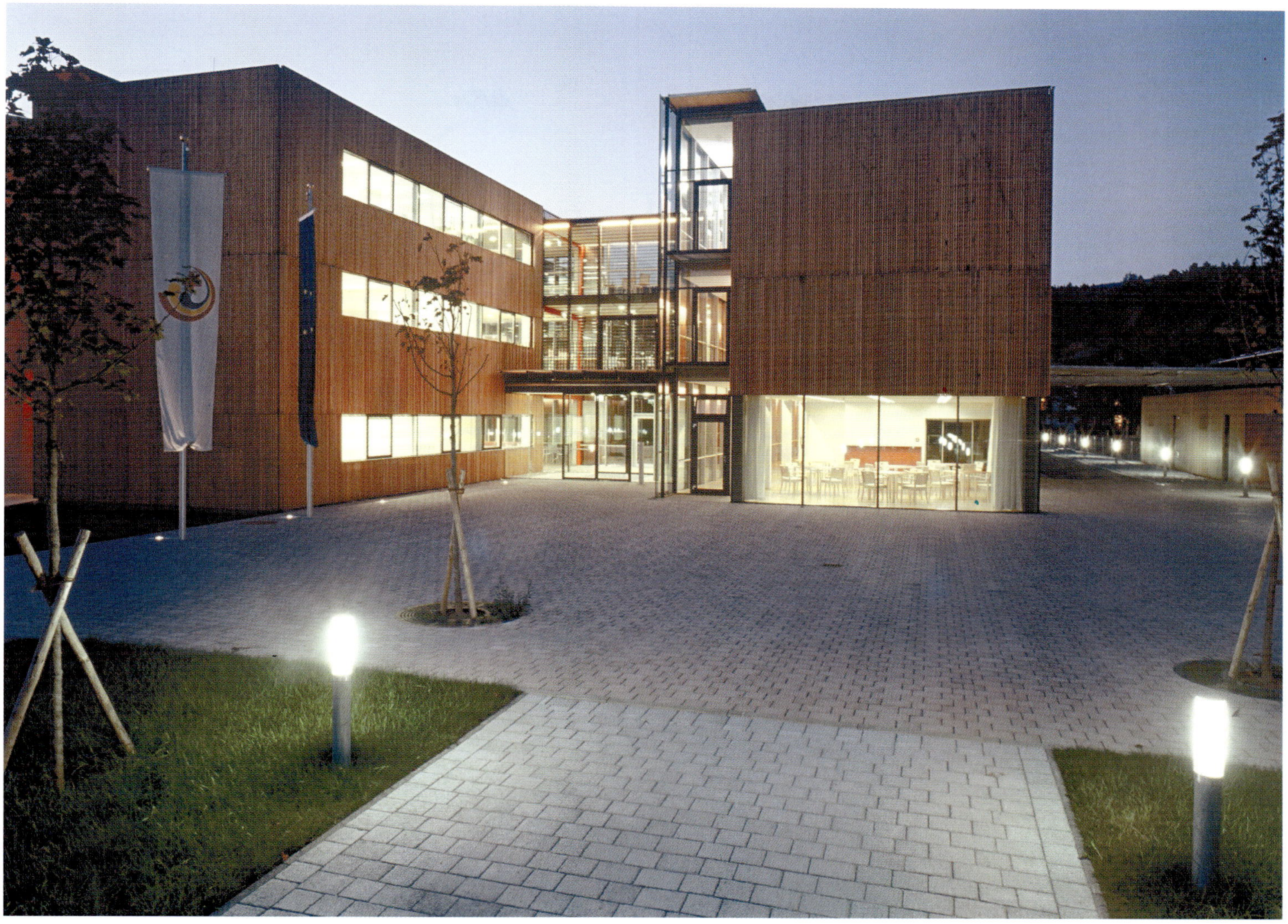

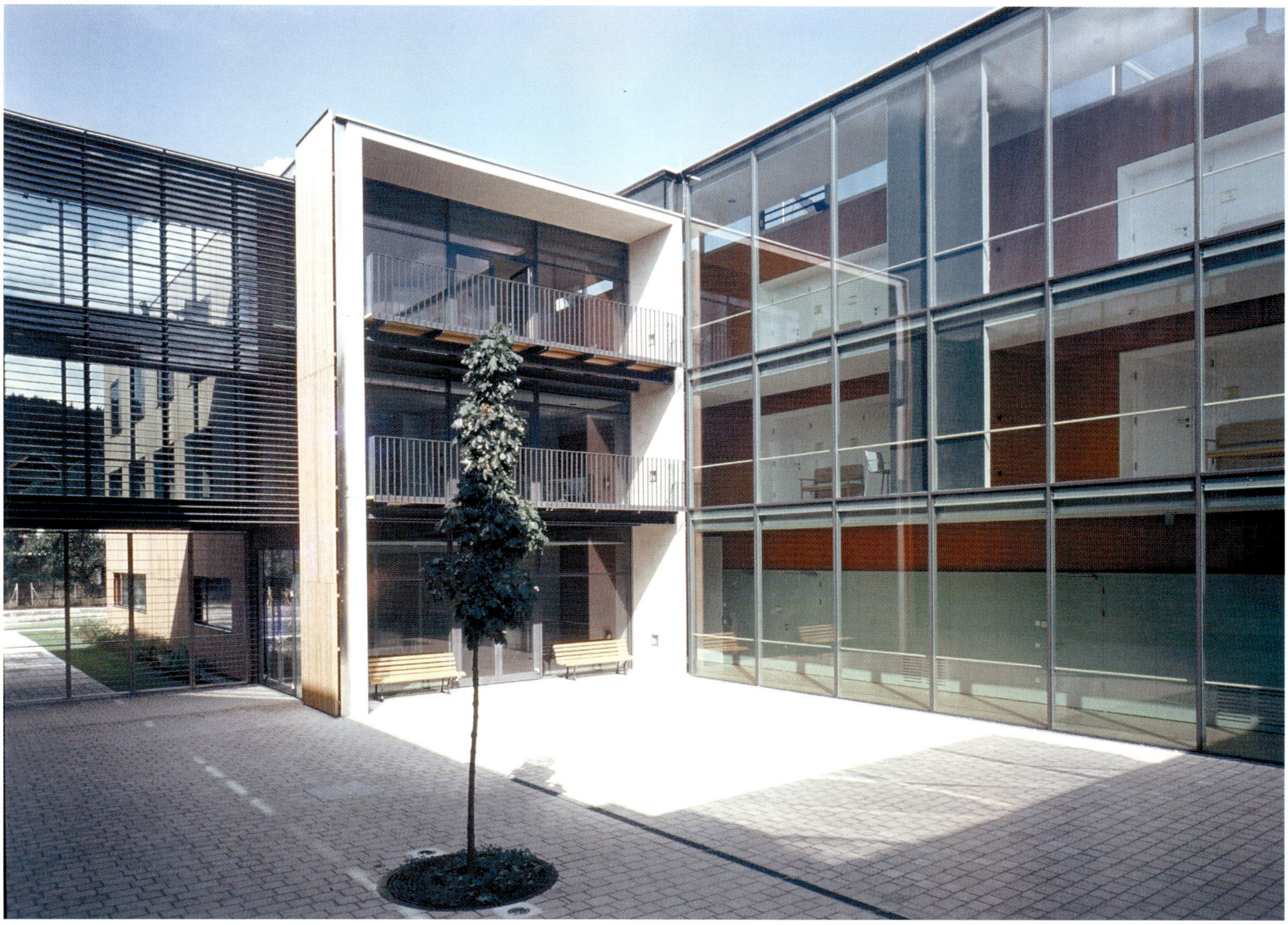

Site plan / Plano de situación

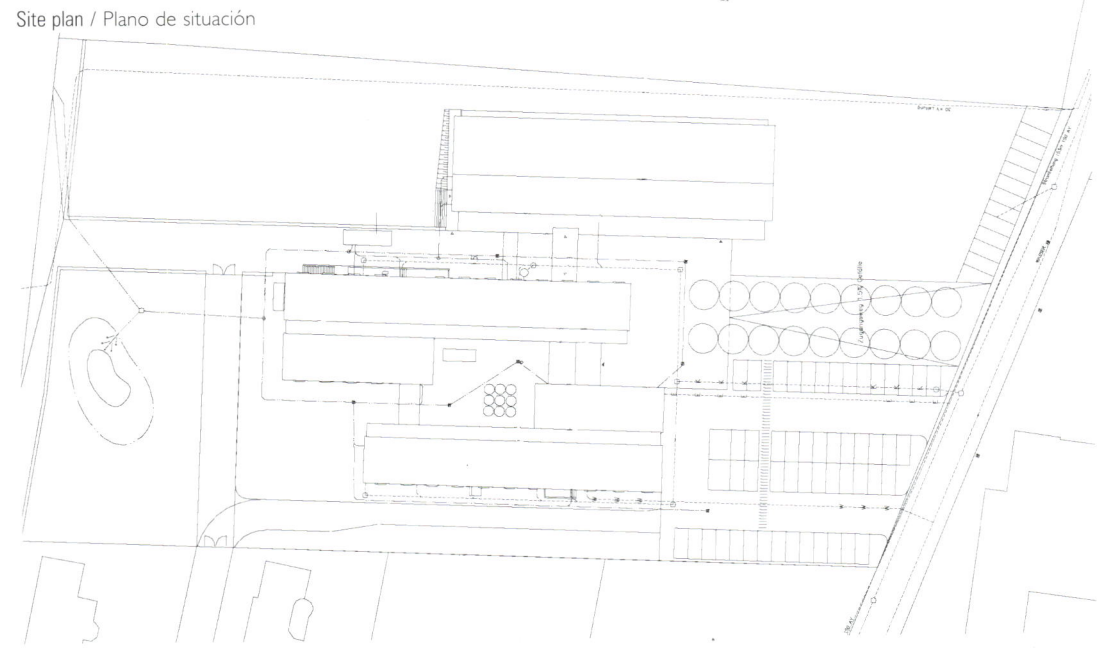

The old people's home and the nursery, both facing from east to west, divide the location into two areas of outstanding spatial qualities. The public areas face Ferdinand-Zuckerstädter-Straße: the main buildings with south-facing entrance terraces, the children's public playground and the car park, surrounded by trees, that not only covers the requirements of the residents, the nursery and the visitors, but also those of the school and sports ground, and that can be used for other communitary activities.

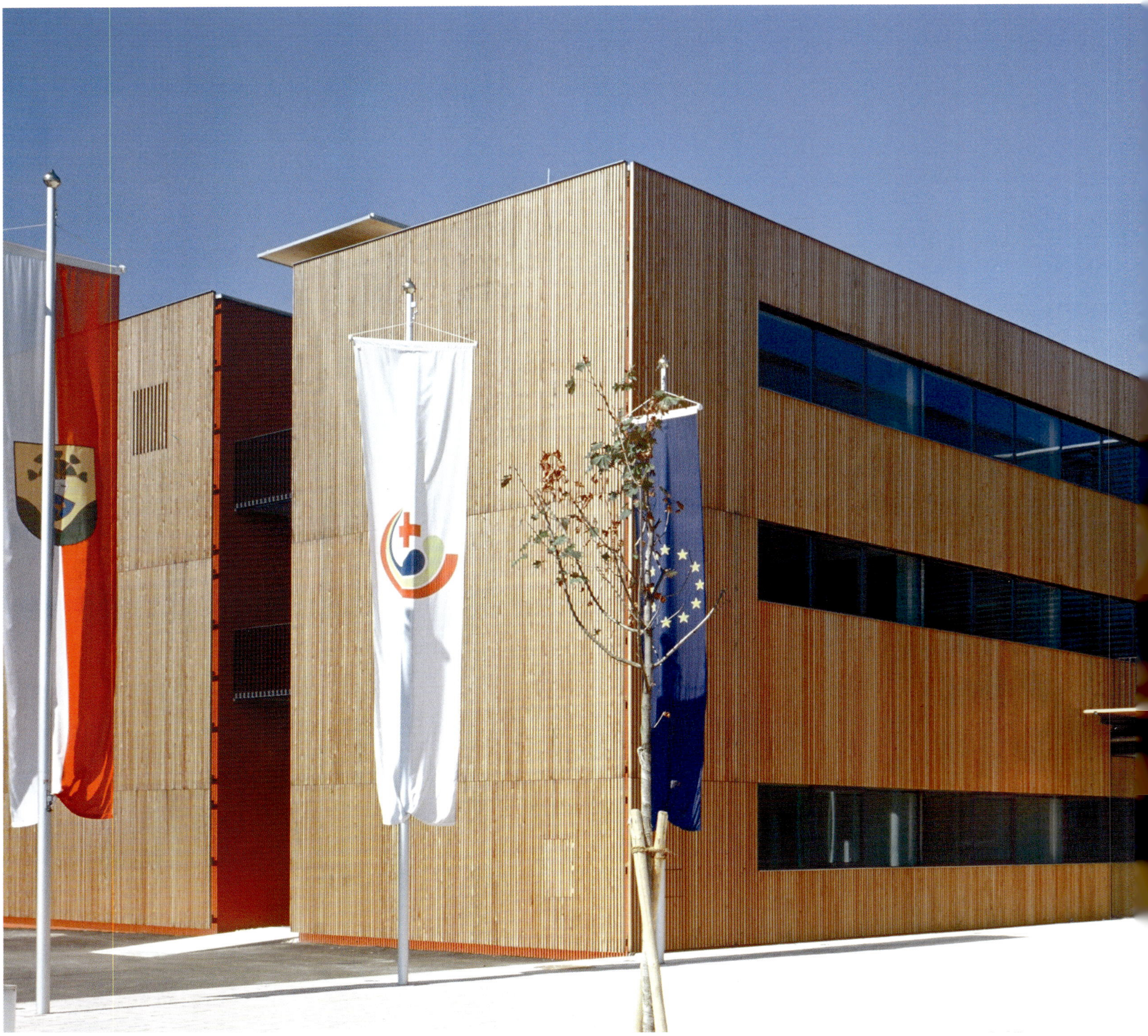

La residencia de ancianos y la guardería, orientadas de oeste a este, dividen el emplazamiento en dos zonas con destacadas cualidades espaciales. Las zonas públicas están orientadas hacia la Ferdinand-Zuckerstädter-Straße: la urbanización principal, con terrazas de entrada orientadas al sur, el parque infantil público y el parking, rodeado de árboles, que cubre no sólo las necesidades de la residencia, la guardería y los visitantes, sino también las de la escuela y el campo de deportes, y que puede emplearse para otras actividades comunitarias.

203

Basement floor plan / Planta sótano

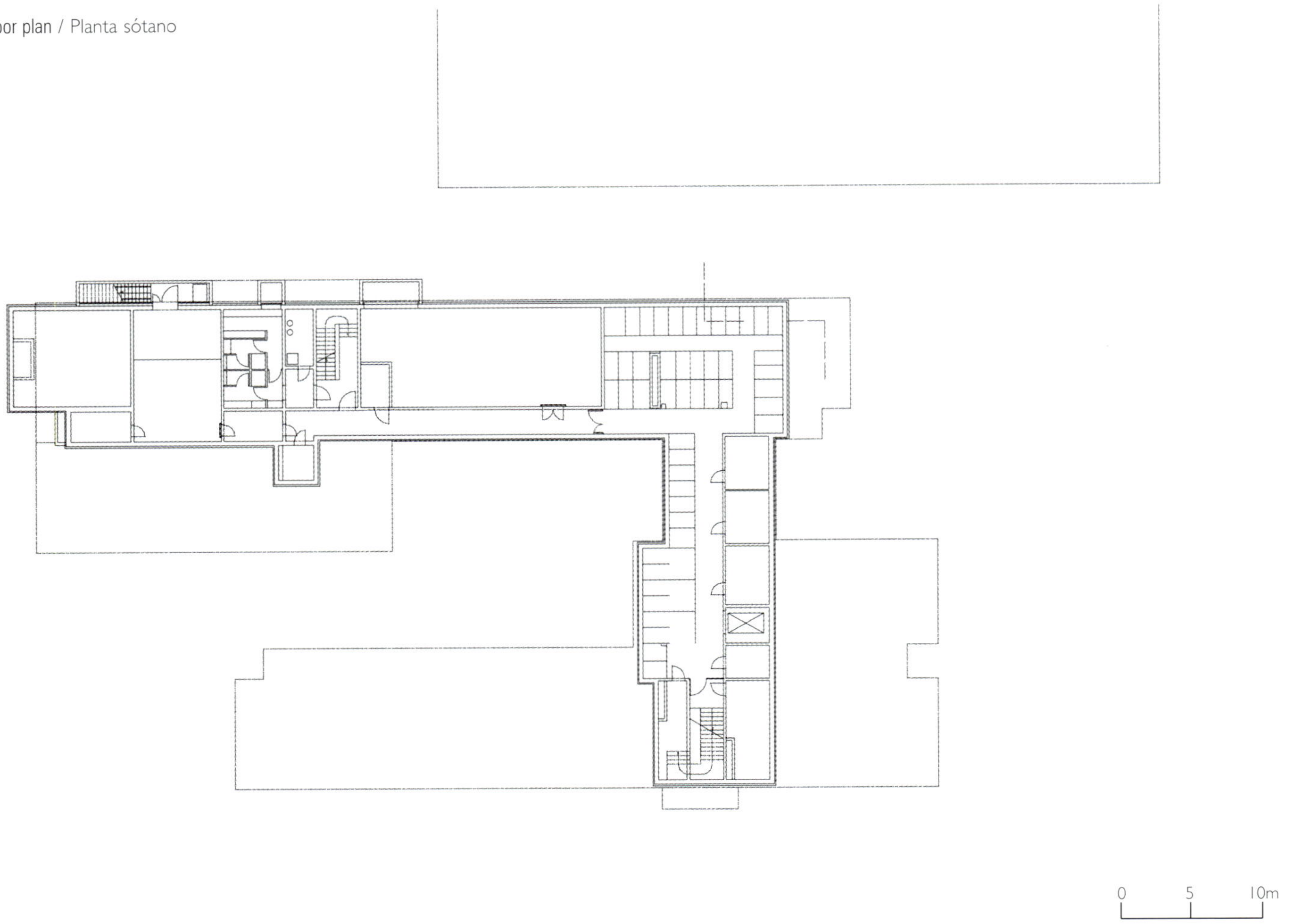

0   5   10m

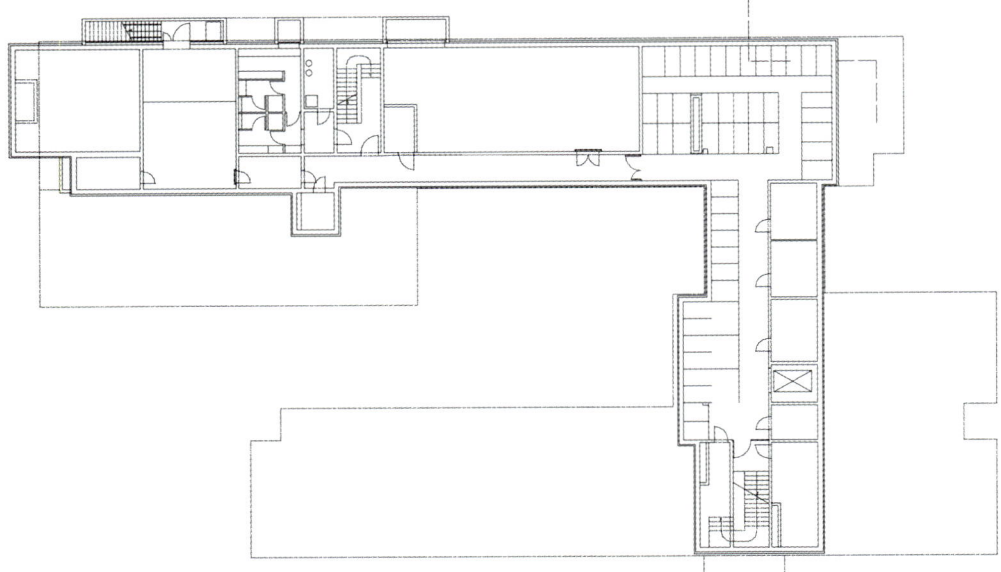

Ground floor plan / Planta baja

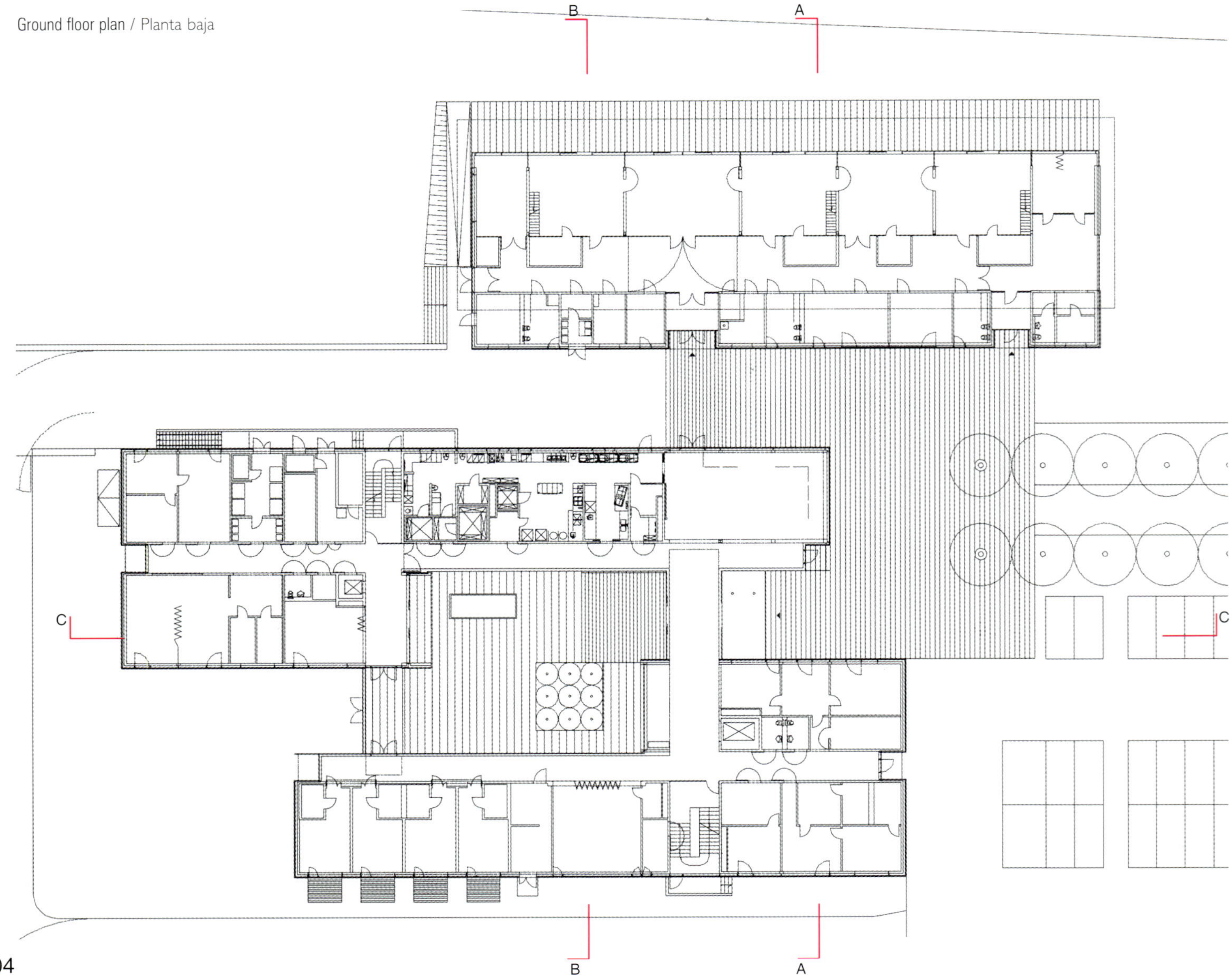

B   A

C   C

B   A

First floor plan / Planta primera

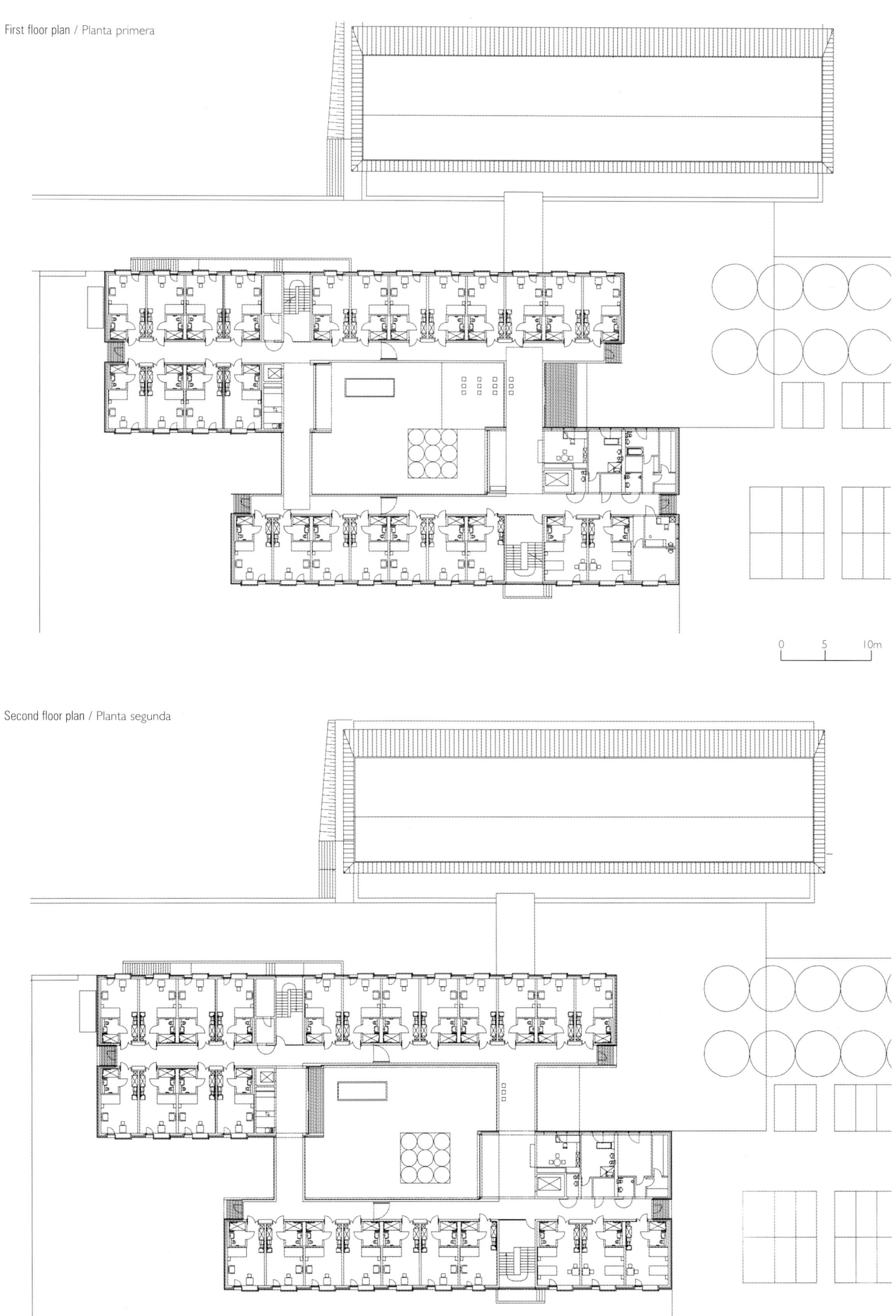

0   5   10m

Second floor plan / Planta segunda

The starting point lies in the definition of the rooms as an individual home with its counterpoint in the common rest areas facing the patio. The path that goes round the patio also offers many rest areas and open spaces with pretty views of the patio, the garden or the church, as well as of the distant scenery.

El punto de partida reside en la definición de las habitaciones como un hogar individual con su contrapunto en los espacios comunes de descanso orientados al patio. El camino que rodea el patio ofrece múltiples zonas de descanso y espacios abiertos con bonitas vistas del patio, el jardín o la iglesia, así como del lejano paisaje.

Section A-A / Sección A-A

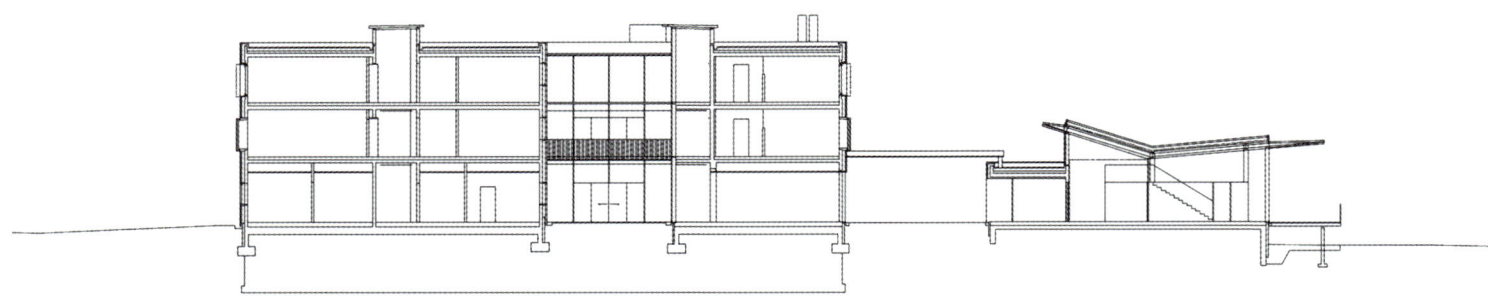

Section B-B / Sección B-B

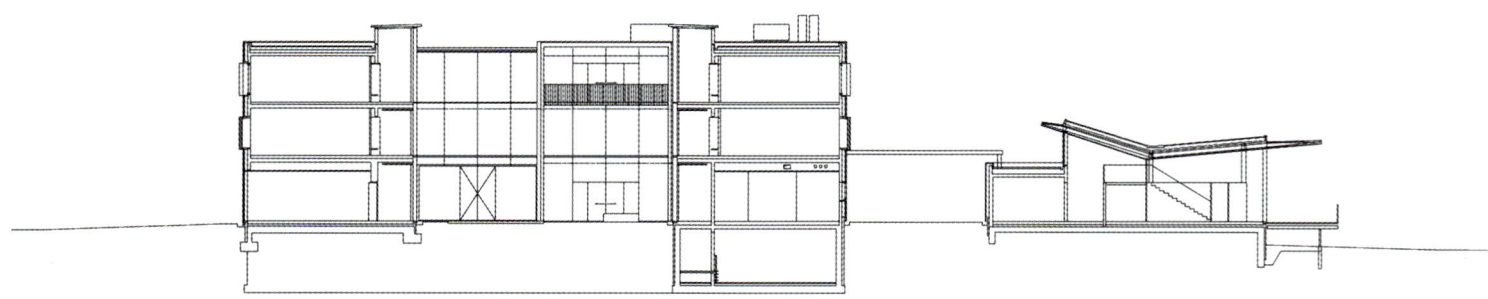

Section C-C / Sección C-C

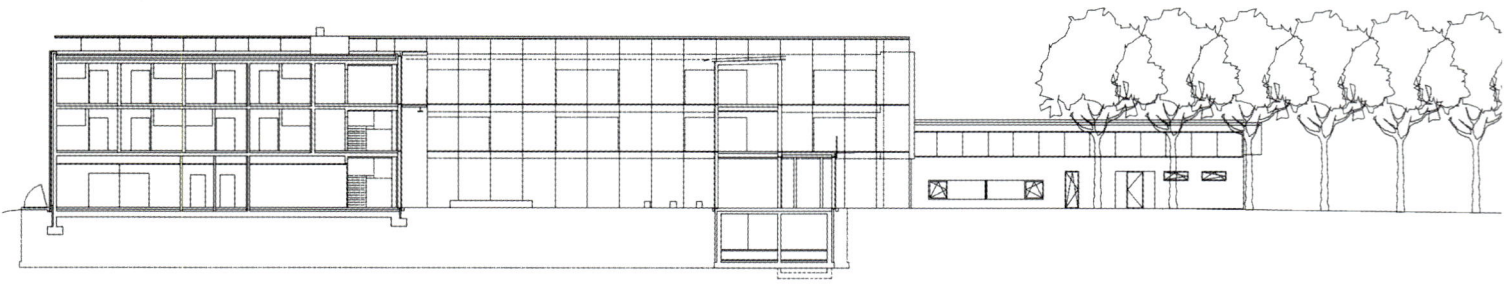

Apartment module / Módulo de apartamento

0   1m

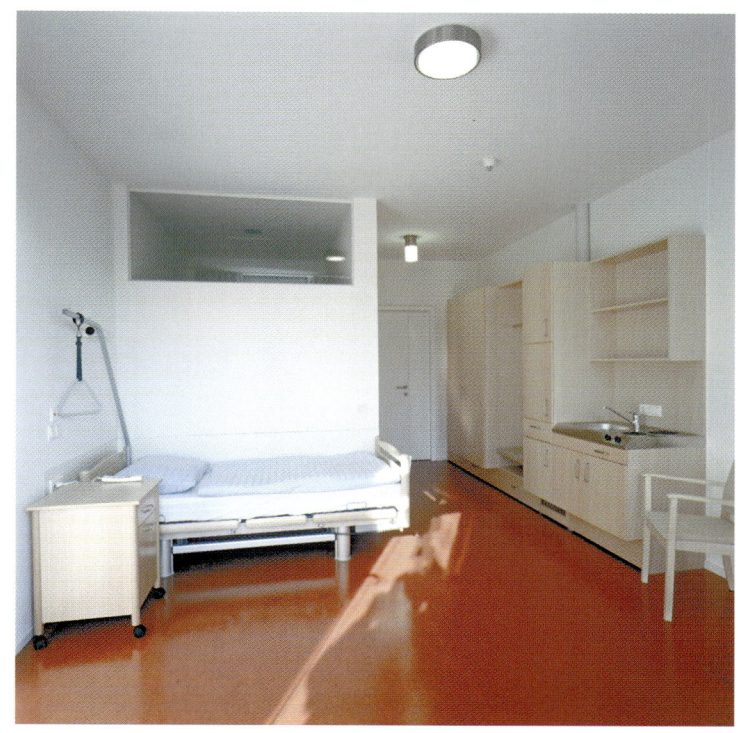

Liisa & Markku Sievänen assistant architect Meiri Siivola

Ulrika Eleonora

Loviisa, Finland

Photographs: Jussi Tiainen (exterior)
Mikael Anttila (interior)

This project was the winning scheme in a 1999 architectural competition; the brief called for a 56-unit service block to be built in conjunction with an existing home for the elderly, which comprised an enlarged 19th century residence. Wood has been used extensively both in the interiors and exterior facings in an attempt to create a warm, domestic look and feel. The private rooms, corridors and saunas all enjoy wood panel finishes; stained columns and beams provide warm accents in the community day rooms.

From a functional standpoint, the solution includes group homes (with space for 7 to 9 occupants) for elderly people who are physically debilitated or suffering from dementia. Here, each resident has a private room opening on to the group's common living and dining areas, which are as open as possible to encourage interaction among residents. Doors to the private rooms open inwards (so that they can be left open, if desired) and are glazed with louvered blinds, enabling occupants to regulate visibility.

Rooms with sloped ceilings vary in height from 2.8 meters along the window wall to 3.6 meters along the inner wall. Corner windows have been installed wherever possible in order to facilitate greater communication toward the exterior.

The buildings are equipped with integrated floor heating which, like the air conditioning, can be individually adjusted for each room. Each private room has a bathroom which has been specifically developed for this project; the dimensions are smaller than the Finnish standard for disabled persons, but allow two helpers to attend.

In general, the technical solutions used in the complex have all been tailored to encourage independent living within a shared community and to increase the well-being of residents.

Este proyecto resultó ganador en un concurso de 1999 en el que se pedía un proyecto de construcción de un bloque de viviendas de 56 unidades en conjunción con una residencia de tercera edad existente y que comprendía una residencia del s. XIX ampliada.

Se usó profusamente la madera tanto en las superficies interiores como en las exteriores con intención de dar un aspecto y una sensación hogareños y de calidez. Todas las habitaciones, pasillos y saunas están provistos de acabados en paneles de madera; en las salas de día comunitarias se da un toque de calidez gracias a las columnas y vigas coloreadas. Desde el punto de vista funcional, el proyecto incluye espacios de vivienda para grupos (con alojamiento para de 7 a 9 ocupantes) para personas mayores con dificultades físicas o afectados de demencia senil. Cada residente tiene su propia habitación individual, que da a la zona común que actúa como sala de estar y comedor y que es lo más abierta posible para favorecer la relación entre los residentes. Las puertas de las habitaciones se abren hacia dentro (pudiéndose dejar abiertas si se desea) y son de vidrio con una cortina de lamas que permite a los ocupantes regular la visibilidad a través de ellas.

Las habitaciones provistas de techo inclinado varían en altura desde los 2,8 metros a lo largo de la pared con ventanas hasta los 3,6 metros a lo largo de la pared interior. Se han dispuesto ventanas en esquina allí donde era posible para facilitar la comunicación con el exterior.

Los distintos edificios están equipados con calefacción por suelo radiante, con temperatura individualmente regulable, al igual que para el aire acondicionado, para cada habitación. Todas las habitaciones individuales poseen un baño desarrollado específicamente para este proyecto; sus dimensiones son menores que el estándar finlandés para personas discapacitadas, pero hay espacio suficiente para permitir la ayuda de dos asistentes a la vez.

En general, todas las soluciones técnicas adoptadas en el complejo se han diseñado con el doble objetivo de facilitar la vida independiente dentro de la comunidad y de aumentar el bienestar de los residentes.

Site plan / Plano de situación

The fairly large building complex was made to fit within the plot by a fan-shaped articulation and terracing of the site. The entrance and sauna open onto a warm, wooden patio; the colors used clearly distinguish this area from the rest of the complex.

El complejo constructivo, de grandes dimensiones, se integró dentro del espacio disponible mediante su disposición articulada en abanico y la distinta nivelación del terreno. La entrada y la sauna se abren a un cálido patio en el que se ha empleado madera; los colores aplicados distinguen claramente esta zona del resto del complejo.

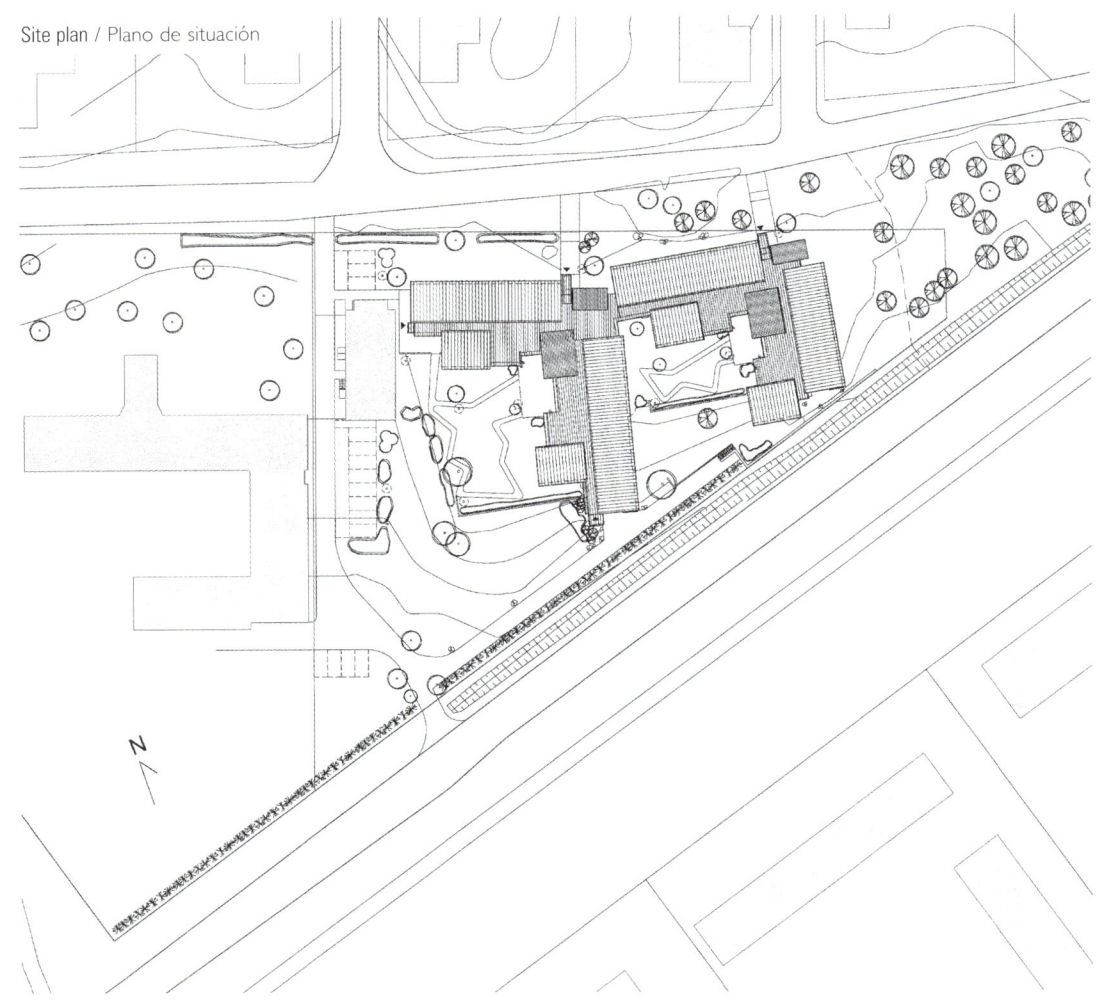

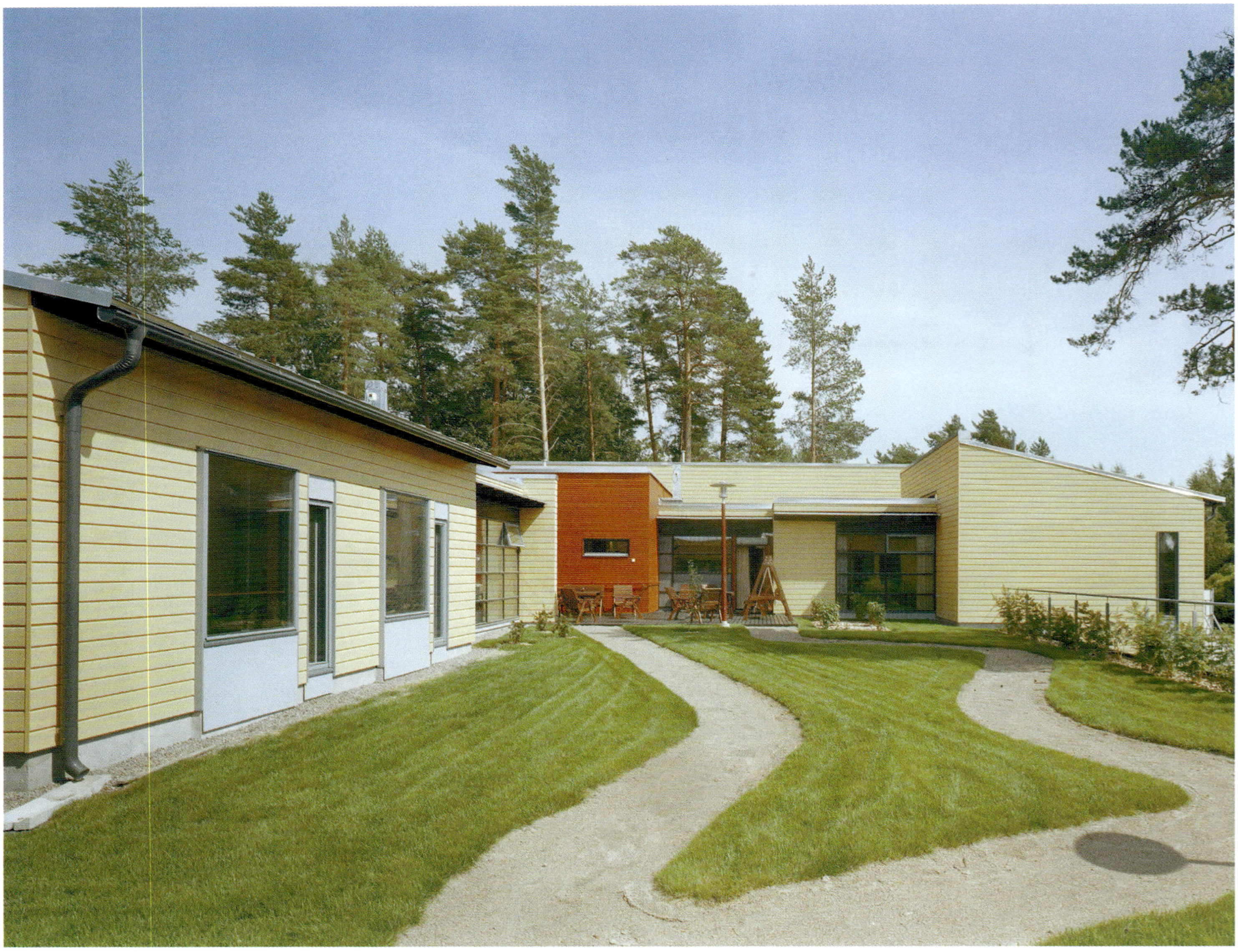

Ground floor plan / Planta baja

3. Foyer / Vestíbulo
6. Laundry room / Lavandería
7. Storage / Almacén
9. Staff room / Sala de personal
10. Services / Servicios

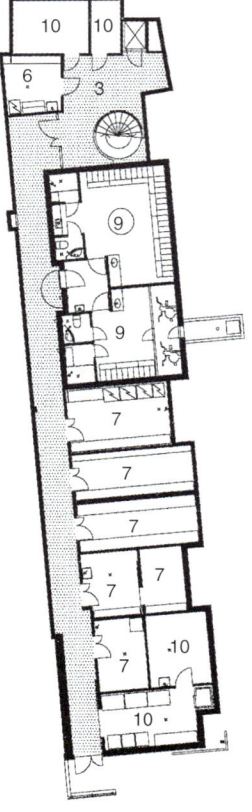

0   5   10m

Wood has been used extensively for its warm, "domestic" feel and as a way of upholding local building traditions. The existing blocks were demolished in order to avoid creating an institutional effect, the end result being a "village" of sorts comprised of small-scale housing units.

Se ha empleado extensamente la madera por la sensación de hogar y calidez que desprende, y por respeto a la tradición arquitectónica local. Los grandes bloques existentes se derruyeron para no dar un aire institucional al complejo, y el resultado final puede describirse como un "pueblo" compuesto de pequeñas viviendas.

First floor plan / Planta primera

1. Apartment / Apartamento
2. Dining, living room / Salón comedor
3. Foyer / Vestíbulo
4. Terrace / Terraza
5. Showers and sauna / Duchas y sauna
6. Laundry room / Lavandería
7. Storage / Almacén
8. Offices / Oficinas

0   5   10m

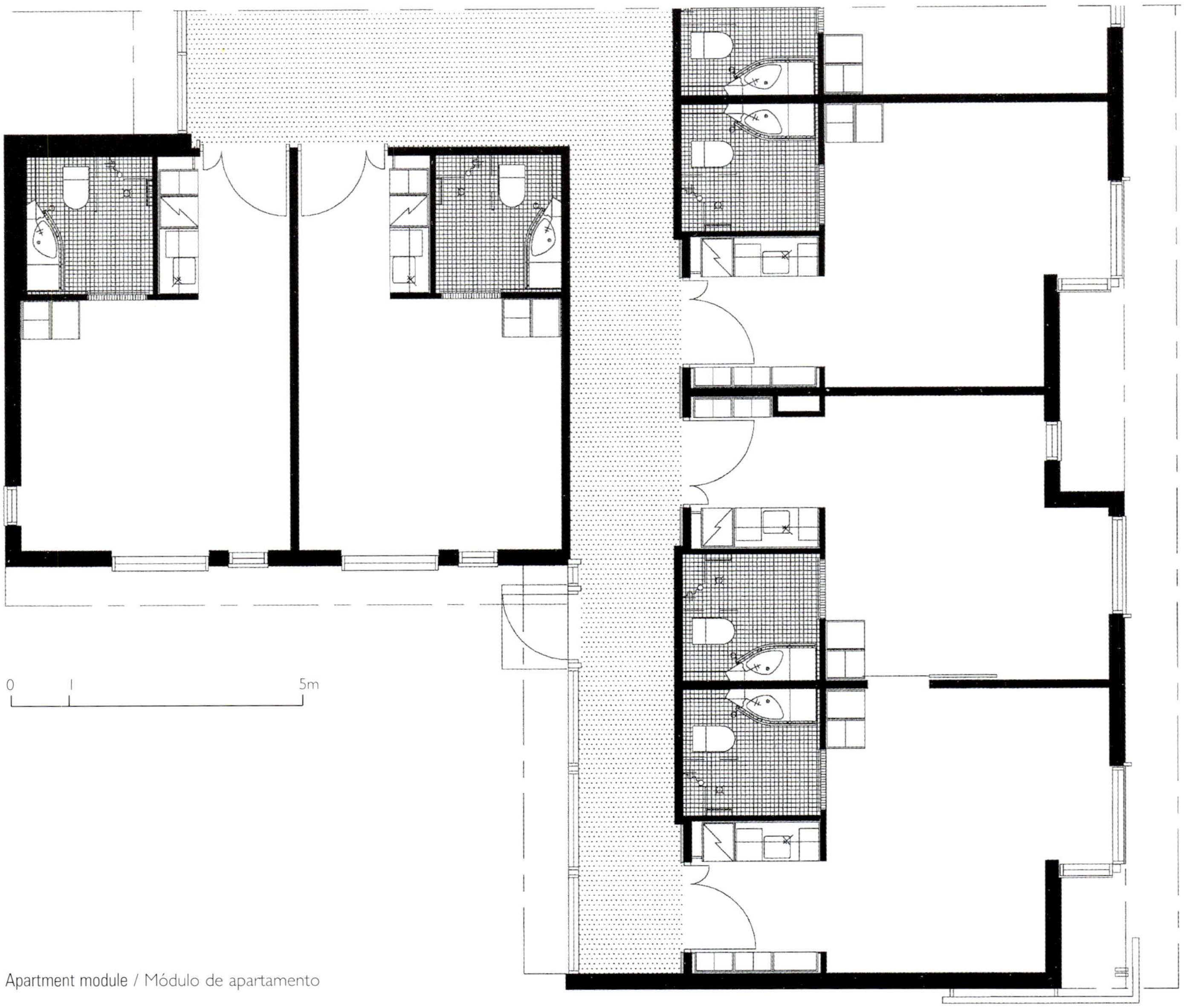

Apartment module / Módulo de apartamento

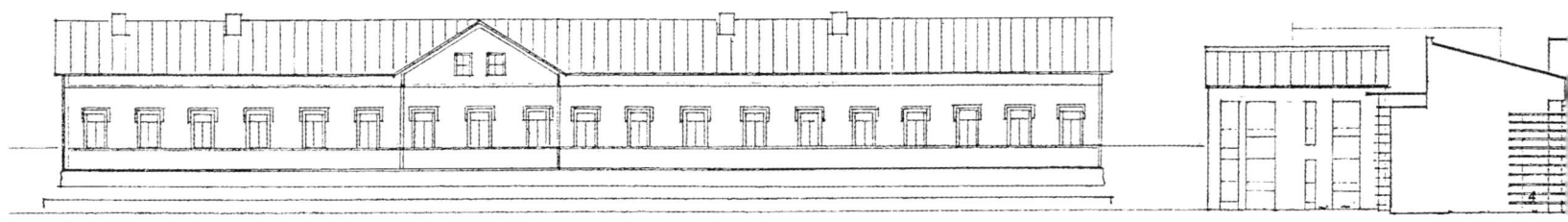

South elevation of the complex / Alzado sur del conjunto

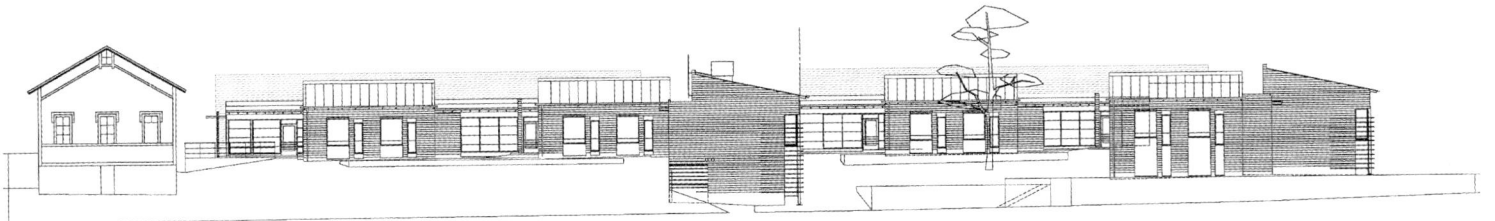

South elevation / Alzado sur

West elevation / Alzado oeste

West elevation / Alzado oeste

North elevation / Alzado norte

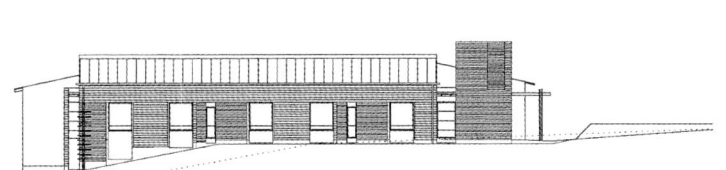

East elevation / Alzado este

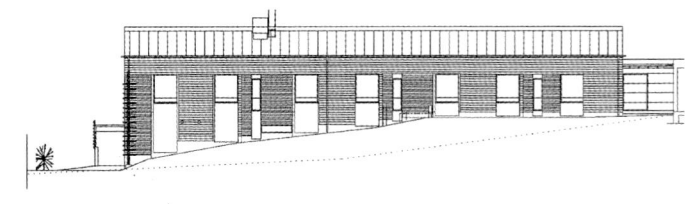

East elevation / Alzado este

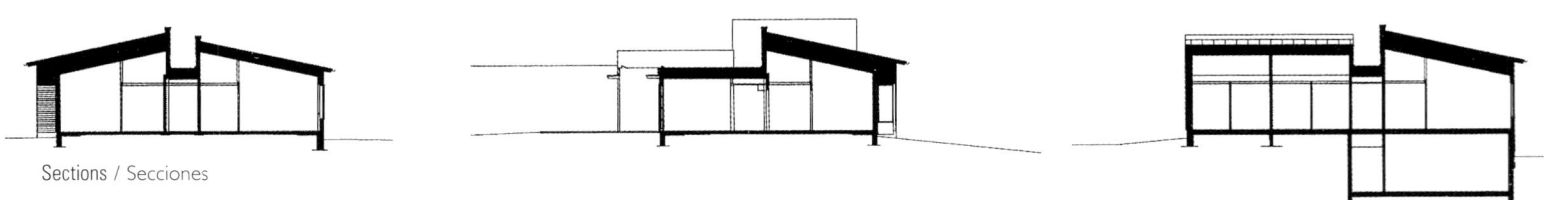

Sections / Secciones

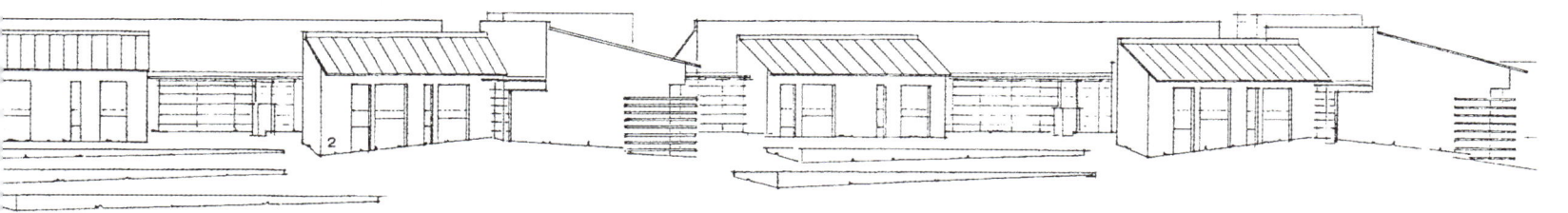

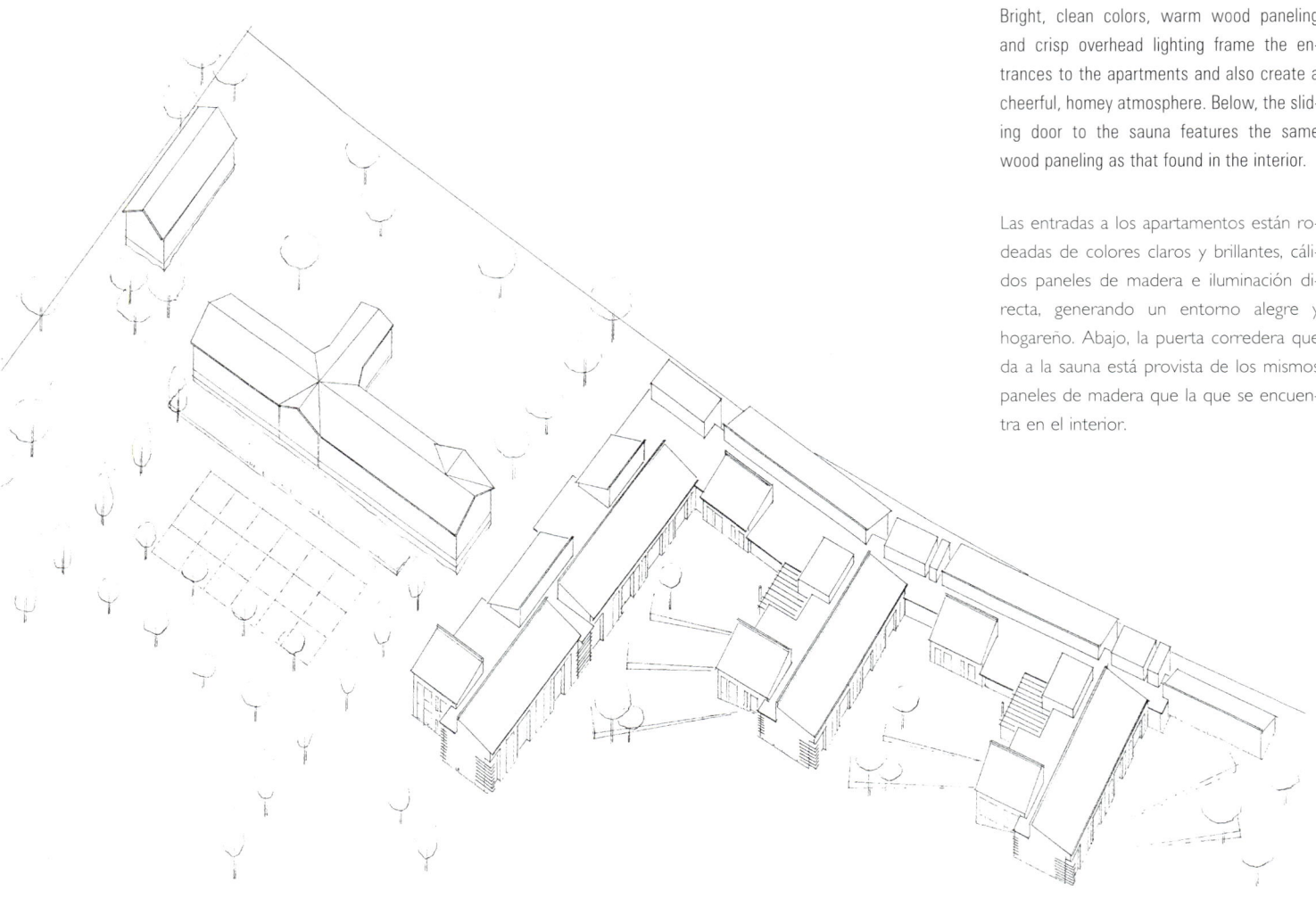

Bright, clean colors, warm wood paneling and crisp overhead lighting frame the entrances to the apartments and also create a cheerful, homey atmosphere. Below, the sliding door to the sauna features the same wood paneling as that found in the interior.

Las entradas a los apartamentos están rodeadas de colores claros y brillantes, cálidos paneles de madera e iluminación directa, generando un entorno alegre y hogareño. Abajo, la puerta corredera que da a la sauna está provista de los mismos paneles de madera que la que se encuentra en el interior.

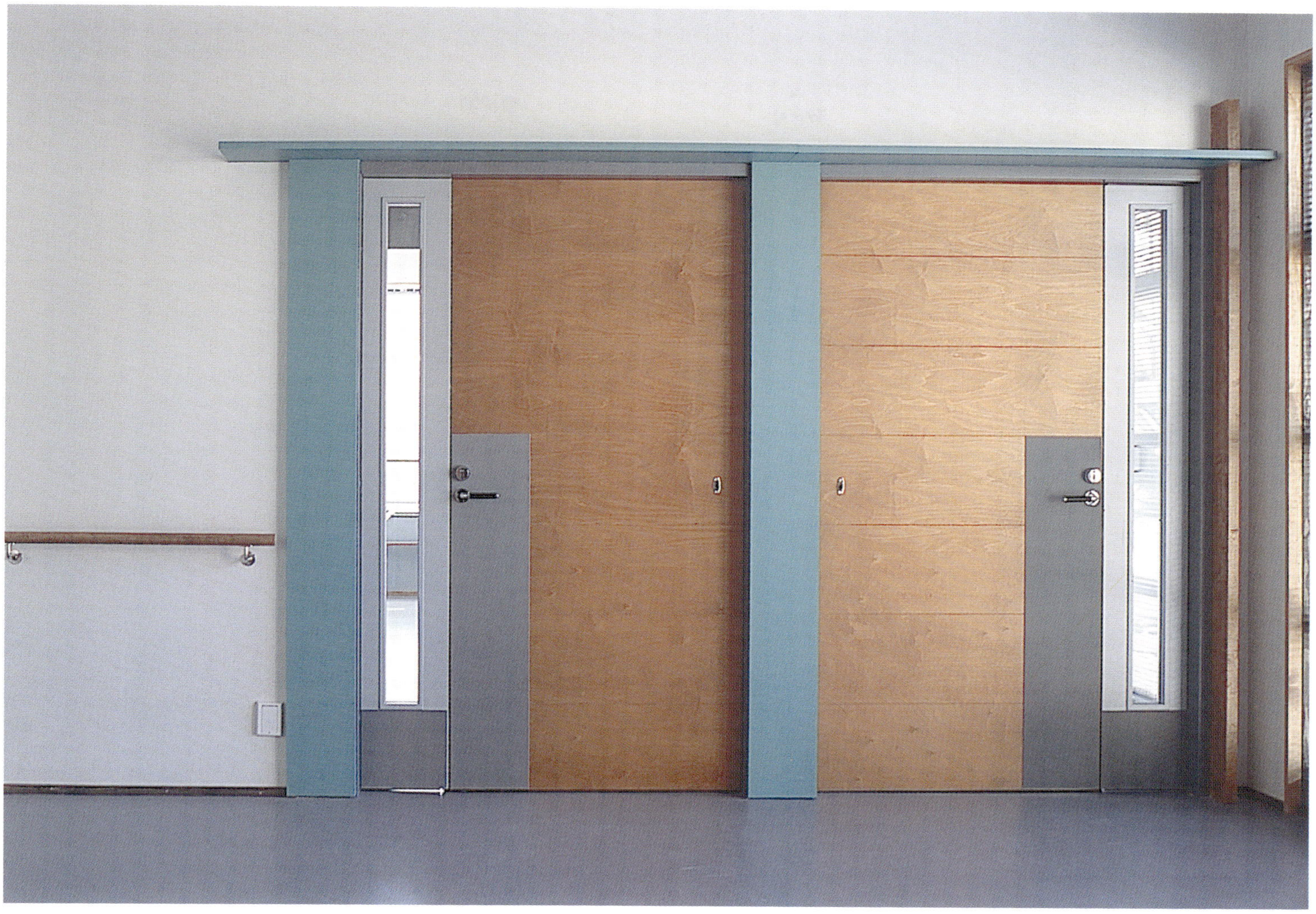

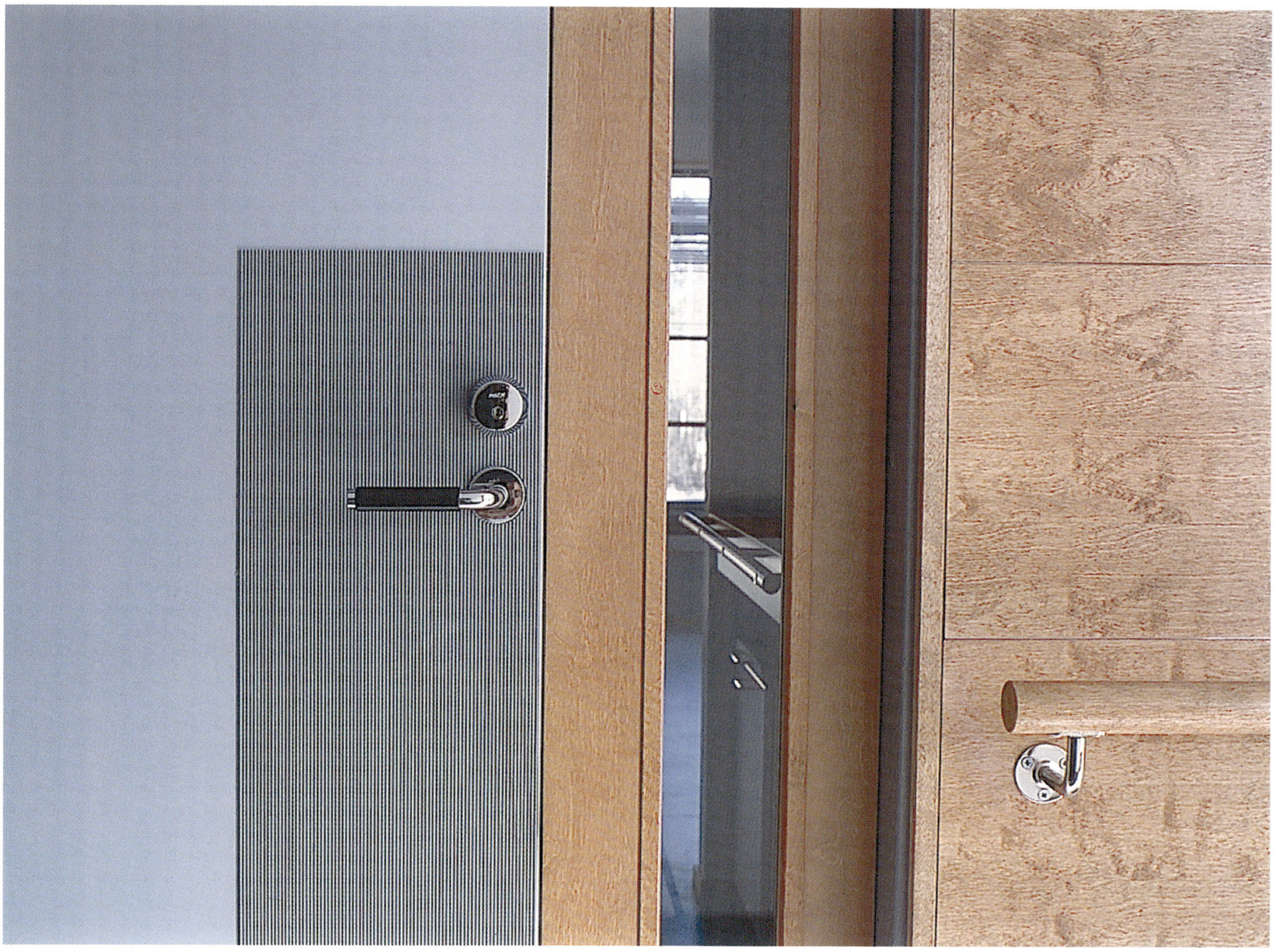

Schlude + Ströhle

Pflegeheim Magdalenenhof

Schönebeck   Photographs: Zooey Braun /Artur

This new senior citizens residence, together with the already existing building, constitutes the new residential care complex for the aged.

The project divides the location so that different interior and exterior spaces are created. With its four stories, the circular building blends harmoniously into the environment, contributing with its structure to the humanization of the scale.

A pedestrian street leads from Friedrichstrasse to a wide courtyard entry, by the hall and restaurant, to the school. The park, with varied forms and colors, makes it easier for the residents to meet casually and is an invitation to talk and exchange ideas.

During the design stage, the architects decided to create a residence in which the person needing care was the center of attention. The idea was to develop a light, bright "home" built with pleasant materials, rather like an immense living room for the elderly.

The home is organized along a "pedestal floor" connected to the previously existing building. Above this pedestal there are three floors dedicated to medical care, connected by a common inner courtyard that acts as a central place to stop and talk. The large glass roof of the courtyard reflects the passing of the hours, thanks to the game of light and shade it creates.

Each level has a service room, a medical care room, a small kitchen with a sitting room and various side rooms.

The dining room and its side rooms are situated on the ground floor, facing the sunny southwest, so that despite whatever the weather is like, the view of the garden can be enjoyed while being protected by the building that rises above.

The north section of the pedestal-floor houses all the service facilities and rooms, such as the kitchen, the cold-storage rooms, the laundry and the staff changing rooms. There is also a supplies store, which has an entrance on am Malzmühlenfeld Street.

The static-building system develops logically thanks to the compact shape of the building. The thick and insulated outer shell and the use of high-quality materials fulfill the requirement of offering an ecological and economical solution.

Esta nueva residencia de ancianos, junto con el edificio ya existente, constituye el nuevo complejo residencial y asistencial para ancianos.

El proyecto divide el emplazamiento de tal modo que se generan espacios interiores y exteriores diferenciados. Con sus cuatro plantas, el edificio circular se integra sin estridencias en el entorno, contribuyendo con su estructura a la humanización de la escala.

Una calle peatonal pública conduce desde la Friedrichstrasse a lo largo del amplio patio de entrada, pasando por el vestíbulo y el restaurante, hacia la escuela. El parque, de formas y colores variados, facilita un encuentro desenfadado con los residentes e invita a conversar e intercambiar ideas.

Durante la fase de diseño, los arquitectos decidieron desarrollar una casa en la que el centro de atención fuera la persona necesitada de cuidados. La idea era desarrollar un "hogar" claro y luminoso construido con materiales agradables, algo así como una inmensa sala de estar para los ancianos.

La residencia se organiza a lo largo de una planta-pedestal comunicada con el edificio previamente existente. Sobre este "pedestal" se levantan las tres plantas de cuidados médicos comunicadas por un atrio común que actúa como zona central para detenerse y comunicarse. La amplia cubierta de vidrio del atrio permite percibir el transcurrir de las horas gracias al juego de luces y sombras que genera.

Cada nivel está provisto de una habitación de servicio, una sala de cuidados médicos, una pequeña cocina con una sala para sentarse y diversas habitaciones auxiliares.

El comedor y sus habitaciones auxiliares están situados en la planta baja, y se orientan al soleado suroeste, de forma que haga el tiempo que haga se puede disfrutar de la vista hacia el ajardinado exterior protegido por el edificio que se eleva por encima.

En la parte norte de la planta-pedestal se disponen todas las instalaciones y salas de servicio, como la cocina, las cámaras frigoríficas, la lavandería y los vestuarios del personal. También ahí se encuentra el almacén de suministros, al que se accede directamente desde la calle am Malzmühlenfeld.

El sistema estático-constructivo se desarrolla de forma lógica gracias a la forma compacta del edificio. La piel exterior, gruesa y aislada, y el empleo de materiales de alta calidad satisfacen el requisito de ofrecer una solución ecológica y económica.

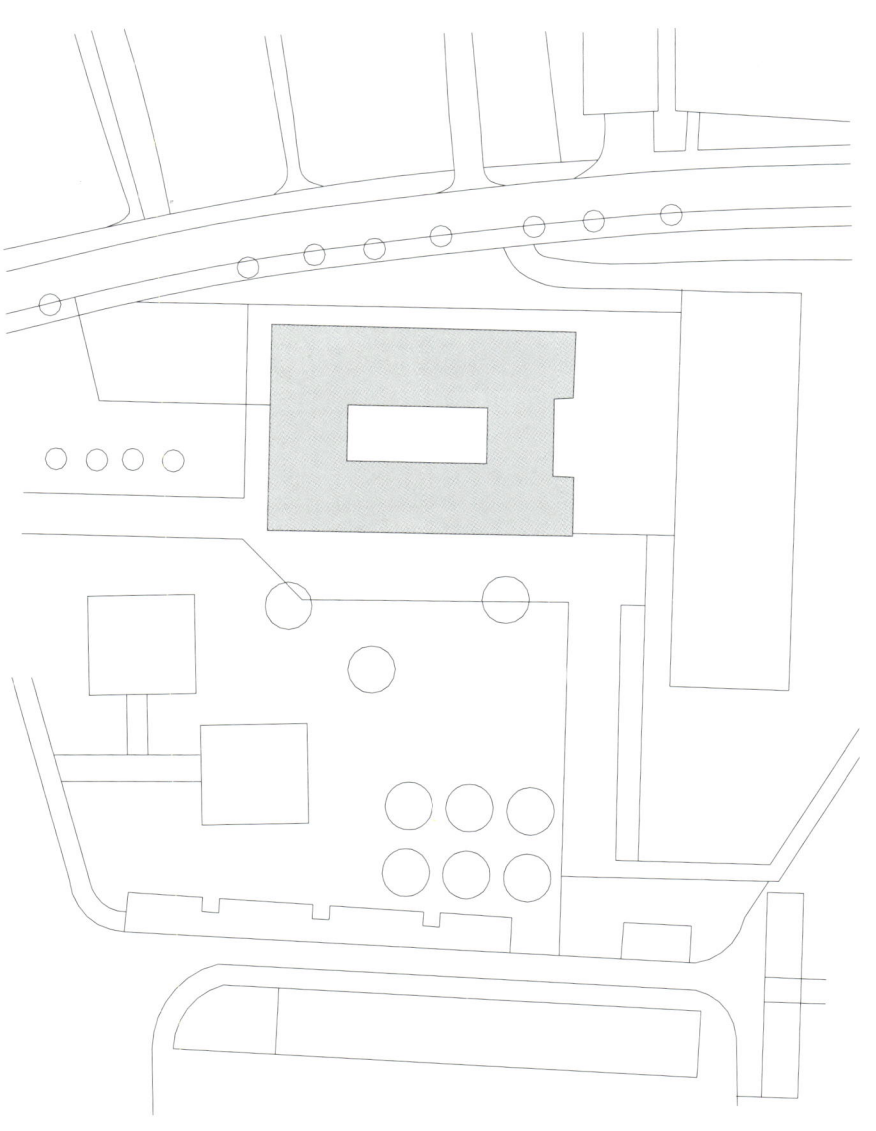

The project divides the location so that different interior and exterior spaces are created. With its four stories, the circular building blends harmoniously into the environment, contributing with its structure to the humanization of the scale.

El proyecto divide el emplazamiento de tal modo que se generan espacios interiores y exteriores diferenciados. Con sus cuatro plantas, el edificio circular se integra sin estridencias en el entorno, contribuyendo con su estructura a la humanización de la escala.

Site plan / Plano de situación

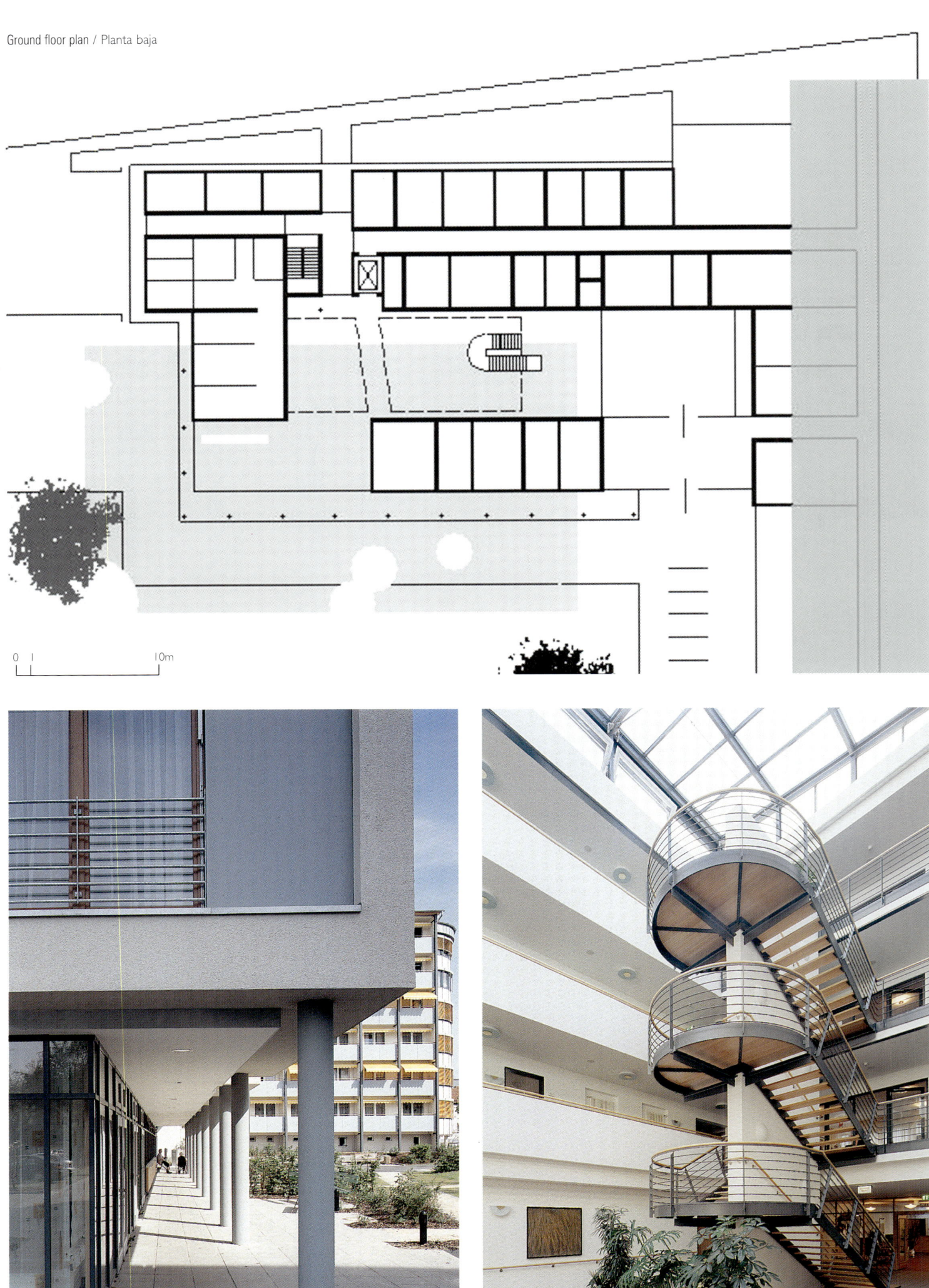

0 | 10m

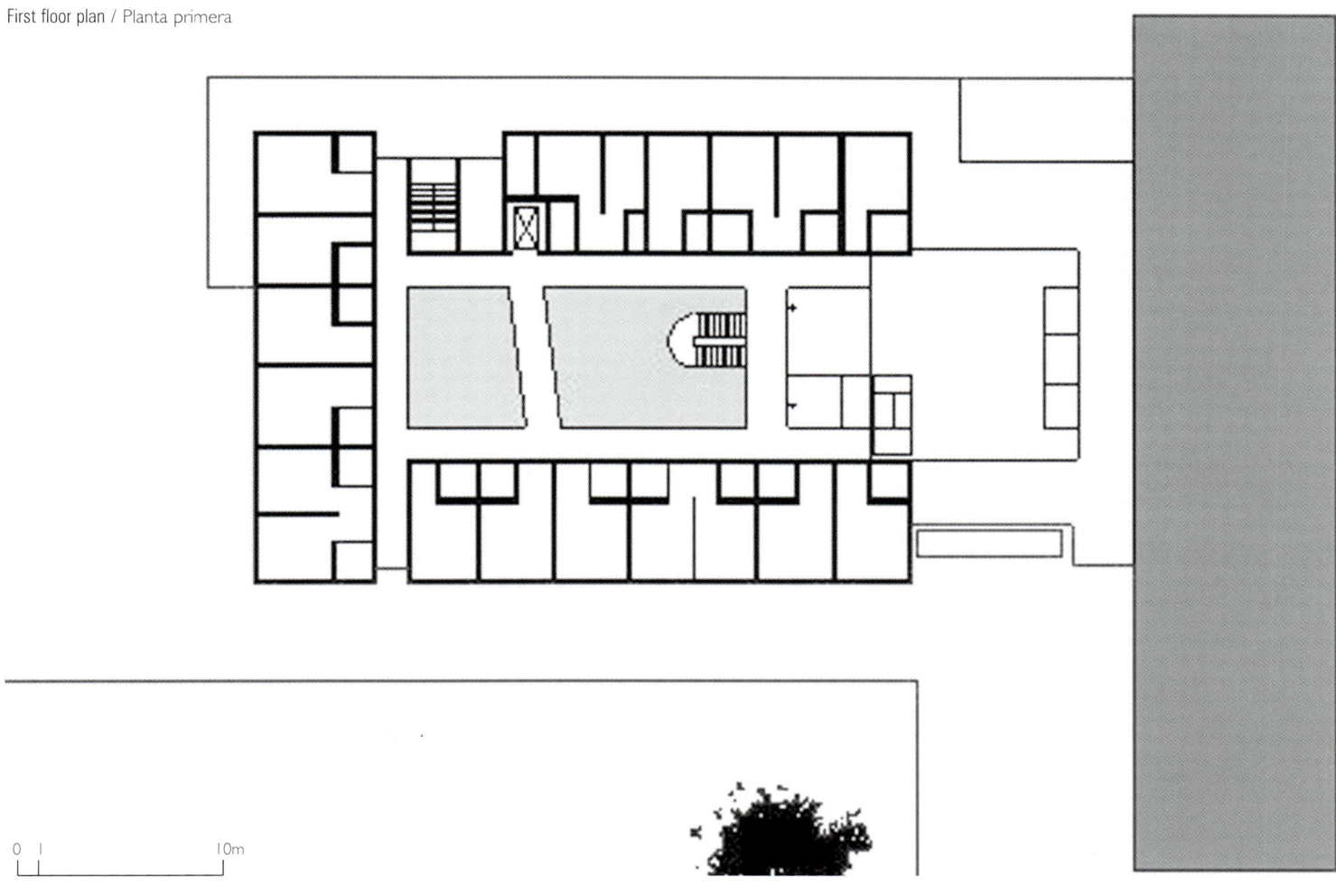

First floor plan / Planta primera

0   10m

The floor-length, wood-framed windows let the light enter to the back of the room. An open view outside can be enjoyed even from the bed.

Las ventanas, de madera, llegan hasta el suelo, permitiendo que la luz penetre hasta el fondo de la habitación. Incluso desde la cama puede disfrutarse de una vista abierta al exterior.

South elevation / Alzado sur

0   1   10m

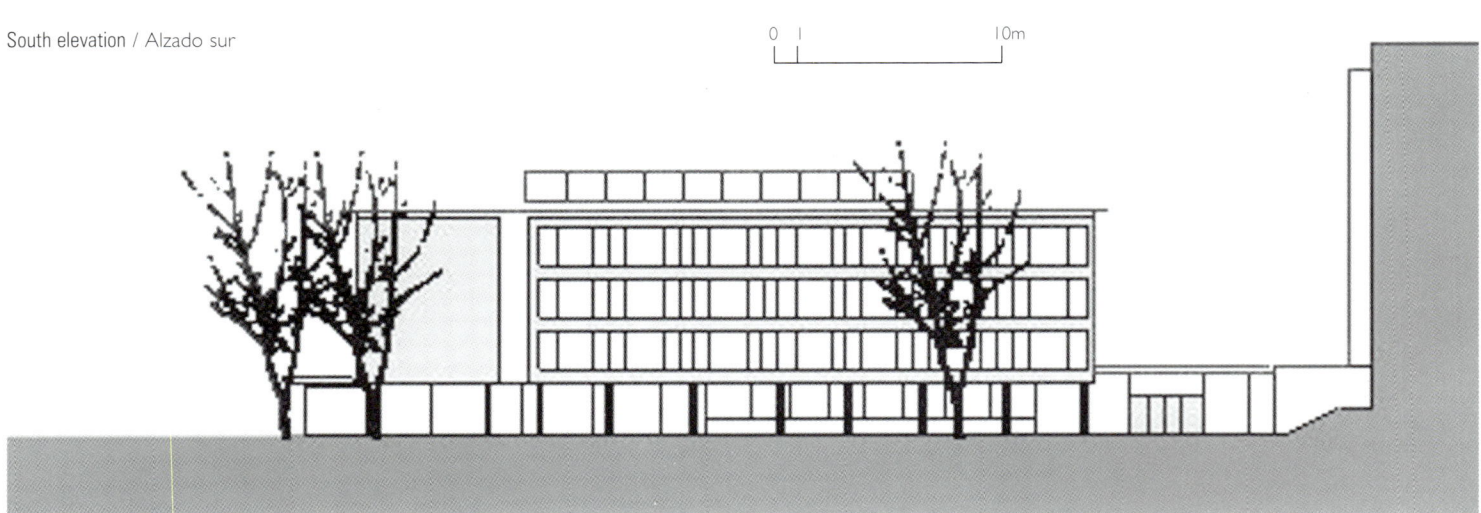

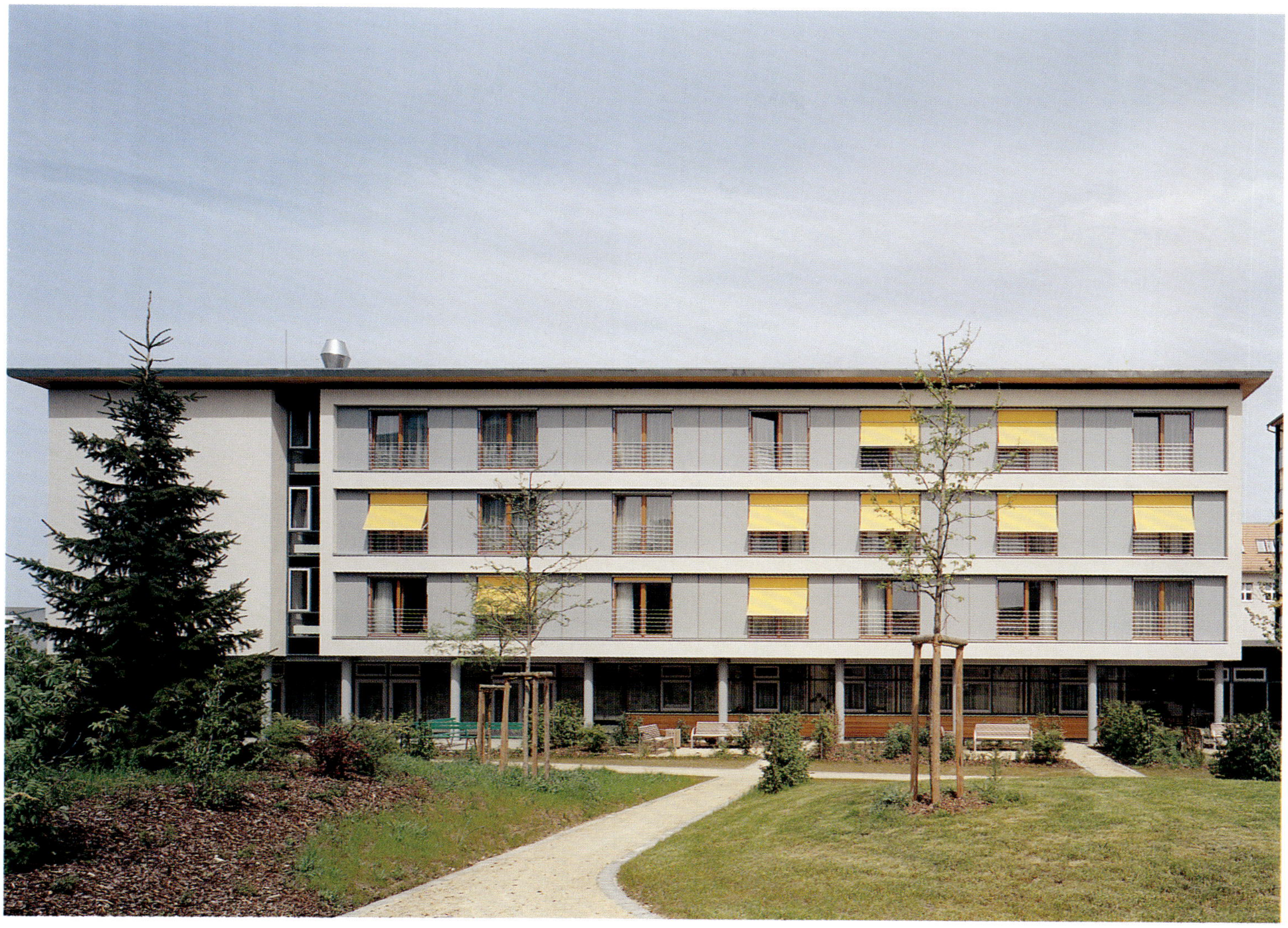

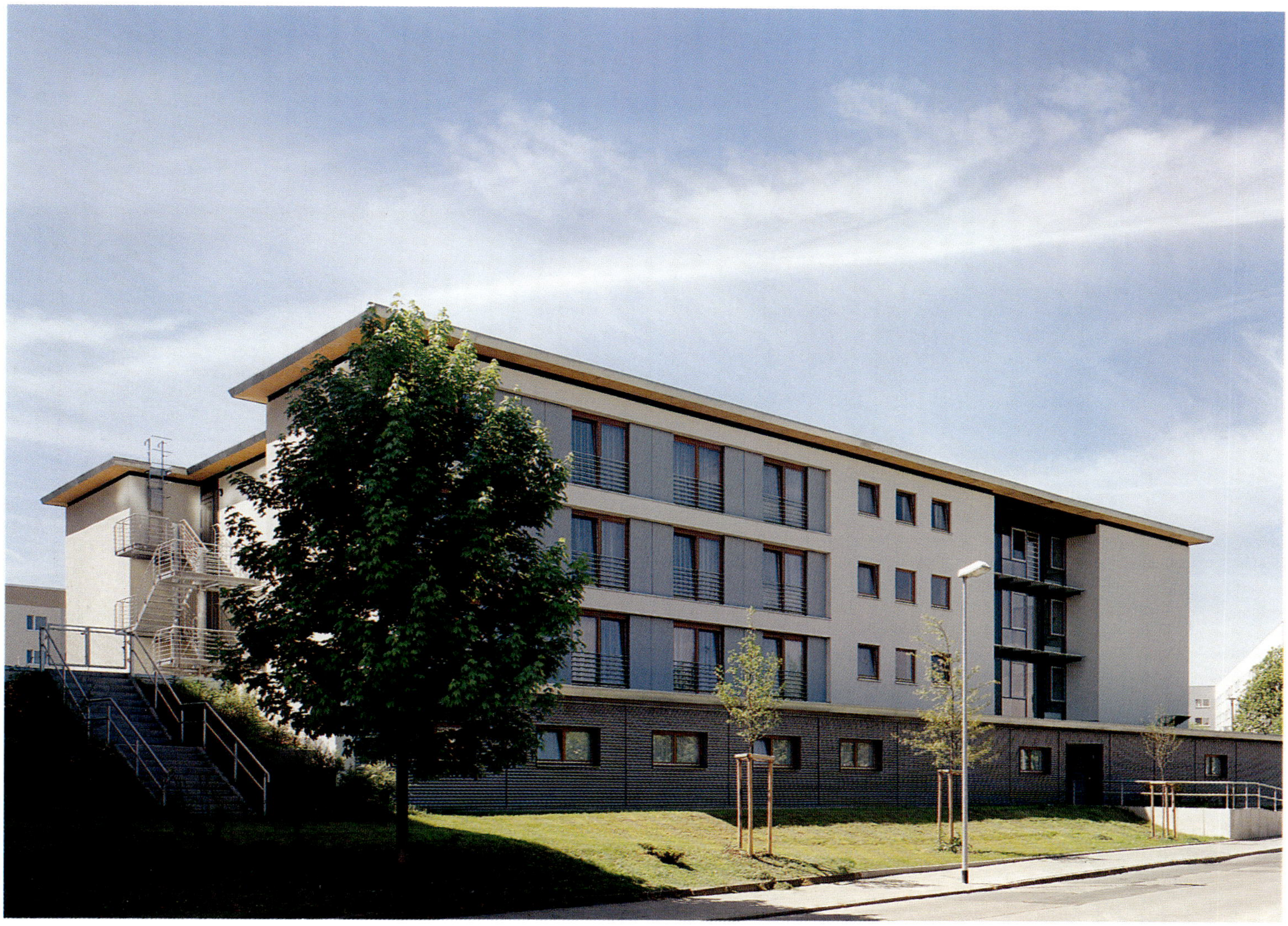

Kauffmann Theilig + Partner

Seniorenzentrum Burgbreite Wernigerode

Wernigerode, Germany

Photographs: Roland Halbe / Artur

The project for the conversion, restructuring and extension of this senior citizens residence conserved the existing structure, and proposed the construction of a new section for senile dementia patients and a building with apartments for the elderly. The opportunity was taken to give a new identity to this environment, a quite dull area of gray lineal structures with prefabricated concrete elements. The aim was to carry out tangible improvements in all areas of the project and to introduce a park in the center that could be enjoyed both by the residents and by the local people. This was designed as an open green carpet, with the new buildings distributed like pieces de furniture, drawing away from the uniformity of the environment's straight lines by means of more sophisticated geometric shapes and an apparently random layout.

The lineal building, a structure of prefabricated elements put up at the beginning of the 1970s, required important restructuring. The windows have been enlarged at much as possible to allow the maximum entrance of natural light into the rooms and corridors. The wooden surfaces create a warm, attractive and "tactile" environment that makes it look more like a hotel than a hospital. Some platforms in various colors in front of each room facilitate orientation, enlivening the rigid layout of corridors and generating a certain sense of individuality. On the south side, the rooms have large balconies with wooden handrails that eliminate the division between inside and outside, drawing in the garden. On the north side, galleries extend the rooms while providing them with some outstanding views.

The concept is complemented with "special" places to be discovered and to identify oneself with. Some proverbs and aphorisms lend humorous, sometimes profound, thoughts; they are come across on a window pane or when turning a corner. And there is more to be discovered: some cloth butterflies seem to go flying out of the window, two happy birds in the atrium add life to the space, ... The building that houses the rooms of the residents requiring long-term attention is being extended, on the south side towards the garden, with a small tower that provides the shared spaces for eating, living, chatting, watching the television, etc.: a living room just like at home, a multipurpose space for social contact on every floor, which has even been thought of to invite the residents to take part in the household chores.

El proyecto para la conversión, reestructuración y ampliación de esta residencia de ancianos conservó la estructura existente y propuso la construcción de un nuevo pabellón para afectados de demencia senil y un edificio con apartamentos para personas mayores. Se aprovechó la oportunidad para dotar de una nueva identidad al entorno, una zona bastante anodina de grises construcciones lineales a base de elementos prefabricados de hormigón.

El objetivo consistía en realizar mejoras muy tangibles en todo el área del proyecto, introduciendo además un parque en su parte central del que pudieran disfrutar tanto los residentes como la gente del barrio. Éste se ideó como una moqueta verde extendida, con los nuevos edificios repartidos como piezas de mobiliario, desmarcándose de la uniformidad de líneas rectas del entorno mediante formas geométricas más sofisticadas y una distribución aparentemente aleatoria.

El edificio lineal, una estructura de elementos prefabricados levantada a principios de los 70, requería una severa reestructuración. Se han agrandado al máximo las ventanas para permitir la máxima penetración de luz natural en las habitaciones y pasillos. Las superficies de madera crean un entorno cálido y sugestivo, verdaderamente "táctil", que hacen que parezca más un hotel que un hospital. Unas tribunas de varios colores frente a cada habitación facilitan la orientación, confieren dinamismo a la rígida distribución de pasillos y generan cierto sentido de individualidad. En el lado sur, las habitaciones poseen grandes balconeras con pasamanos de madera que eliminan la división entre interior y exterior atrayendo el jardín hacia sí. Al norte, las tribunas prolongan las habitaciones proporcionando además unas vistas singulares.

El concepto se complementa con lugares "especiales" por descubrir y con los que identificarse. Unos proverbios y aforismos proporcionan pensamientos humorísticos, a veces profundos; uno se topa con ellos en el cristal de una ventana o al doblar una esquina. Y hay más por descubrir: unas mariposas de tela parecen irse volando por la ventana, dos alegres pájaros en el atrio añaden vida al espacio, ... El edificio que aloja las habitaciones de los residentes que requieren una atención prolongada se está ampliando, al sur, hacia el jardín, con una pequeña torre que alberga los espacios compartidos para comer, encontrarse, charlar, mirar la televisión, etc.: una sala de estar como la de casa, un espacio para el contacto social en cada planta susceptible de múltiples usos, pensado incluso para invitar a los residentes a participar en las tareas domésticas.

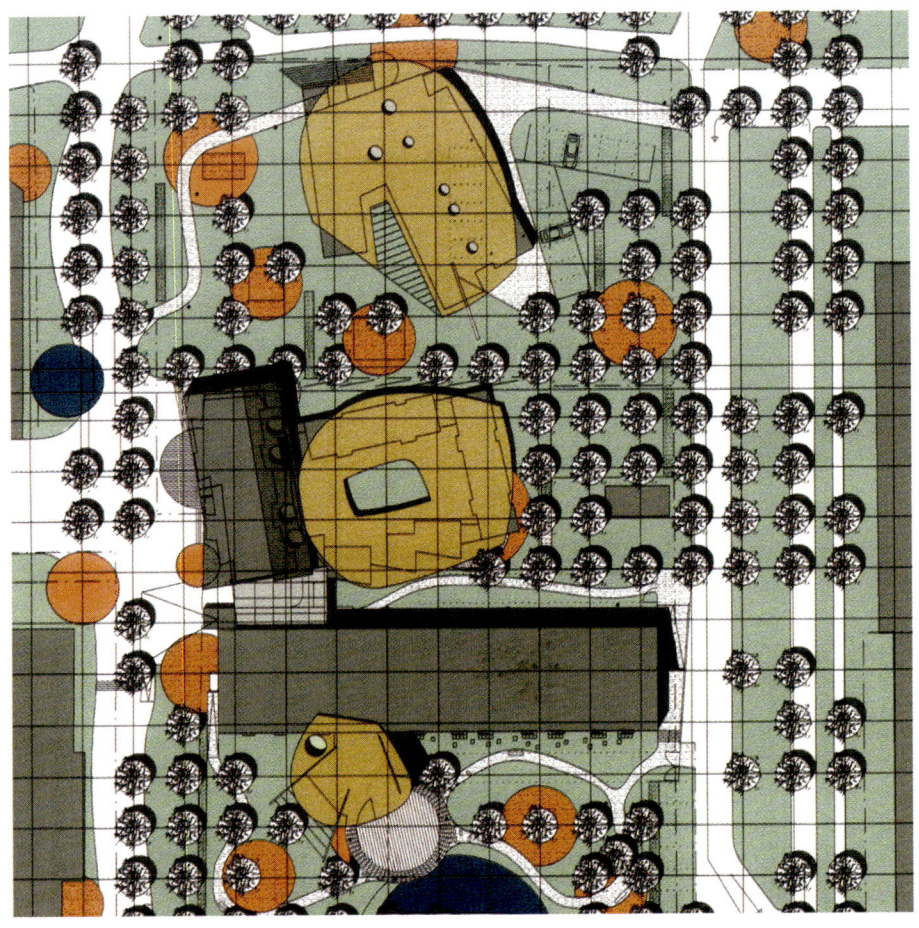

The complex is located in a park that not only integrates the different buildings but has converted into the real nerve center of the district: a privileged setting in which the residents can stroll and relax.

El conjunto se emplaza en un parque que además de integrar los diferentes edificios se ha convertido en el verdadero centro neurálgico para el barrio: un paisaje privilegiado en el que los residentes pueden pasear y relajarse.

Site plan / Plano de situación

235

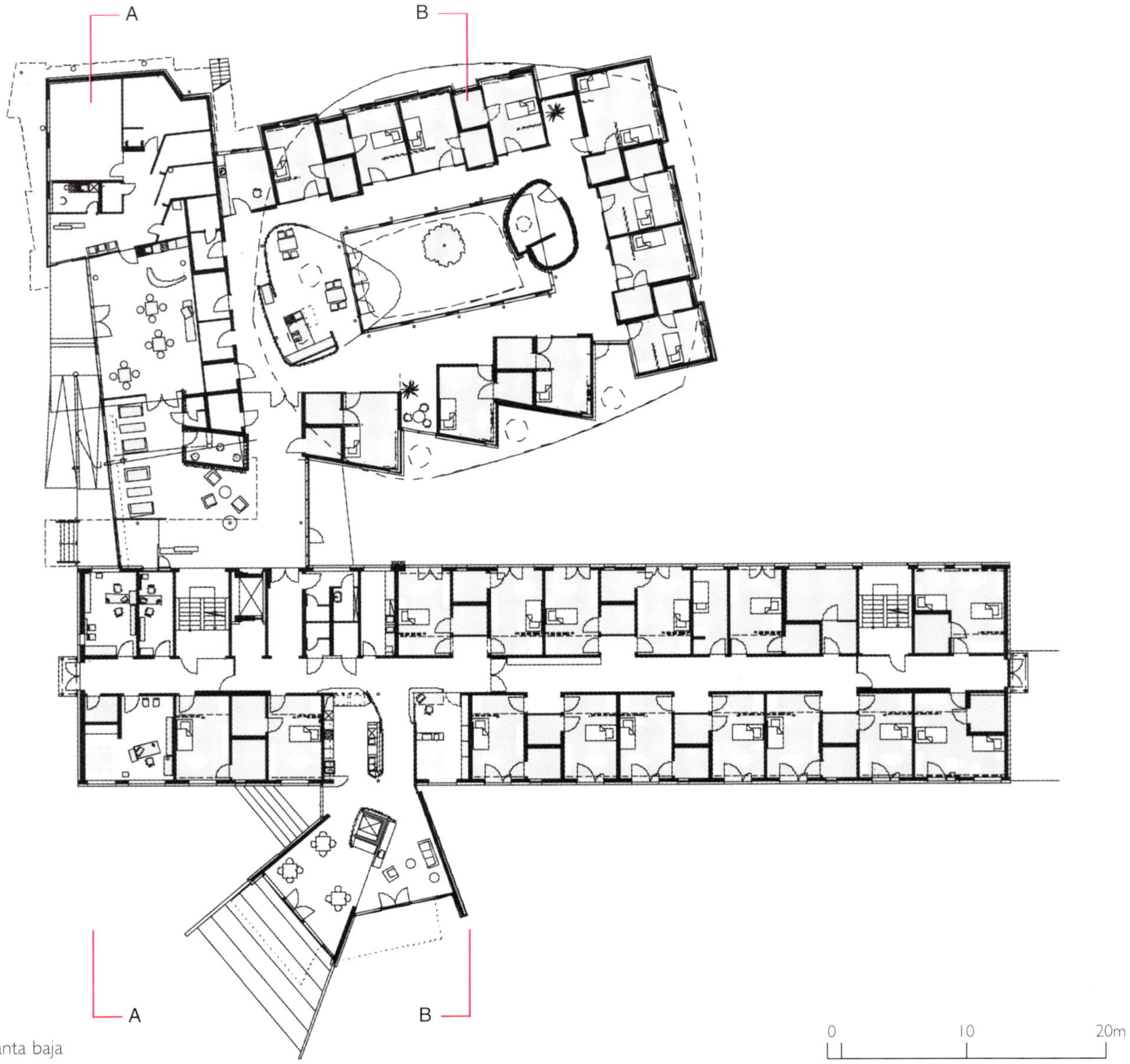

Ground floor plan / Planta baja

0   10   20m

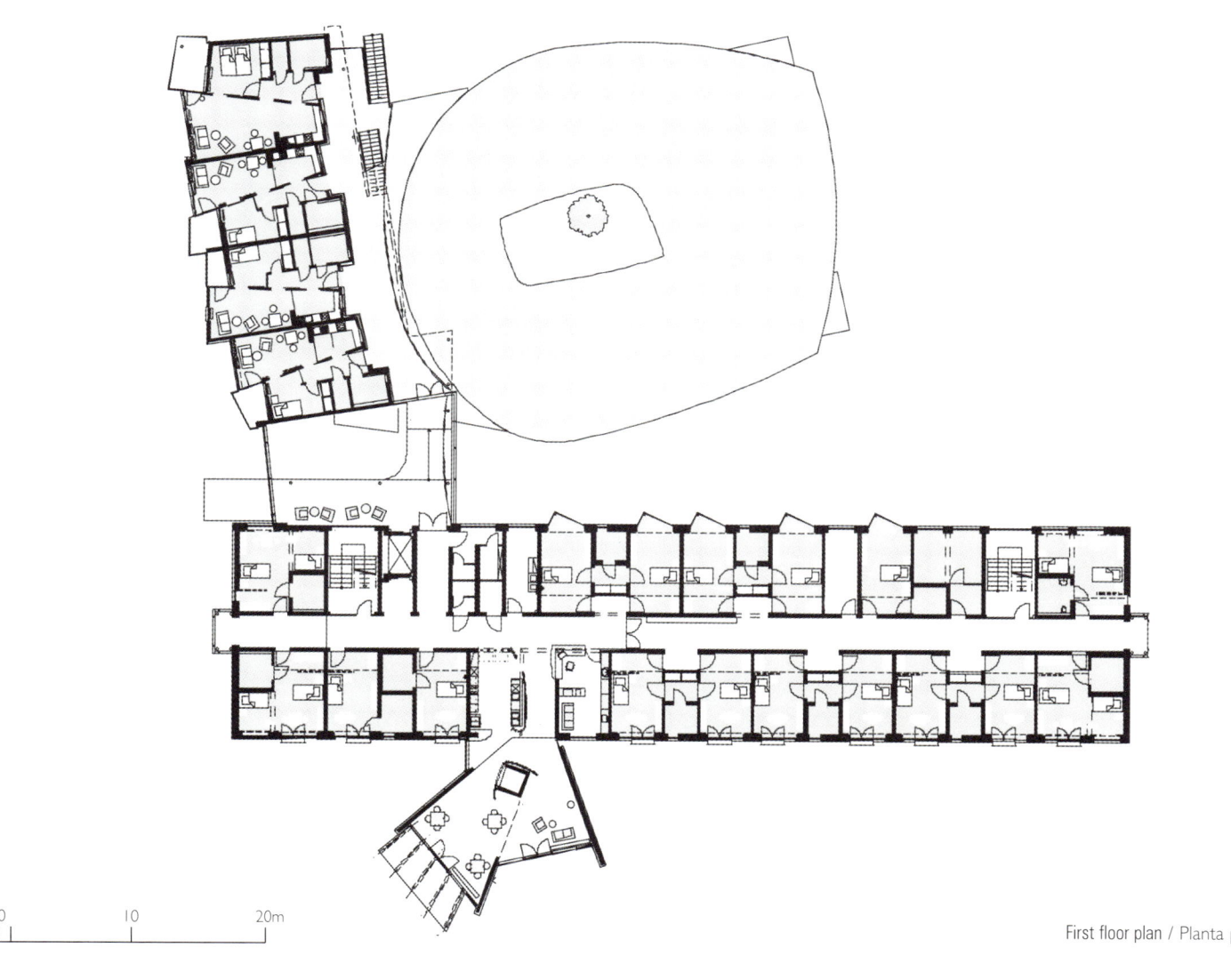

0   10   20m

First floor plan / Planta primera

0   10   20m

South elevation / Alzado sur

West elevation / Alzado oeste

Section AA / Sección AA

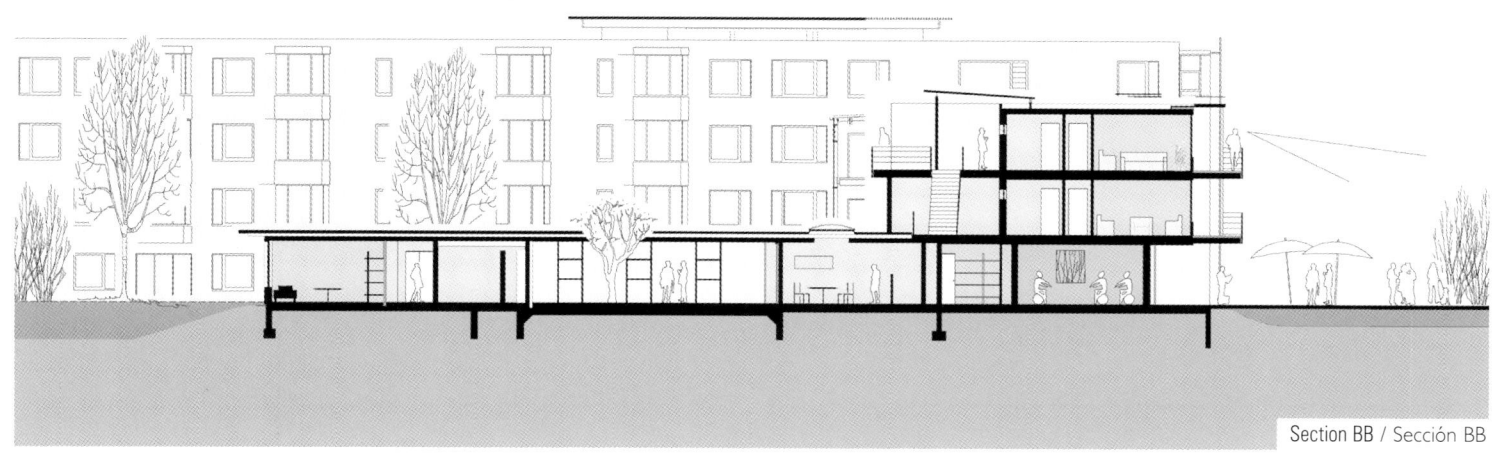

Section BB / Sección BB